筋共鳴コンディショニングではじめる

バレエ ターンアウト再レッスン

扇谷孝太郎 著

日貿出版社

目次

イントロダクション 筋共鳴とターンアウトの関係 9

※（筋共鳴®）は扇谷孝太郎の登録商標です。

パート4 ターンアウトを見直す！ 181

扇谷孝太郎 (Kotaro Ogiya)
学生時代に演出家竹内敏晴氏の「からだとことばのレッスン」に出会い、自身の身体性と身体表現についての探求をはじめる。2002年ロルファー™の資格を取得しボディワーカーとして活動を開始。個人セッションのほか「からだを耕す／表現する」をテーマに講座を開催。ヨガやバレエスタジオのセミナーではロルフィング®と筋共鳴®に基づくコンディショニングを提案する。米国Dr. Ida Rolf Institute認定アドバンスドロルファー、ソマティック・エクスペリエンシング®認定プラクティショナーなど。

公式WEBサイト

馬場 彩 (Aya Baba)
6歳より竹内ひとみバレエスクールにてバレエをはじめる。2008年 ユースアメリカグランプリ日本予選第1位。チューリッヒダンスアカデミー留学。2012年 ジョフリー・バレエに研修生として所属。2014年 アーツ・バレエ・シアター・オブ・フロリダ入団。2017年 日本バレエ協会公演「ラ・バヤデール」にガムザッティ役で出演。2017年4月 東京シティバレエ団にファースト・アーティストとして入団。2023年3月 同団退団。2023年4月 スターダンサーズ・バレエ団入団。

イントロダクション

筋共鳴とターンアウトの関係

ターンアウトを学び直そう！

美咲　こんにちは！　お久しぶりです！

扇谷　お久しぶりです。ロルフィング®のセッション以来ですね。今日はどうされましたか？

美咲　以前、ロルフィング®を受けたあとすごく調子が良かったので、またご相談したいと思って。あのときロルフィング®を受けたきっかけは腰痛でしたけど、今回はバレエの発表会が近づいてきたので、苦手な動きを改善したいんです。

扇谷　バレエの動きの改善ですね。それなら、ロルフィング®と合わせて、最近のわたしの研究テーマになっている「筋共鳴®」がお役に立てると思います。

美咲　筋共鳴®？

扇谷　筋共鳴®というのはわたしと編集者さんでつくった造語なんですけど、要はある部位の筋肉と、ほかの部位の筋肉が共鳴し合うように緊張したり弛緩したりしているという身体のメカニズムのことなんです。たとえば、手の指先を動かす筋肉が肋骨を動かす筋肉と共鳴していたり、肩の筋肉がお尻の筋肉と共鳴していたりします。この筋共鳴®を使って、身体と動きを整えていくのが「筋共鳴®コンディショニング」です。

ロルフィング®は米国Dr. Ida Rolf Instituteの登録商標です。
正式名称は「ロルフィング®ストラクチュラルインテグレーション」

美咲　全身のつながりですか。「ロルフィング®は筋膜のつながり」っておっしゃっていましたよね？　それと筋共鳴®は違うんですか？

扇谷　よく覚えていてくれましたね！　ロルフィング®は主に筋膜のつながりを考えます。あと、内的・外的な知覚のパターンにもアプローチしますね。

美咲　知覚って、五感のことでしたっけ？

扇谷　周りの環境を感じ取る五感だけではなく、内臓や筋肉が動く感覚など、自分自身の内的な感覚も含んでいます。ちょっと哲学的に言うと、「自分の内的な世界と、自分をとりまく外的な世界との調和を探る」ということですね。

美咲　なんかかっこいいですね。

扇谷　ざっくりした説明ですけど、語りだすとキリがないのでそんな感じで（笑）。

筋共鳴®ってなんでしょう？

美咲　その筋共鳴®コンディショニングっていうのはどんなことをするんですか？

扇谷　論より証拠でまず体験してみましょう！　わかりやすいのは、手と足の筋肉の共鳴です。ちょっと試してみましょうか。右手はグー、左手はパーにして、両足の指をグーパーしてみてください。右足の方がしっかり握る力が入るでしょう？

美咲　（試してみる）……あ、本当だ！

扇谷　不思議ですよね。手の指を動かす筋肉と足の指を動かす筋肉は共鳴しているんです。これが筋共鳴®の基本的なアイデアです。

美咲　面白いですね！　でもどうしてそんなことが起きるんですか？

扇谷　わかりません（笑）。

美咲　え〜！　そんな〜（笑）。

扇谷　ただ、共鳴関係の組み合わせを整理すると20組くらいあることと、基本的に歩くことをスムーズにするためのものだということはわかっています。

美咲　歩くこと？

扇谷　そう。とくに上半身と下半身の共鳴関係を見ると、四つん這いで移動するのに適しているので、4本脚から2本脚へと人類が進化する過程の名残ではないか？　と考えています。

美咲　お〜、なんだかすごいですね（笑）。

簡単な筋共鳴®の実験です。同じ側の手と足を握ると、力がしっかり入ります。

扇谷　そうなんですよ（笑）。では次にこの筋共鳴®を利用したコンディショニング方法を紹介しますね。先に前屈を試しておくとビフォー・アフターがわかりやすいですよ。

美咲　はーい（前屈をする）。

筋共鳴®コンディショニングの法則は2つ

扇谷　今度は力こぶを作る腕の筋肉〔上腕二頭筋〕と、太ももの裏〔ハムストリング〕の共鳴関係を利用します。瞬間的に緩《ゆる》みますよ。手順はこちらです。（次頁参照）

美咲　えーと、肘を曲げて手をグーにして、手首を曲げて……はじめてする動きです……なんですか、これ？

扇谷　慣れないうちは戸惑うかもしれないですね。

美咲　ふう、なんとか3回できました。……なんだか不思議な感じ。

扇谷　試しに前屈してみてください。どうですか？

美咲　（前屈する）……あ!?　太ももの裏が突っ張らない！　不思議！

扇谷　これが筋共鳴®を使ったコンディショニングの例です。

美咲　おもしろ～い！　でもなんで腕を曲げたり、グーにしたり、するんですか？

扇谷　じつはそこがこの筋共鳴®コンディショニングのミソなんです。わたしたちの身体に

〈上腕〉と〈太もも〉の筋共鳴

ハムストリングをゆるめる！

❶まっすぐ立ち両腕を持ち上げながら曲げて力こぶをつくります。両肘を近づけ、親指を内側に深く曲げて、手をグーにします。
❷手首を曲げて〔屈曲〕、前腕を内回し〔内旋〕します。
❸肘から先はそのまま、肩から両腕を水平に左右に開き（左右の肩甲骨を寄せます）、
❹腕を内回しします。
❺肘を伸ばします。
❻手首を伸ばして、親指以外の４本指をピンと伸ばします。
❼上腕はそのままで、肘から先を外回しに。
❽指先が遠い軌跡を描くように意識して、腕を下ろします。
❶～❽を３回繰り返します。

太ももの裏〔ハムストリング〕がゆるみ、しっかり脚が伸びます。

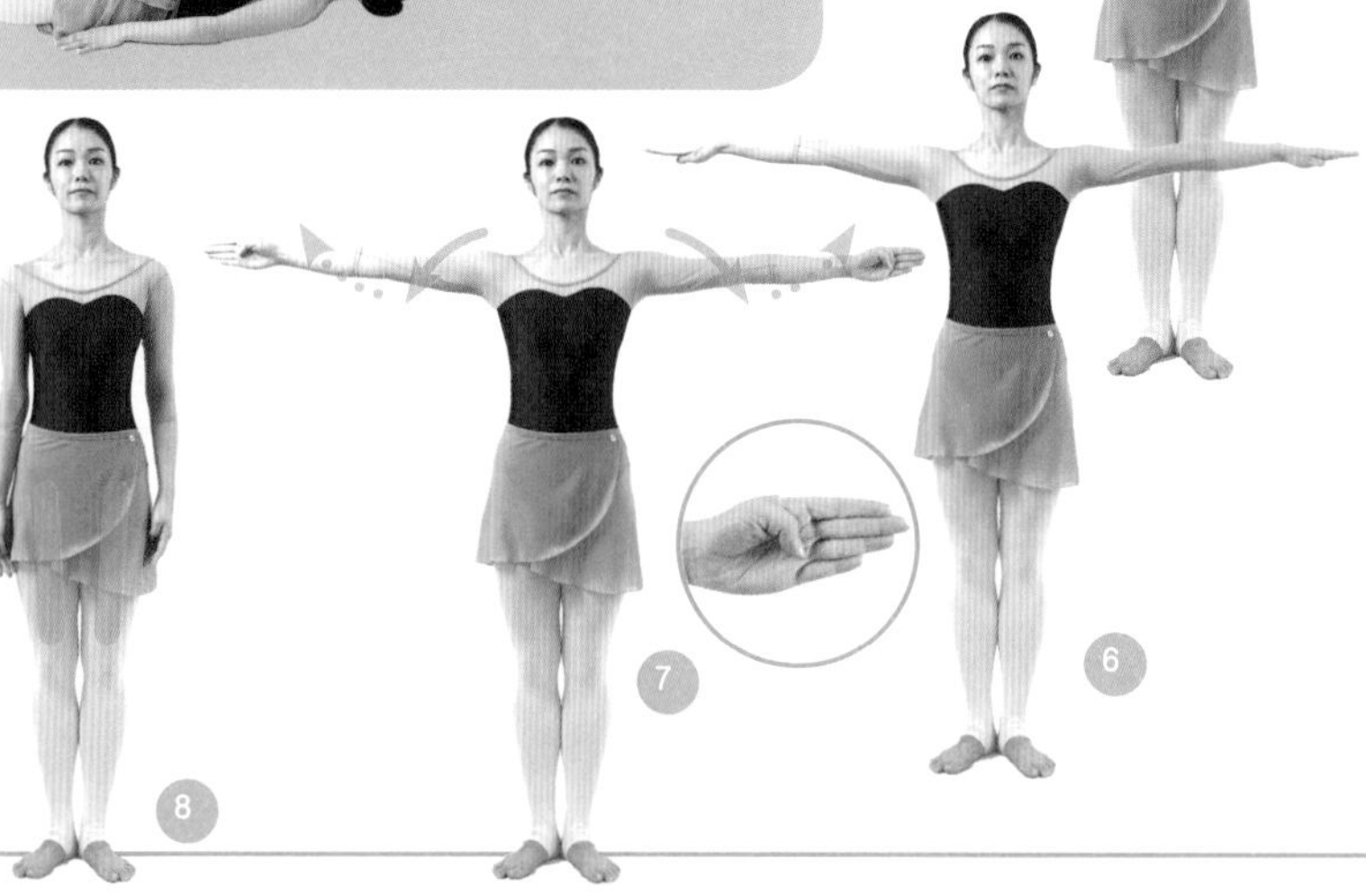

は日頃から使いすぎている筋肉がある一方で、あまり使えていない筋肉もあります。

美咲 いわゆる〔深層筋〕とかですか？

扇谷 はい、そうした普段なかなかアプローチできない筋肉を、この共鳴関係を利用して活性化させるわけです。たとえば先程の前屈の場合は、腕や手を曲げ伸ばしすることで、共鳴関係にあるハムストリングをゆるめて、その結果、スムーズな動きを引き出したわけです。

美咲 あ、それが身体のつながりですか。

扇谷 そうです！ そのつながりを明確にして、関節の柔軟性や安定性を引き出すには、次の2つの法則が重要になります。

法則1：腕と脚で対応する関節同士が、逆向きに回転する。
法則2：隣り合った骨同士は互い違いに回転する。

美咲 上下で逆向きで、隣り合った骨同士で互い違いになる……。なんだかパズルみたいですね(笑)。

扇谷 そうそう、身体で知恵の輪やパズルをするイメージでトライしてみてください。

筋共鳴®コンディショニングの法則

法則1　腕と脚で、対応する関節同士が逆向きに回転する。

肩関節は内向きに、股関節は外向きに回転しています。

法則2　隣り合った骨同士は互い違いに回転する。

大腿骨は外向きに脛骨・腓骨は内向きに回転しています。

美咲 パズルですか。ちなみに、さっきのは難易度的にはどのくらいですか？

扇谷 ふふふ、あれはまだまだ初級編です。

美咲 え！ あれで初級ですか！

扇谷 後半になってくるとわたしでもわからなくなるくらいです（笑）。

美咲 だめじゃないですか（笑）。

扇谷 まあ、それは冗談ですけど、そうとう難しいので楽しみにしていてください（笑）。そのかわり身体が変わりますよ！

美咲 は〜い（大丈夫かなわたし？）

扇谷 ふふふ……。

ターンアウトが大事なわけ

美咲 じゃあ、わたしの場合その筋共鳴®コンディショニングを使ってなにをすればいいんですか？

扇谷 美咲さんの場合、というかほとんどの人に当てはまるのは、ターンアウトの見直しです。**本当にバレエを上達したいのなら、まず徹底的にターンアウトを見直しましょう。**

美咲　あ、まさに、今回わたしがご相談したかったのが、ターンアウトのことなんです。発表会に向けてレッスンの回数が増えてきたら、もう毎回先生から「ターンアウトが足りない」って注意されるんで悲しくなってしまって。

扇谷　その「ターンアウトが足りない」という言葉の意味を筋共鳴®的に言うと、**「本来ターンアウトで働くべき筋肉が眠ったまま、代わりに間違った筋肉が働いている」**ということです。

美咲　ショックです。自分なりに一生懸命ストレッチもして開いているつもりでした……。

扇谷　ターンアウトは単に股関節の筋肉だけの問題じゃないんですよ。筋共鳴®によるつながりで考えれば、**「ターンアウトができない＝腕や体幹などのその他の部分も動かす準備ができていないことの証明」**と言えます。だから、その準備がない状態で高度な動きや振り付けを踊るというのは難しいというか、事実上不可能なんです。

美咲　うーん、ターンアウトって股関節が柔らかいだけじゃできないんですか……。

扇谷　まあ、生まれつき関節がゆるゆるですぐにできてしまう人もいますけど、ここで言っている「ターンアウトができる」は**「正しく筋肉を使ったターンアウトができる」**という意味なんです。逆に言えば１８０度に足先が開いていても正しく筋肉や関節が使われていなければダメですし、そこまで開かなくても使うべき筋肉がちゃんと働いてい

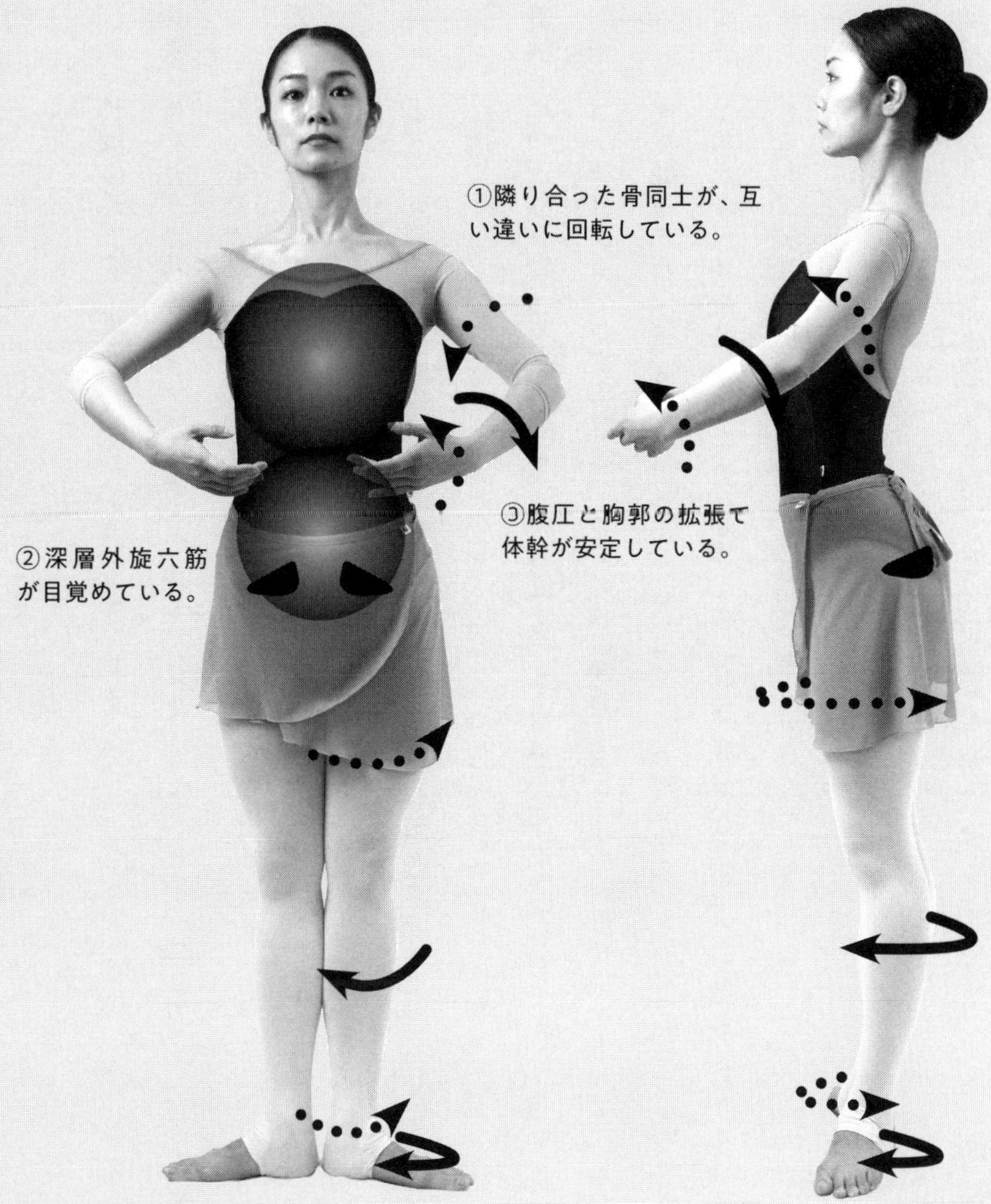
①隣り合った骨同士が、互い違いに回転している。
③腹圧と胸郭の拡張で体幹が安定している。
②深層外旋六筋が目覚めている。

ターンアウトのポイント

①隣り合った骨同士が、互い違いに回転している。(膝関節は内回し)
②深層外旋六筋が目覚めている。
③腹圧と胸郭の拡張で体幹が安定している。

ればＯＫです。質の問題として考えてください。

美咲　見た目だけじゃダメで、中身が大事ってことですね。でもプロになるには１８０度は開く必要がありますよね？

扇谷　もちろんプロを目指す場合には見た目も大事ですけど、それは中身がなくても良いということではありません。間違った開き方をしていれば、当然スタイルや踊っているときの動作の質に表れます。プロは見た目も中身も両方必要ってことです。見た目だけ開くからといってそれに甘んじていたら、身体を壊してしまいますよ。

美咲　やっぱりプロってすごいんですね。でも、それはバレエに限らないか……。

扇谷　コンディショニングの立場から言えば、楽しくバレエを続けたいと思っているのなら優先順位としては、ターンアウトの見た目よりもまず中身の方が大事だと思います。

美咲　たしかに無理やり開いて身体を壊しては意味がないです。そもそも、わたしは見た目からして開かないし、それならまずは中身からですね。

股関節の硬さは生まれつき？

美咲　わたしはもともと股関節が硬いんだと思うんですけど、これって生まれつきですか？

扇谷　ケガや病気以外の理由で関節が硬い理由には、遺伝や成長過程での骨格の形成による制限や、今現在の姿勢・動き方・筋力不足などによる制限などがあります。ただわたしが見たところ、「ターンアウトがうまくできない」という人は、たいてい改善の余地があって、どちらかというと一生懸命間違った練習をしているケースが多い印象です。だからまずは自分の身体の制限されている部分をきちんと見直すことをおすすめしたいですね。

美咲 じゃあ、わたしにもまだ可能性はありますか？　わたしもバレエは小学校1年生からはじめました。途中、挫折して離れたんですけど、運動不足解消に最近また再開したんです。ヨガやジャズダンスもしてみたんですけど、やっぱり合わなくて。どうせなら大好きなバレエをもう一度って思ったんです。

扇谷 そうですか。以前ロルフィング®を受けていただいたときの動き方や姿勢から考えると、美咲さんがターンアウトができないのは生まれつきというより、間違った練習の仕方の方にあると思います。1つひとつ、見直していきましょう。

美咲 はい！　ちょっと希望が見えてきました！　頑張ります！

コラム「筋共鳴®について」

筋共鳴®は、ある部位の筋肉とほかの部位の筋肉が、共鳴し合うように同時に緊張したり弛緩したりするという身体の仕組みです。「筋共鳴®コンディショニング」ではこの仕組みを活用して姿勢や動きの質を高めます。

わたしが筋肉同士が共鳴していることに気づいたのは、ロルフィング®のセッションがきっかけでした(ロルフィング®は全身をつなぐ筋膜のネットワークに働きかけるボディワークです)。5年ほど前のある日、ふと**「首に働きかけていると足がピクピクと動いたり、時に働きかけていると突然呼吸が深くなったりするのはなぜだろう?」**と思ったのです。そうした現象はよくあることなので、それまではあまり深く考えていませんでした。漠然と「筋膜のつながりがあるからだろう」と思っていましたが、よく考えると筋膜のつながりを飛び越えた位置にある筋肉同士が反応しています。また、筋膜のつながりが原因なら起点の筋肉と終点の筋肉の間の筋肉もなにか反応をしているはずですが、そのような様子はありません。そこで「筋肉同士の共鳴」

という仮説を立てて検証していくと、驚いたことにほとんどの筋肉に共鳴の相手となる筋肉があることがわかりました。共鳴し合う筋肉同士の組み合わせを整理していくと約20組ほどに分類できるようです。

この本ではその中でもバレエに関係の深い組み合わせを選んでご紹介しています。この共鳴の仕組みを活用してエクササイズを行うと非常にスムーズに目的の筋肉を伸ばすことができます。また、内転筋などの動かす感覚がつかみにくい筋肉の場合、共鳴相手の動かしやすい筋肉の方を刺激しながら動かすことで感覚をつかむといった活用もできます。わたし自身、この本の執筆中に肩や腕のエクササイズを実践していたところ、急に前後開脚ができるようになって驚きました。

筋共鳴®を使ったエクササイズを体験していただくと、ほとんどの人から不思議がられます。そして決まって「どういう仕組みですか？」と尋ねられます。しかし残念ながら筋共鳴®の神経学的な仕組みは今のところ未解明です。ただ、どのような筋肉同士が共鳴しているのかを見ていくと、歩行動作をスムーズに行うのに適した組み合わせになっていることがわかります。とくに上半身の筋肉と下半身の筋肉の共鳴は四つん

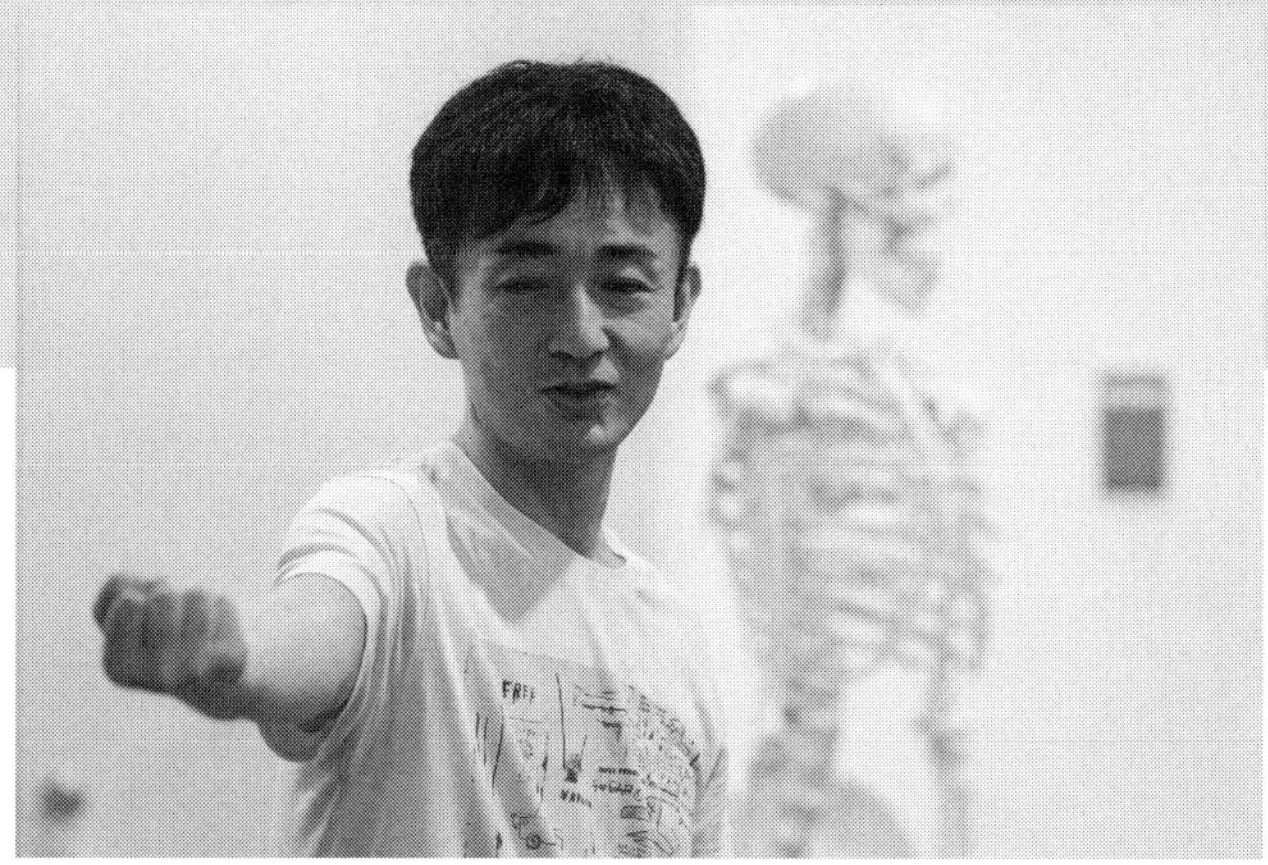
ヨガスクールで指導する著者。

這いで移動するのに役立つ組み合わせです。そのことから、筋共鳴®は進化の過程で形作られてきた、水中遊泳や四足歩行のための仕組みの名残りではないかと考えています。わたしたちの身体には筋共鳴®という形で、魚の動きやトカゲの動きが眠っているようです。

また、解剖学では便宜上、見た目で筋肉を区別してそれぞれに名前をつけています。しかし、この区別の仕方は脳にとってはあまり意味がありません。脳にとって重要なのは、どの筋肉を動かせば目的の動作が行えるか？　ということです。つまり、脳の立場に立てば、筋共鳴®で同時に働いている筋肉のグループは、別々の筋肉ではなく一つの筋肉のように見えているのかもしれません。

筋共鳴®については、わたし自身、今でも発見の日々です。さらなる探求のためにも、読者の皆様からの感想やフィードバックをお待ちしています。

筋共鳴®はヨガ、バレエ、コンディショニングと、様々な場面で有効です。

ターンアウトには全身の協力が必要！

扇谷 ところで美咲さんは、そもそも「なぜバレエにターンアウトが必要なのか」をご存じですか？

美咲 え？「脚を高く上げるため」とか「舞台を横に広く使うため」って聞いたことがありますけど、それ以外にもなにかあるんですか？

扇谷 もちろんです。ターンアウトは、西洋でバレエが発展した当時の、教会の尖塔に代表されるような垂直性を重視する文化的志向の表れと言えるでしょう。**解剖学的に見ると「ポアントして高く上に」「軽く優雅に」と思って動いているうちに必然的にたどり着いた形**だと言えますね。つま先を前に向けたいわゆるパラレルの姿勢だと、跳ぶためにしゃがんだときに体幹が斜めになります。体幹をくねらせずにまっすぐ上に跳ぼうとすると、自然にターンアウトに行き着きます。

美咲 なるほど〜。高く優雅にって、まさにバレエの特徴ですね。

扇谷 バレエに必要な3つの大きな要素として、**アン・ドゥオール、アプロー**

ターンアウトは高さと
優雅さの現れです！

ン、**エレヴァシオン**が挙げられますが、それらを具体的に体現した形がターンアウトした基本姿勢だと思います。ターンアウトすることによって、身体の各部の筋肉が共鳴し合ってバレエらしい軽く優雅な動きを自然に生み出すようになっているんです。

美咲 そのバレエの3つの要素って、どんな意味があるんですか？　聞いたことはあるんですけど、今考えると、あんまりちゃんと理解していなかったなと思って。

扇谷 それぞれ、

・アン・ドゥオール＝動きの中の外に向かって開いていく、広がっていく要素
・アプローン＝全体が調和している、垂直性・安定性の要素
・エレヴァシオン＝上に向かって伸びていく、上がっていく要素

です。

美咲 抽象的なんですね。

扇谷 そうですね。バレエの動きの基本原理を象徴するキーワードだと思います。ただ、舞台上で実際に動きとして表現していくためには、やはり具体的な技術や身体づくりが必要ですね。それを今回のテーマであるターンアウトの改善に当てはめてみると、ア

バレエの3つの原理

アン・ドゥオール〔en dehors〕
＝外に向かって開いていく、広がっていく要素

アプローン〔aplomb〕
＝全体が調和している、垂直性・安定性の要素

エレヴァシオン〔elevation〕
＝上に向かって伸びていく、上がっていく要素

ン・ドゥオールは「股関節の外回し」、アプローンは「腹圧による体幹の安定と軸づくり」、エレヴァシオンは「引き上げ」が該当すると思います。

美咲 「股関節から外回し！」とか「軸を感じて！」とか、どれもよく言われるんですけど、イマイチ実感がないんですよね。自分ではそうしているつもりでも注意されるし……。

扇谷 この3つの要素はバラバラに行われるわけではなくて、それぞれがお互いを必要としているんです。ですから、ターンアウトができていない段階では、どの要素も実感しにくいのは仕方ないですね。追い追い、セッションの中で体験してもらいましょう。重要なことは、ターンアウトって股関節をひたすら外回しすればいいと思われがちですけど、そのためには背骨のバランスも、骨盤の傾きも、胸郭の形も、肩の位置も、すべてを日常の状態から変える必要があるということです。筋共鳴®の観点から言えば、股関節を最大に外回しさせるためには、それこそ頭の天辺から手足の指先まで、すべてのパーツが協力する必要があるんです。

美咲 股関節のストレッチを頑張るだけじゃダメなんですね？

扇谷 そうですね。全身を基礎から見直します。そもそも、股関節のストレッチはこれまでも頑張ってきたんじゃないですか？　もちろん股関節のストレッチも大事ですけど、今までとは違う要素を加えて試してみましょう。

美咲 たしかに、そうか。そういえば、昨年、腰痛になったときも、「無理なストレッチを頑張りすぎたのが原因だ」って言われましたものね。

扇谷 あぁ、そうでしたね。間違ったストレッチで柔らかくなってもダメなんですよ。関節の柔軟性と同時に安定性も高めないと、いざ踊りはじめたときに身体のバランスを失ってしまいますから。

美咲 そこは身にしみました（苦笑）。

パフォーマンスピラミッドを知っておこう！

扇谷 コンディショニングを進めていく上で、基本的な考え方をご紹介しておきますね。パフォーマンスピラミッド（次頁参照）っていうんですけど、下の層の要素が不足していると、上の層の要素が制限されるという考え方です。ここで重要なのは、ターンアウトは関節の可動性と安定性の問題なので、一番下の「ファウンデーション（基礎体力）」の部分なんです。

美咲 え!?　専門的な動きだから「スキル（技術）」じゃないんですか？

扇谷 美咲さんがターンアウトを専門的な動きのように感じるのは、成長過程で関節を固めてしまって本来の股関節の可動域を失ってしまった状態からスタートしているからですよ。専門的な動きというのは、アラベスクをするとかピルエットを回るとか、曲に合わせてヴァリエーションを踊るといったようなもの、そういうのが専門的な動きの層ですね。

美咲 な、なるほど。

扇谷 このピラミッドからわかることは、ターンアウトができないまま、〈スキルの層〉の振り付けの練習をたくさんしたり、〈ファンクションの層〉の筋トレでパワーをつけたりしても、根本的な上達は難しいということです。むしろ変な動きの癖を強化してしまったり、姿勢や筋力のバランスが悪いので故障を招いたりする恐れもあります。それらを活かすにはまず基礎体力の向上＝ターンアウトが必要です。ときどき野球選手などが筋トレで肉体改造して筋力をつけた結果、かえって成績が低迷したという話がニュースになりますよね？　あれと同じです。

美咲 あっ、有名な野球の選手がインタビューでそんな話をしているのを観たことがあります。

扇谷 今回の筋共鳴®コンディショニングやロルフィング®は、この基礎体力の部分を向上させるのが主な目的です。一番土台の部分なので、ここを充実させる

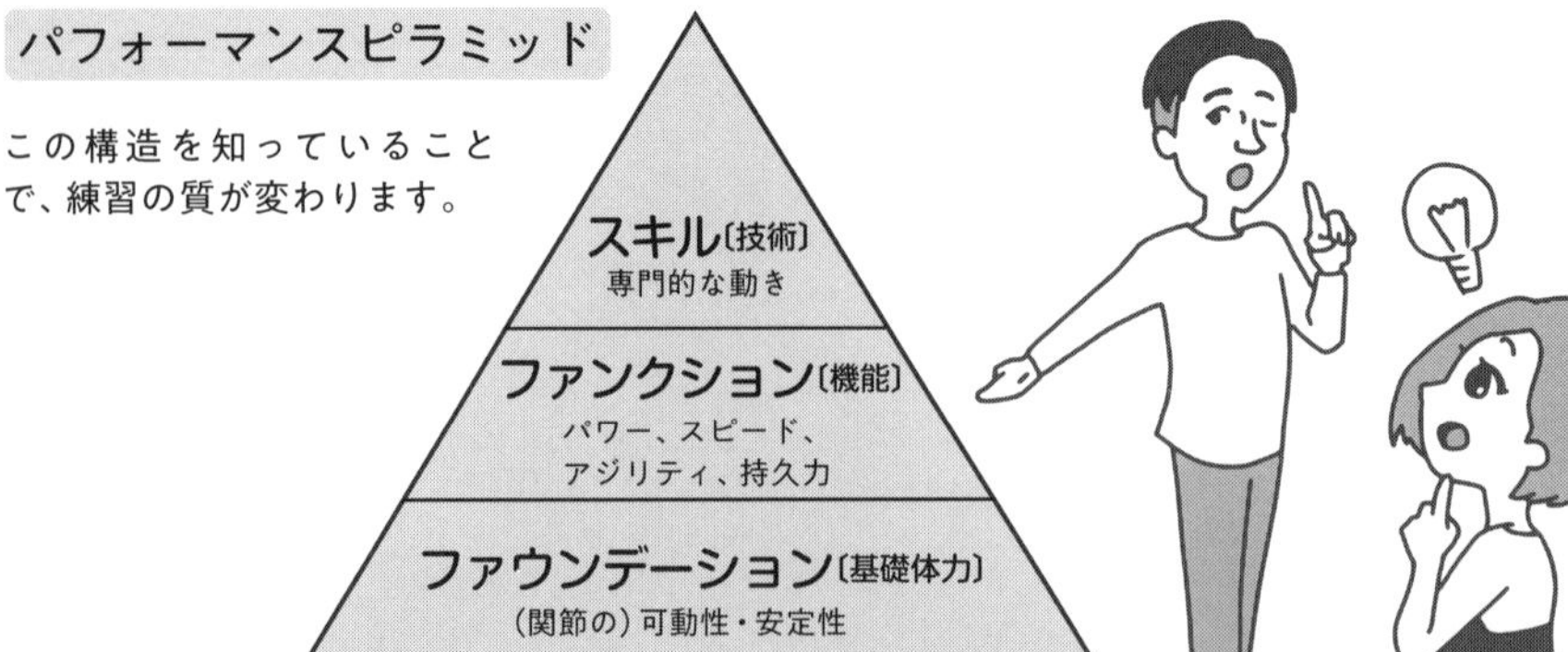

パフォーマンスピラミッド
この構造を知っていることで、練習の質が変わります。

美咲　と、バレエ以外のことをするときにも役立てることができますよ。

扇谷　「バレエのレッスンはすべてのダンスの基礎づくりになる」って言いますけど、本来はこの基礎体力の部分をしっかり鍛えるからなんですね。

美咲　そうですね。もう1つ、筋共鳴®的にターンアウトを見直す中でその他のこと、たとえばルルヴェやポール・ド・ブラ、ポアント、アラベスク、ジャンプなども必ず良くなります。

扇谷　必ず!?

美咲　必ずです。また逆に、身体に備わった共鳴関係が目覚めるとルルヴェやポール・ド・ブラからターンアウトも良くなります。これは「ターンアウト＝股関節を開く」「ポール・ド・ブラ＝手の動き」と思っているうちはたどり着けません。

扇谷　なんだかやる気がさらに湧いてきました！

ターンアウト改善に必要な4つのステップ

美咲　では、まずターンアウトを改善するために必要な4つのステップを挙げてみますね。これらは美咲さんに限らず、ターンアウトができない人に共通している問題点です。

ステップ① 体幹を安定させる

扇谷　まず最初に挙げられるのは体幹の安定です。

美咲　体幹って胴体のことですか？

扇谷　そうですね。ここでは腕や脚を除いた残りの部分と思ってください。

美咲　それを安定させる？

扇谷　はい。そのために必要なのが、「腹圧（正式には腹腔内圧）を高める」ことと「胸郭の拡張」です。

美咲　それはなんですか？

扇谷　重いものを持ち上げるときなどに、お腹が張って硬くなるでしょう？　あれは横隔膜の下降によって内側からお腹をふくらませる力と腹筋でお腹を引き締める力が拮抗して、腰や骨盤を安定させているんです。これを「腹圧を高める」と言います。

美咲　ふんふん。じゃあ「胸郭の拡張」は？

扇谷　普通は腹圧を高めると胴回りがふくらむのですが、バレエの場合には、それに加えて胸郭を大きく拡げて胴回りを引き締めます。この胸郭を拡げる

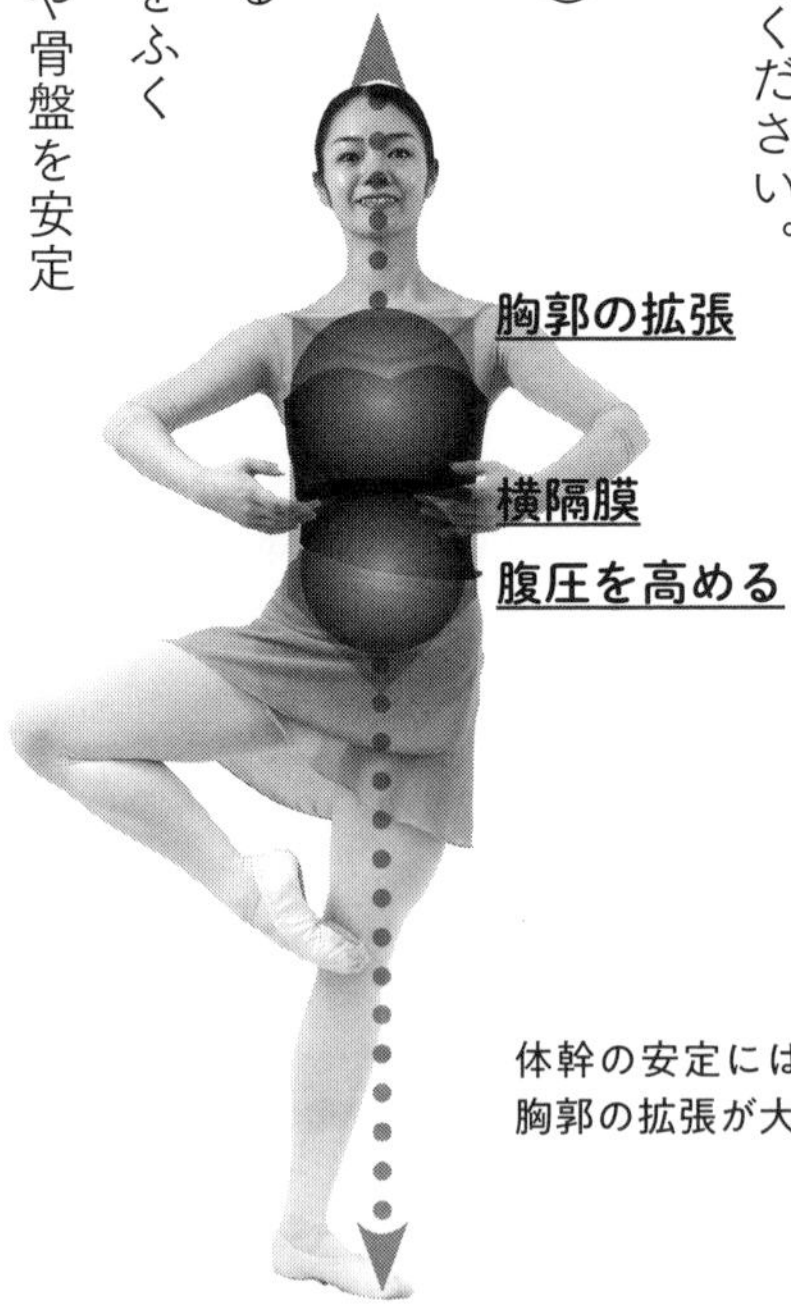

体幹の安定には腹圧とともに
胸郭の拡張が大事です。

筋肉は胴回りを引き締める筋肉と共鳴しているんです。

美咲 どうしてバレエは胸を拡げる必要があるんですか？

扇谷 ポアントの状態でバランスをとって伸びやかに腕や脚を動かすには、腰と骨盤だけではなく首や胸郭も含めた体幹全体を安定させなければならないからです。デヴェロッペやグラン・バットマンで脚を高く上げたり、アラベスクのようなバランスを要求される姿勢で静止したり、ピルエットで軸をつくって回ったりするには、体幹がブレないことが重要ですよね。

美咲 胸郭を拡げることで、体幹全体が安定するんですか。それって具体的にターンアウトとはどんな関係があるんですか？

扇谷 体幹が不安定だと、腕や脚を力ませてバランスをとろうとするので、肩や股関節が硬くなり可動域が低下します。これがターンアウトができなくなる大きな原因ですね。またターンアウトしたときに出っ尻やタックインになってしまうのは、腹圧や胸郭の拡張に問題がある証拠です。

美咲 ということは、わたしは体幹が不安定だからターンアウトができないのか……。

扇谷 筋共鳴®の観点からも、体幹の筋肉からの筋共鳴®によってターンアウトに必要な足の筋肉が活性化するので、体幹の安定化が重要です。

ステップ② 「引き上げ」を見直す

扇谷　ステップ②は「引き上げ」です。まず「引き上げ」の定義を確認しておきましょう。わたしが考える解剖学的に「引き上げができている」とは、

「足が床をしっかり押して、その反力が体幹を通り抜けて頭を一番高い位置に持ち上げている状態」

と言えます。もちろん先生によっていろいろな見方があると思うので、これはわたしがコンディショニングをする中で考えた定義になります。

美咲　なんだか難しそうですね（笑）。

扇谷　（笑）簡単に言うと、足や背すじを固めて無理に伸び上がるのではないということです。むしろしっかり床を踏むことで自然に伸び上がるんです。そのためには関節を安定させて姿勢を形作る筋肉群、その多くはいわゆる〈深層筋（インナーマッスル）〉が最大限に働いている必要があります。ここがミソなのですが、こうした筋肉の特徴は「力を発揮しているときでも力感がとても少ない」ということなんです。そのため、本人は身体が非常に軽くなったように感じます。また無駄な力が抜けるので、バレエら

しい動きの軽やかさやしなやかさが生まれるんですよ。

美咲 あ、たしかに先生や上手な人って、身体の重さがないみたいに、すごく軽々動きますよね。わたしの場合、「引き上げ」って言われると、かえって力んじゃうんです。それは間違った引き上げということでしょうか？

扇谷 そうですね。引き上げを成立させるためには、まず肩や骨盤、脚などの準備ができている必要があります。その準備が整っていないところで、ただ頭を高く持ち上げようとしてもあちこちに無理が出てしまうんです。

美咲 引き上げには準備が必要なんですか？

扇谷 そうです！ この準備が不足していると、**「重心移動がスムーズにできない」「骨盤が立たない」「肩が上がる」「ジャンプが跳べない」「回転が安定しない」「膝が曲がる」**といった問題となって現れます。

美咲 どれも身に覚えが……（汗）。これ

NG

しっかり床を押せていないと、足首や背すじ、肩を固めて引き上げようとして力んでしまいます。

OK

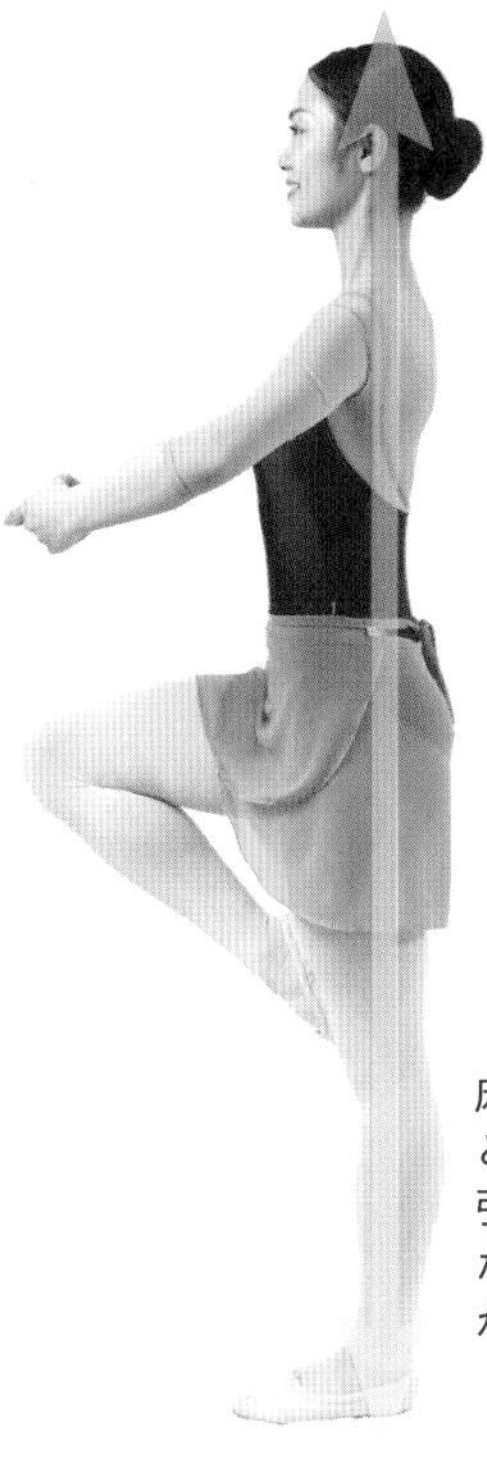

床が押せていると、押した反力で引き上げられるため、伸びやかさが生まれます。

は当然、ターンアウトができないことにも関係あるんですよね？

扇谷 はい。引き上げている状態では、骨盤が股関節の〔深層筋〕によって引っ張り上げられて浮いたような状態になるんです。それによって股関節の可動域が広がり、ターンアウトの開きを大きくできるんです。

美咲 そうか。引き上げているつもりだったけど、できていないからターンアウトも開かないのか……。

扇谷 あと、引き上げができないというのは姿勢や動きの面だけではなく、舞台に現れたときの存在感に直結しているんですよ。いわゆる「舞台上のオーラ」のある・なしは、引き上げができているかどうかに深く関わっています。

美咲 オーラまで⁉

扇谷 筋共鳴®は他者とのつながりにも影響するんです。だから、引き上がっているかどうかで、観ている人の身体に響くものが違うんですよ。まあ、これは今のところ科学的に計測できる話ではないので、体験を通して確認するしかないんですけど。

美咲 なんかちょっと不思議ワールドに足を踏み入れた感じですね（笑）。

扇谷 そうですね（笑）。

引き上げの質は、舞台上のオーラにも影響していると言えます。

ステップ③　ポール・ド・ブラがターンアウトをつくる！

扇谷　ステップ③はポール・ド・ブラです。バレエの先生とお話ししていると、ターンアウトと比較して、どうしてもポール・ド・ブラの練習は後回しになってしまうという声を聞きます。でも筋共鳴®的なアプローチでは、**ポール・ド・ブラで正しく肩や肘、手首の関節を動かすことで、下半身の筋肉が整ってターンアウトがグッとスムーズになります。**逆に、ポール・ド・ブラに問題があると、正しいターンアウトはできません。

美咲　ポール・ド・ブラが美しいかどうかではなくて、正しいかどうかが問題なんですか？

扇谷　**この場合の正しいは「ターンアウトに適合している」という意味です。**最初に紹介した筋共鳴®コンディショニングの法則を思い出してください（16頁参照）。全身のパーツが共鳴関係にある以上、**ターンアウトを前提に考えると、ポール・ド・ブラの形も必然的に決まってくるんです。**

美咲　あ、「法則1　腕と脚で対応する関節同士が逆向きに回転する」ですか？

扇谷　そうです！　だからポール・ド・ブラがこの法則に則っていれば、ターンアウトも必然的に正しくできるわけです。たとえばアン・バーでターンアウトをしているときは、次のようになります。

アン・バーでターンアウトしている時の腕と脚の関係

腕（上肢）			
①肩鎖関節	②肩関節	③肘関節	④手関節
外回し〔外旋〕	内回し〔内旋〕	外回し〔外旋〕	内回し〔内旋〕

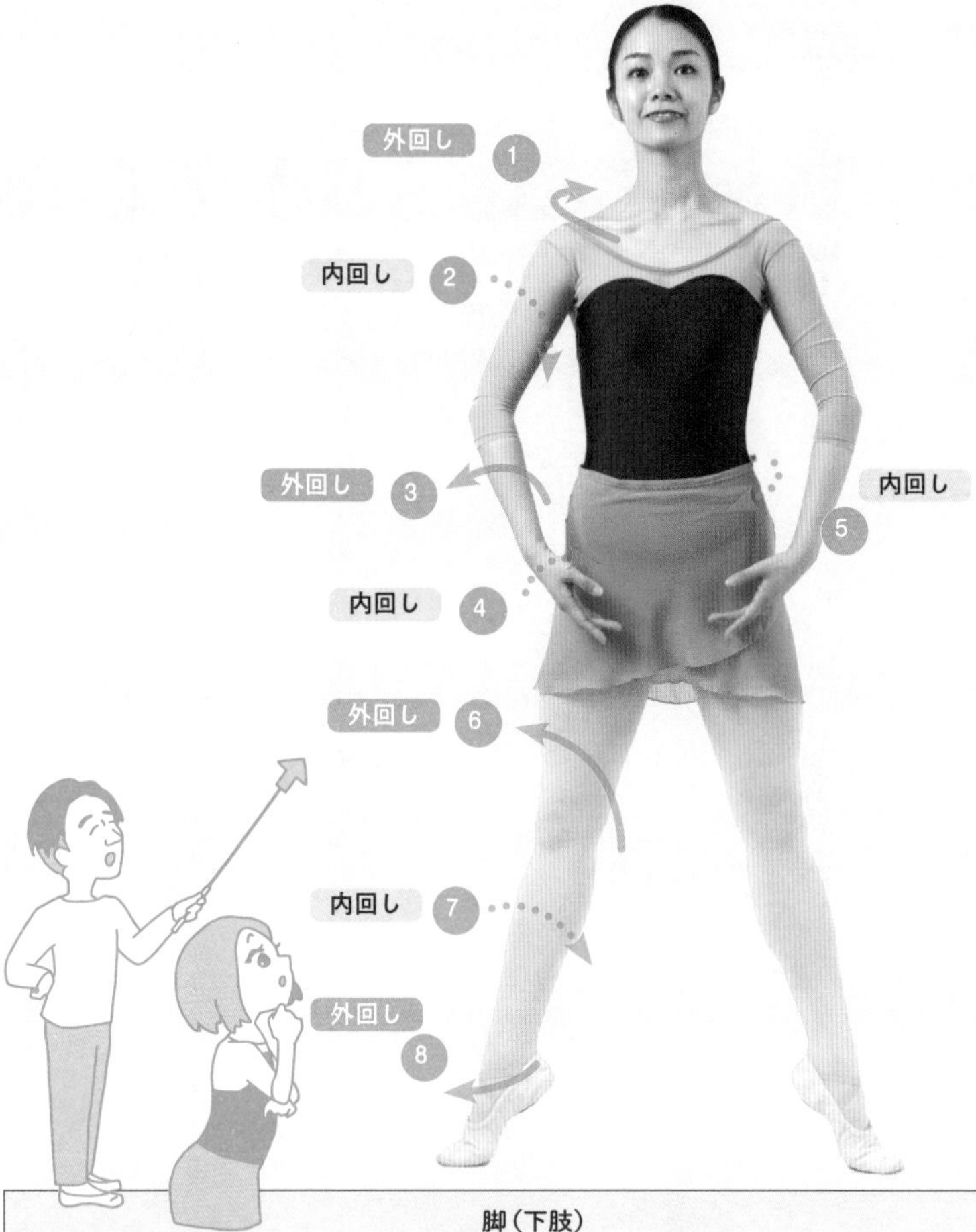

脚（下肢）			
⑤仙腸関節	⑥股関節	⑦膝関節	⑧足関節
内回し 〔内旋〕	外回し 〔外旋〕 ＝ターンアウト	内回し 〔内旋〕	外回し〔外旋〕

〔〕内は解剖学的な動きの表記です。

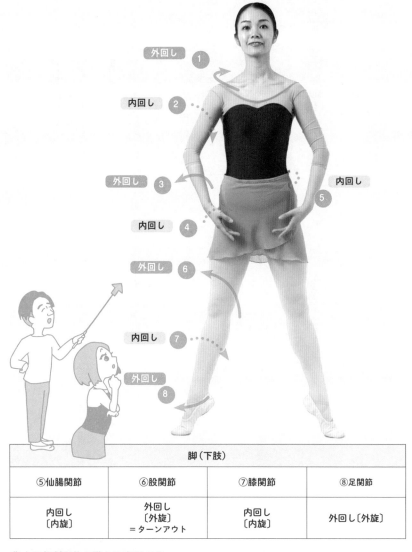

美咲　この法則があるからターンアウトをすると自動的に他の関節の動きが決まってくるんですね？

扇谷　はい、これは厳密に言えばという話ですけどね。骨の動きにはある程度のゆとりがあるので、体調やそのときどきの運動の負荷の大きさによってまったくこの通りではなくても問題なく動けることが多いです。ただ、不調箇所を直すとか、今回のようにターンアウトを改善するとかのパフォーマンスアップには必要な考え方です。

美咲　下半身をこう動かしたいから、上半身はこっちに動かす、か。本当にパズルみたい。

扇谷　そうですね。パズル感覚で考えてもらうと良いと思います（笑）。ちなみにポール・ド・ブラのフォームが間違っているサインとしては、

・肘が落ちる　・猫背／巻き肩になる　・肩が上がる
・アバラが開く／ミゾオチが開く
・手や手首が力む　・肩が疲れる

などが挙げられます。これらの問題は骨同士が正しく回転していないため、肩から指先まで「腕の軸」が通っていないことが根本的な原因です。

美咲　腕の軸？　はじめて聞く言葉です。

扇谷　指先から肩までの骨同士がうまく嚙み合ってスムーズに力を伝達できることだと思ってください。多くのスポーツと違って、バレエって下半身にはすごく負荷がかかるので自然に鍛えられますが、上半身はそれほどではありませんよね。ちなみに美咲さんは腕立て伏せはできますか？

美咲　苦手です（苦笑）。

扇谷　上半身を鍛えないとしっかり力が伝わる「軸」を知らないままポール・ド・ブラをしていることが多いのです。この軸が見つかると、余計な力を使わないので腕をしなやかに動かせるようになります。そこで大事になるのが骨同士の回転と手の形なんです。

美咲　骨同士の回転と手の形ですか。そんなところがターンアウトに関係していたとは……。

ステップ④　ターンアウトの方法を見直す

美咲　ターンアウトの方法って、先生によって教え方がちょっとずつ違いますよね？「お尻を締めろ」って言われたり、「ゆるめろ」って言われたり……。

扇谷　ターンアウトの方法についての情報が混乱しているんですね。そもそもお尻の筋肉の構造を知らないと、理解するのは難しいですよね。

扇谷 「お尻の奥の筋肉を使え」って言われるんですけど、感覚がよくわからないんですよ。

美咲 出っ尻や猫背とかで、もともと日常レベルで姿勢に問題がある人はターンアウトのための筋肉が眠っています。だからバレエで(いざ使おう！)と思ってもなかなか感覚がわからないんですね。そこで筋共鳴®を使うと、その感覚がつかみやすくなります。

扇谷 わー、楽しみです！

美咲 あと、ターンアウトについては、できない人が必ず勘違いしているポイントがあるので、そこをしっかり見直すことが必要ですね。この問題をわたしは**「雑巾絞りターンアウト問題」**と呼んでいます。

扇谷 雑巾絞り？

美咲 雑巾を絞るように股関節から足先までをねじって外回しさせていくことです。

扇谷 あれ？ 違うんですか？ よくそういう矢印の絵を見ますけど。

美咲 あー、これですね。残念ながらほとんどの人はこの図の意味を正確に理解していません。肝心なことが描かれていないので、仕方ないのですが……。

扇谷 なんですか、肝心なことって？

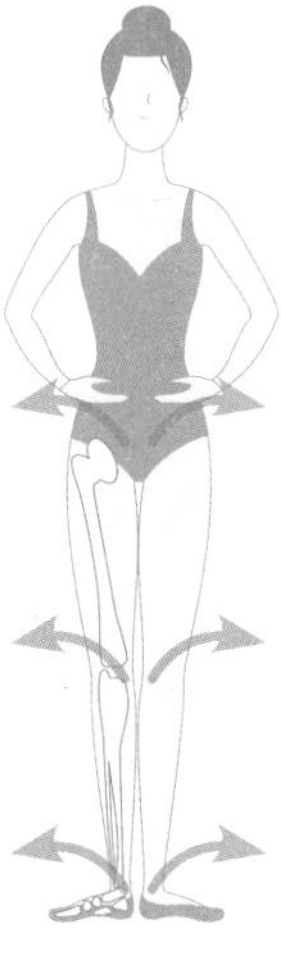

いわゆる「雑巾絞りターンアウト」。股関節、膝関節、足関節をすべて外向きにねじって開いています。

扇谷　力が効率よく伝わるようにするには、**法則2「隣り合った骨同士は互い違いに回転する」**ということです。この図を見ると、太ももの骨（大腿骨）も脛の骨（脛骨&腓骨）も足の骨も、全部一斉に外にねじっていくのだと思ってしまうんですが、それをするとターンアウトができなくなるんですよ。

美咲　ええええっ!!　そんなっ!!　どうしてそんな大事なことが描かれていないんですか!?

扇谷　この図は、「外から見たとき」に骨がどちらの方向に動いて見えるかを示しているんです。動きの説明って、どこを基準に上下左右を決めるかによって説明の仕方が全然変わってしまいますよね？

美咲　たしかに……。天動説と地動説みたいな？

扇谷　そうです。関節の動きを整えるためには、（外から見てどちらの方向か）という視点と、（関節で隣り合う骨同士が、相対的にどちらの方向に動くか）という視点の両方が必要なんです。ターンアウトができない人の多くは、ここを勘違いしています。多いのは太ももの骨に対して脛の骨をさらに外回ししてしまっているパターンです。そうすると膝関節での骨同士の噛み合わせが悪くなって、骨盤から足先まで脚全体に不自然な力みが生まれてしまうんです。

美咲　うう……まさにわたし、そうやってずーっと練習していました！　なんて勘違いをっ!!　ショックすぎます……。

扇谷　この話しをすると、皆さん、美咲さんのような反応をされますね。ちなみに、この勘違いは、「プリエで膝が内に入る（ニー・イン・トゥ・アウト）」「O脚／X脚／膝下のO脚」「扁平足やカマ足」「出っ尻／タックイン」などの原因になります。

美咲　あー、これも思い当たるフシがありまくりです……。

扇谷　それぞれ別々の問題のように思っている人も多いのですが、根っこは共通しているんですよ。

美咲　コンディショニングの専門家から見ると、そうなんですね。

扇谷　こんな感じで、ターンアウトができない理由には、大きく分けて2つの傾向があります。**1つは、筋力とか関節の柔軟性や感覚の不足に起因するもの。もう1つは動かし方の理解不足や勘違いに起因するものです。**後者については、そのまま練習すればするほど身体に変な癖がついて、思うように動かせなくなっていくので、身体を動かす前にまず正しい動きを頭で理解することが大切ですね。

美咲　うーん、びっくりしたけど、知ることができて良かったです。でも、長年の癖で、頭で理解しても身体がついていけない気がします。

扇谷　**そこで登場するのが、筋共鳴®コンディショニングです。**一緒に頑張りましょう！

美咲　はいっ！　よろしくお願いします！

扇谷　メニューとしては、まずは土台になる〈ステップ① **体幹の安定**〉からはじめます。その上で、〈**ステップ② 引き上げの見直し**〉をしましょう。次に〈**ステップ③ ポール・ド・ブラの見直し**〉です。脚よりも腕の方が自由に動かせるので、身体に軸を通す感覚をつかむ練習になります。その上で本丸の〈**ステップ④ ターンアウトの見直し**〉です。体幹が安定して、引き上げとポール・ド・ブラが改善されていると、今よりずっとスムーズにターンアウトができるはずです。

美咲　はい！

ステップ①　体幹の安定
ステップ②　引き上げの見直し
ステップ③　ポール・ド・ブラの見直し
ステップ④　ターンアウトの見直し

パート1

胸を拡げて、腹圧をアップ 体幹を安定させる！

ターンアウトに必要な体幹を知ろう！

扇谷　それではまず正確なターンアウトに必要な体幹を安定させることからはじめましょう。そのためには次の順番でコンディショニングしていきます。**（1）呼吸で胸郭を拡げる、（2）〈腹斜筋群〉でお腹を絞る、（3）インナーユニットで腹圧を高める、（4）〈横隔膜〉を強化する、（5）胸郭とお腹を統合する**、です。

美咲　（3）の腹圧ってお腹をグッとふくらませるんですよね？　教室ではずっと「お腹を薄くして」って言われてきたのでちょっと不安なんですけど……。

扇谷　わかります。でも、まず胸郭がしっかり拡げられれば、お腹をふくらませる力を入れても筋共鳴によってちゃんと引き締まった状態になるので大丈夫です。逆に胸郭がしぼんでいると、腹圧を高めたときに内臓が下がってお腹がポッコリしてしまうんです。

美咲　え、そうなんですか？

扇谷　ええ。だからこの順番なんですよ。それに胸郭を拡げる〈外肋間筋〉〈内肋間筋〉は、腕と手指、太ももと足指の筋肉とも共鳴しているので、ポール・ド・ブラやターンアウトの動きへの影響も大きいです。表にするとこんな感じになります（次頁参照）。

部位	胸郭	腹部	上腕（二の腕）	手指
筋共鳴（上半身）	①外肋間筋	②外腹斜筋	③上腕二頭筋	④深指屈筋
筋の主な働き	努力性の吸気。体幹（胸部）の側屈／回旋／屈曲	努力性の呼気。体幹（腰部）の側屈／回旋／屈曲	肩関節の屈曲、肘関節の屈曲／回外	手指の末端からの屈曲。手首の掌屈
バレエでの役割	胸骨を持ち上げる。胸郭の安定化	腹腔の安定化。アバラを閉じる。ウエストを絞る	アン・ナヴァンを補助する	手の伸びやかな表現

体幹に関係する筋共鳴

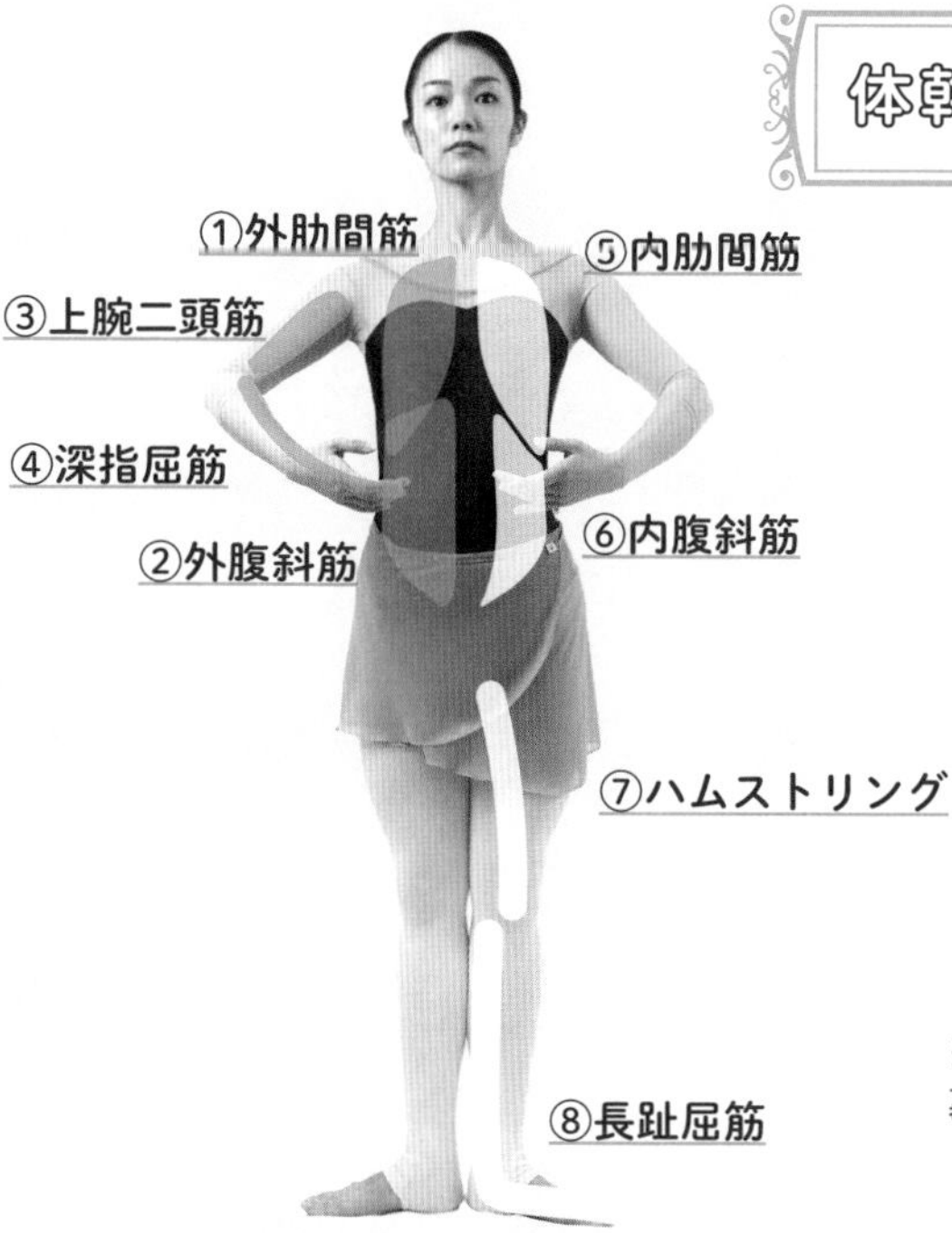

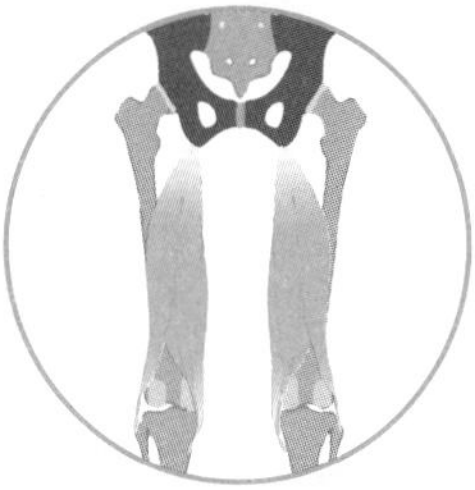

※ハムストリングは太ももの裏側にあります。

部位	胸郭	腹部	大腿部（太もも）	足指
筋共鳴（下半身）	⑤内肋間筋	⑥内腹斜筋	⑦ハムストリング	⑧長趾屈筋
筋の主な働き	努力性の呼気。体幹（胸部）の側屈／回旋／屈曲	努力性の呼気。体幹（腰部）の側屈／回旋／屈曲	股関節の伸展、膝関節の屈曲	足指の末端からの屈曲。足首の底屈
バレエでの役割	胸骨を持ち上げる。胸郭の安定化	腹腔の安定化。ウエストを絞る	骨盤を立てる（後傾）。ジャンプ	ポアントの安定

美咲 これ、全部が共鳴して働いているんですか〜。なんかスゴイですね。ところで、この努力性の呼気とか吸気ってなんですか?

扇谷 自然な呼吸の動きよりも、さらに大きく息を吸い込むのが努力性の吸気、深く息を吐きるのが努力性の呼気です。自然な呼吸のときの呼吸運動の主役は横隔膜ですが、努力性の吸気・呼気では胸郭の〔外肋間筋・内肋間筋〕に加えて、腹部の腹筋群などの〔呼吸補助筋〕の活動が大きくなります。いわゆる胸式呼吸は努力性の呼吸ですね。

美咲 呼吸の仕方がいろいろあるんですね。バレエの先生には「バレエは胸式呼吸よっ」って言われるんですけど、わたし胸式呼吸を意識すると、なんだかクラクラしてくるんですよね(胸式呼吸をしてみる)。

扇谷 あ、その呼吸の仕方だと過呼吸になりますよ。美咲さんは胸郭が日常的に緊張してしぼんでいるんですね。だから、肩を持ち上げることで強引に拡げています。それでは深い呼吸ができません。

美咲 胸式呼吸だから、胸を拡げなきゃって思って。違うんですか?

扇谷 胸を拡げる必要はありますが、そんな風に肩が上下するのは違います。まず深く呼吸できるように、**バレエのための胸式呼吸**からはじめましょう。

普段あまり意識することのない呼吸ですが、体幹の安定はもちろん、動きの質を左右します。意識して「吸う」「吐く」することが大事です。

バレエに必要な胸式呼吸

美咲　あれ？　呼吸を深くするには腹式呼吸じゃないんですか？

扇谷　普通のスポーツや健康法では腹式呼吸を重視しますが、バレエの場合はまず胸郭の上部を含めて、胸郭全体をしっかり拡げておく必要があるんです。

美咲　どうしてですか？

扇谷　ポール・ド・ブラで腕を大きく動かす土台として胸郭を安定させるためです。また、多くの人は美咲さんと同様に日常的に胸郭が緊張してしぼんでいます。腹式呼吸の練習をするにしても、まず胸郭の本来の大きさを取り戻しておく必要があるんです。

美咲　自分では胸郭がしぼんでいるって思っていませんでした。

扇谷　まず本来の大きさを回復して、さらにバレエで必要なレベルまで拡げていきましょう。

美咲　そういうことですか。わかりました！

扇谷　じゃあこのタオルを胸郭に巻いて、背中を意識して呼吸してみてください。軽く締め付けるようにして、それを押し返すように意識するとどうですか？　まず10回くらいやってみましょう。背中側の**肩甲骨の下の端〔下角〕のあたりを拡げるイメージ**をして

タオルで胸郭を拡げる①

❶肩甲骨の下端〔下角〕にかかる高さで、タオルを胸郭に巻いて、両端を持ちます。軽く締め付けてタオルの感触をしっかり感じましょう。舌を上顎につけて、首を立てて遠くを見ます。
タオルを押し返すようにして、眉間からのつもりで、鼻からゆっくり息を吸います。
❷吸いきったところで、軽く息を止めてから、鼻からゆっくり吐きます。
5〜10回、呼吸しましょう。

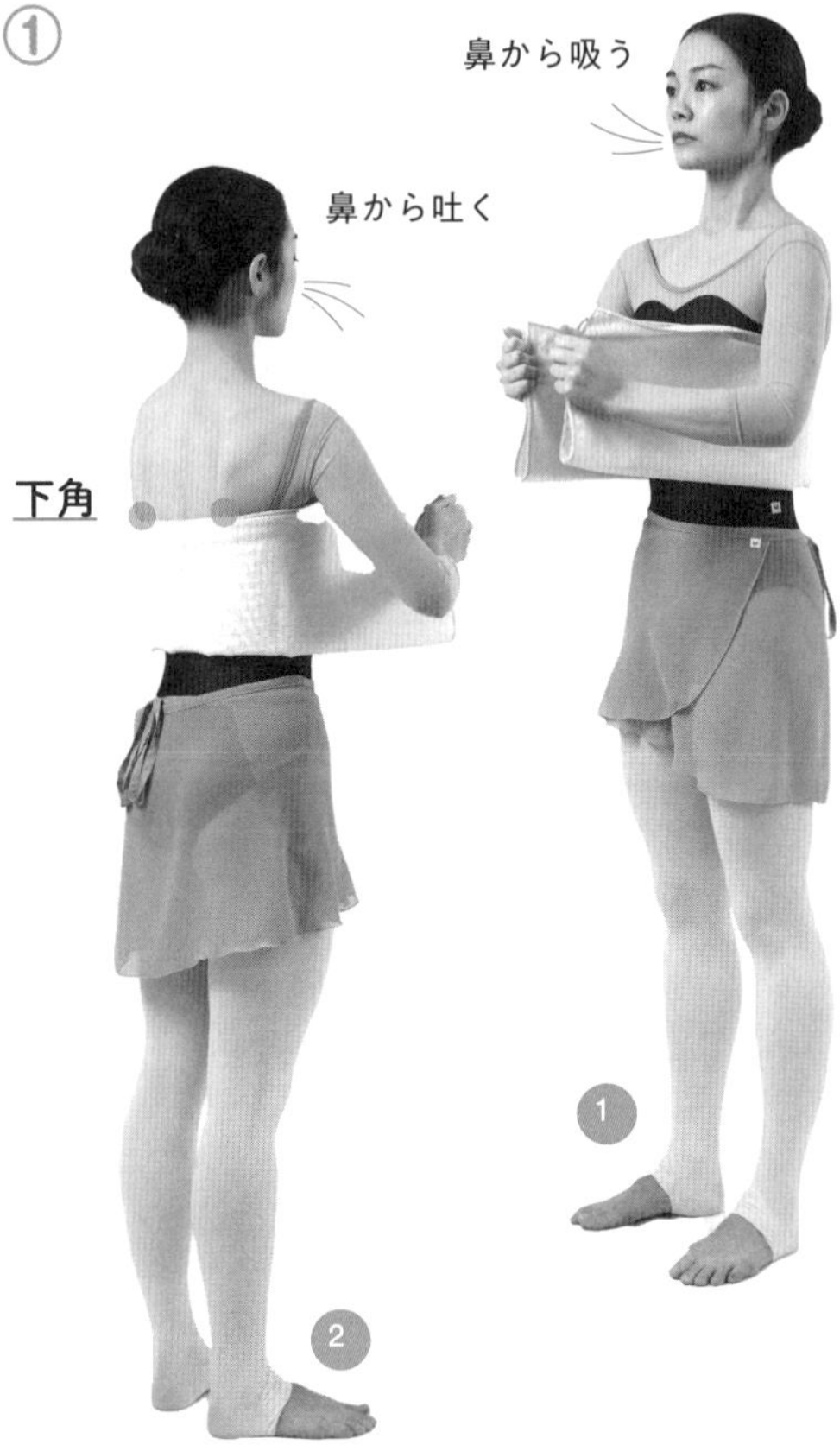

舌の先端だけではなく、中心付近まで上顎につけます。

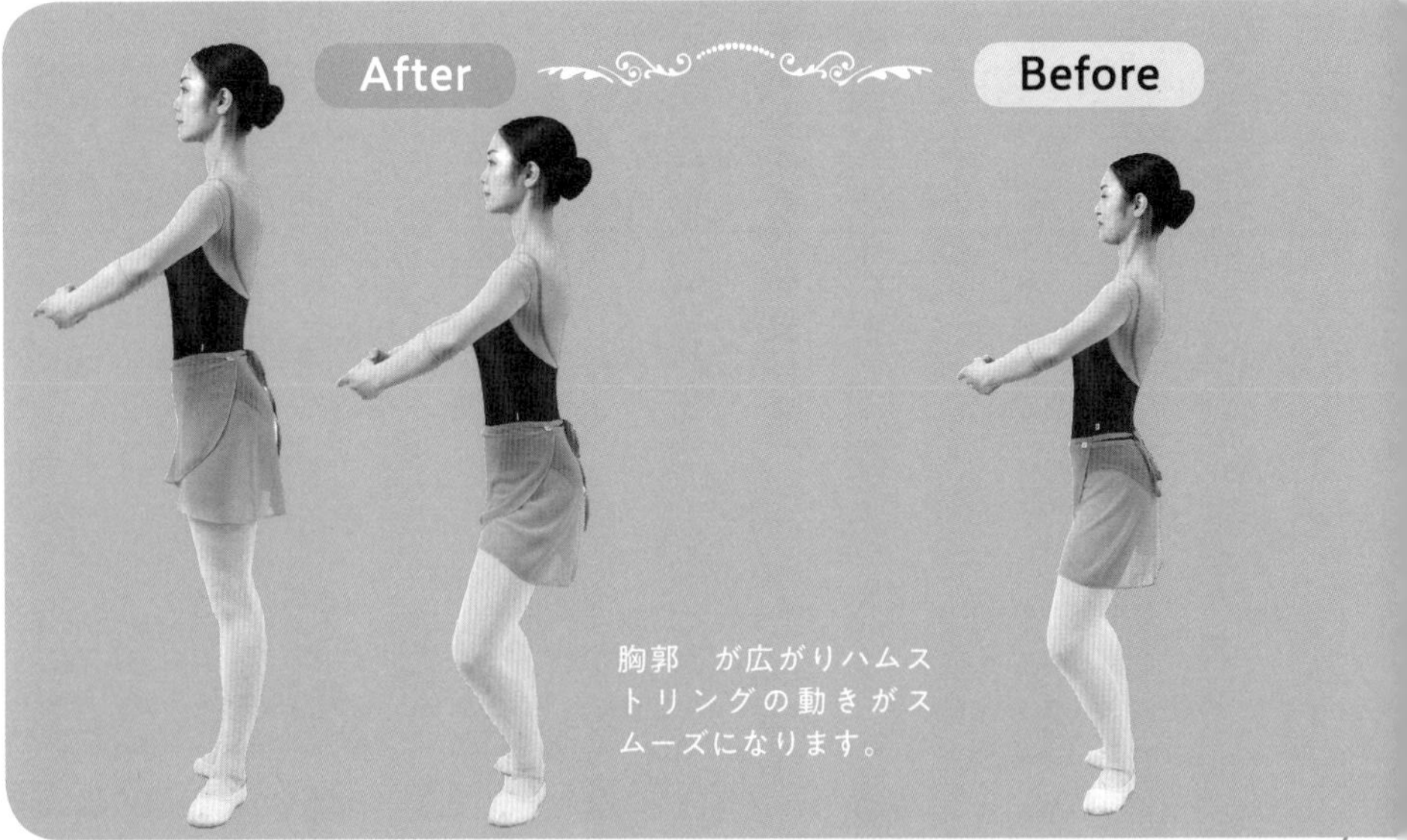

胸郭　が広がりハムストリングの動きがスムーズになります。

美咲　もらうと良いです。

（**「タオルで胸郭を拡げる①」**を試す）あ、今まで使ってなかったところが動いたような感じです。動かした後がダルいですもん（笑）。あと一回り胸周りが拡がった感じです。首も伸びたような……。

扇谷　良いですね。じゃあ、せっかくなので、ちょっと胸郭を拡げたときと、拡げていないときでプリエ（または膝の屈伸）を比較してみましょう。

美咲　（プリエを比較する）……あ、たしかに、胸郭を拡げているときの方が脚がしっかりするというか、軽いというか。スルスルっと動けます！

扇谷　胸の〔内肋間筋〕と〔ハムストリング〕が共鳴しているからです。あと、このテニスボールをぎゅーっと握ってみてください。胸郭を拡げていた方が力が入るはずです。

美咲　（テニスボールを握って比較する）　ホントだ！　同じように握ったつもりなのに、胸郭を拡げていると自然に力が強く出ます。

扇谷　〔深指屈筋〕との共鳴で握力がアップしたんです。良い感じですね！　美咲さんの場合は、今の胸郭の動きに、さらに胸郭の上部の拡張というか回復が必要なので、もう1つアレンジしましょう（次頁参照）。

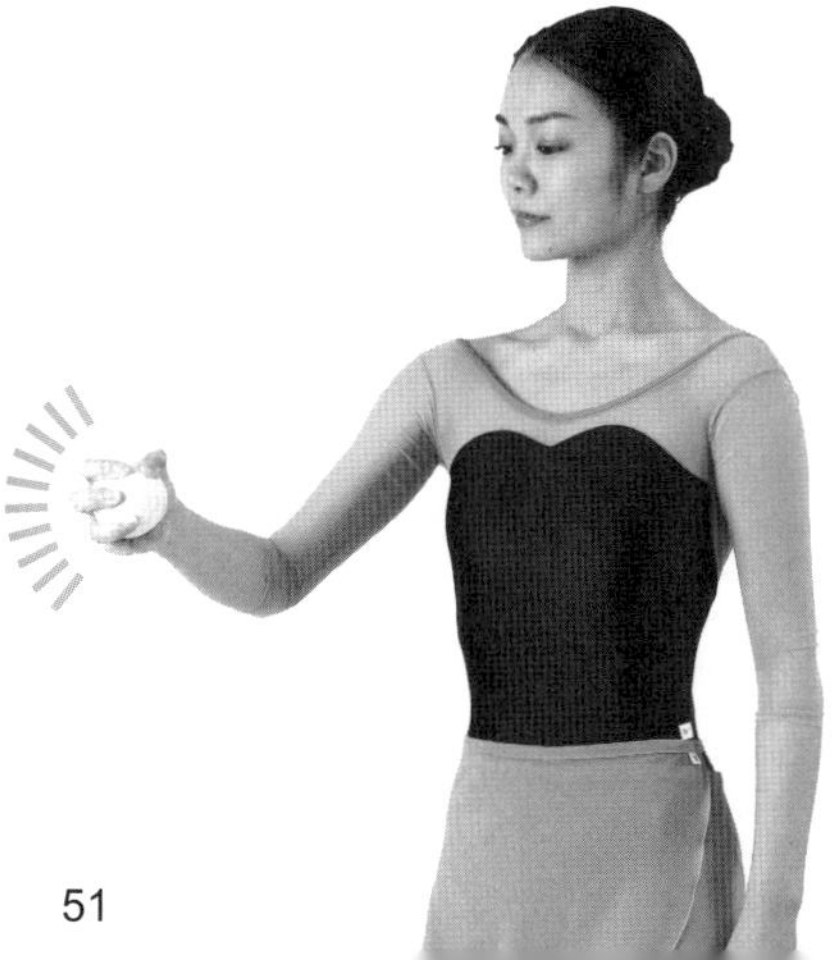

胸郭が拡がると、握力がアップします。

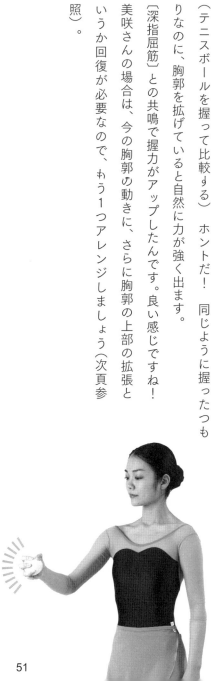

タオルで胸郭を拡げる②

「タオルで胸郭を拡げる！①」の続きで、
❶（眉間から吸うイメージで）鼻から息を吸って胸郭を拡げたところで、
❷顔を上に向けて肩を持ち上げ、肩からお腹までさらに深く息を吸います。
❸吸いきったところで、軽く息を止めてから、顔と肩を戻し、ゆっくり深く吐きます。
5～10回、呼吸します。

胸郭の上部が拡がり、脚に力が入るので安定感が増します。

美咲　（「タオルで胸郭を拡げる②」を試す）……ふう、終わりました。なんだか背が高くなったような……。わ！　さらに力が入って！　プリエも軽くて楽です！

扇谷　良かった（笑）。これが、胸郭が拡がった状態です。じゃあ続けて腹圧のアップです。

腹圧をキープして動く！

扇谷　最初に胸郭を拡げるとお腹が引き締まると言いましたね。それは胸郭を拡げて安定させる筋肉〔外肋間筋／内肋間筋〕が、バレエでウエストを絞る筋肉〔外腹斜筋／内腹斜筋〕と筋共鳴®の関係にあるからです。

美咲　え、ウエストを引き締める？　それは大事ですね。

扇谷　ですよね（笑）。そのウエストが絞り込まれる力に拮抗して、お腹の内側からウエストをふくらませる力＝腹圧が高まることで全身〔胸郭＋お腹＆腰〕が安定するんです。ところがターンアウトが苦手な人は、そもそも胸郭が拡がっていないので、共鳴関係にあるお腹の筋肉が働かず、腹圧を維持できないわけです。

美咲　なるほど！　たしかにお腹をふくらませるように力を入れると、胸や肩にも力が入ってしまって息が吸いにくくなりがちです。あとお腹をふくらませたまま息を吐くというのもよくわかりません。

扇谷　よくある例ですね。でも胸郭を拡げるエクササイズのあとなら違うかもしれません。

美咲　本当ですか!?

扇谷　試してみましょう。（下写真参照）

美咲　はい！（「胸郭を拡げて腹圧を使う」を試す）……ムッフーッ。はい、5回できました。

扇谷　どうですか？

美咲　なんだかだんだんお腹に力が入りやすくなりました。身体も伸びたみたいです！

扇谷　難しかったですか？

美咲　そうですね。お腹をへこませたあとに息を止めたまま、もう一度お腹をふくらませるのが難しかったけど、これってへこませるときに入れていた力をゆるめるだけでいいんですね。最初は力んでふくらませるのに

胸郭を拡げて腹圧を使う

「タオルで胸郭を拡げる①」から、
❶息を吸って胸郭を拡げたところで止めます。
❷お腹をへこませるように力を入れます。タオルを押し返して胸郭を拡げたまま、お腹をへこませて、ゆっくり鼻から息を吐きましょう。
※お腹をへこませる力を感じにくい人は、慣れるまでは、口から息を吐くようにするとやりやすいです。
❸息を吐ききったところで、息を止め、お腹をへこませていた力をゆるめます（お腹が軽くふくらみます）。
再び眉間から息を吸うイメージで、お腹→胸郭とふくらませます。
5～10回、繰り返しましょう。

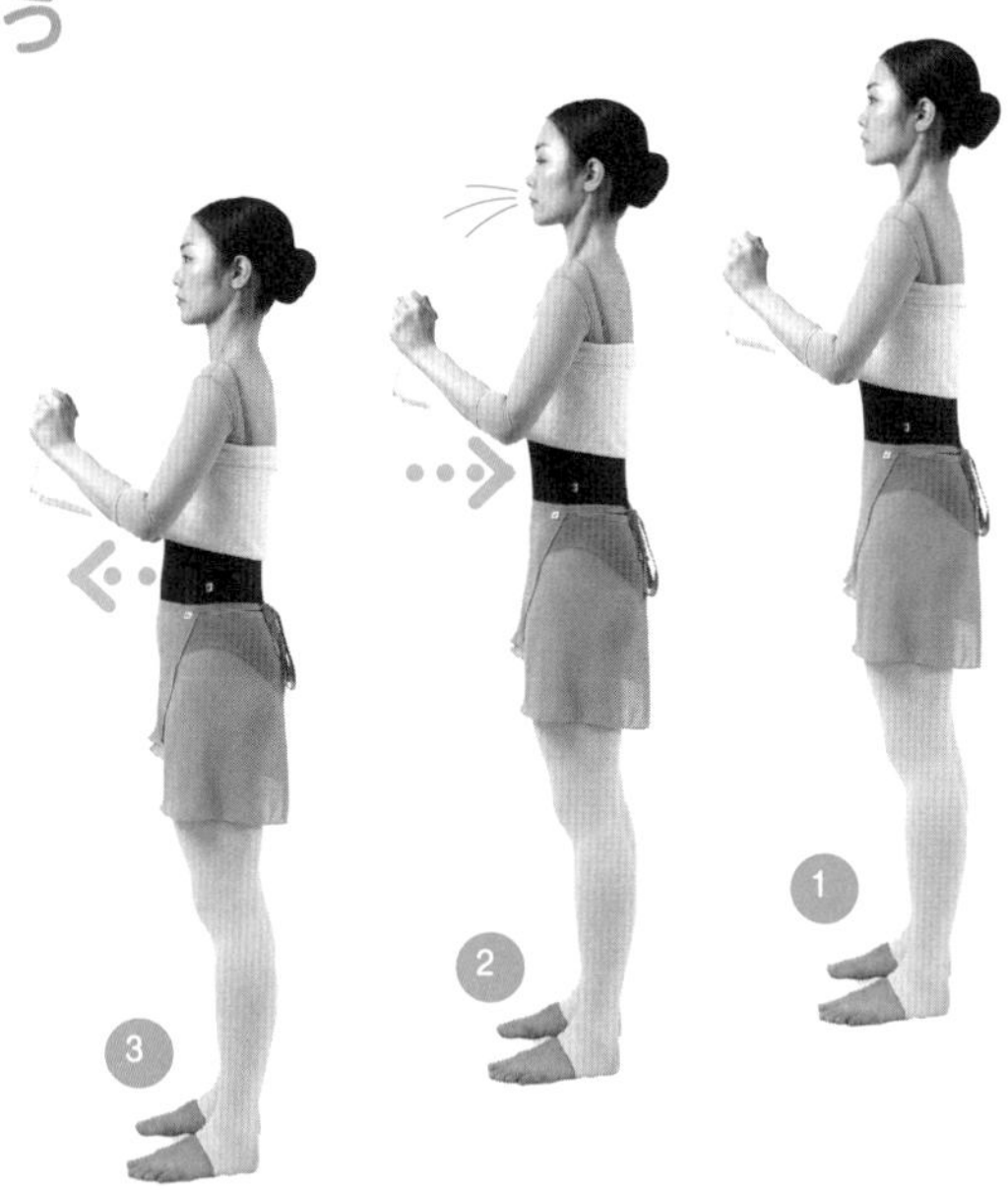

力を入れすぎていたから難しかったんですけど、胸郭を拡げたまま、慎重にお腹をへこませていた力を抜くようにしたら、だんだん感覚がつかめてきた気がします。

扇谷 うんうん、スムーズになってきました。良かったです。胸郭の筋肉がほぐれてくると、もっとスムーズにできるようになりますよ。ときどき練習してみてくださいね。

美咲 はい。腹圧を入れるって、もっとフンって感じで気張らないといけないのかと思っていました。今は自然にお腹に力が入っている感じがします。お腹をふくらませることにも抵抗感があったんですけど、これなら大丈夫そう。これが「ふくらませる力と締め付ける力の拮抗」ってことなんですね？

扇谷 そうです。胸郭を拡げる力を使っていないと、締め付ける力が十分に発揮できないので、腹圧を高めるとお腹が文字通りポッコリしてしまうんです。幼児体型の姿勢ですね。

美咲 げげ。

扇谷 多くの人が先生に「お腹をへこませて」って注意されるんですけど、胸郭を拡げずに、しかも息を吐いてへこませてしまうので、腹圧が失われて体幹が弱くなってしまうんですね。それだとタメ息を吐いたのと同じなんです。

美咲 腹圧と胸郭を拡げるのは必ずセットなんですね。実感が出てきました。

お腹がへこまない！ 鍵は腹圧とインナーユニット

扇谷　腹圧についてはもう1つ大事な要素があります。それは〔外腹斜筋・内腹斜筋〕より内側にある〔腹横筋〕です。バレエのときの胸郭の拡張を伴わない日常生活での呼吸ではむしろ腹横筋の方が重要とも言えます。

美咲　腹筋って3層構造なんですね〜。そのうちの一番内側にあるのが腹横筋ですか。なんで重要なんですか？

扇谷　人間が立つための一番基本になる腹圧は、〔横隔膜〕〔骨盤底筋群〕〔腹横筋〕それから背骨を支える〔多裂筋〕の4つの筋肉で生み出すんです。これらの筋肉が上下左右から協同して働いて腹圧を高めるんですけど、中でも腹横筋は胴回りをサラシで締めるような感じで安定させます。そして、上下・左右から押されてパンパンになった風船のようなお腹の空間を外・内腹斜筋が締め上げてくびれたウエストを作っていくんです。ですから、引き上げていないときでもこの腹横筋にはしっか

腹圧をつくるインナーユニット

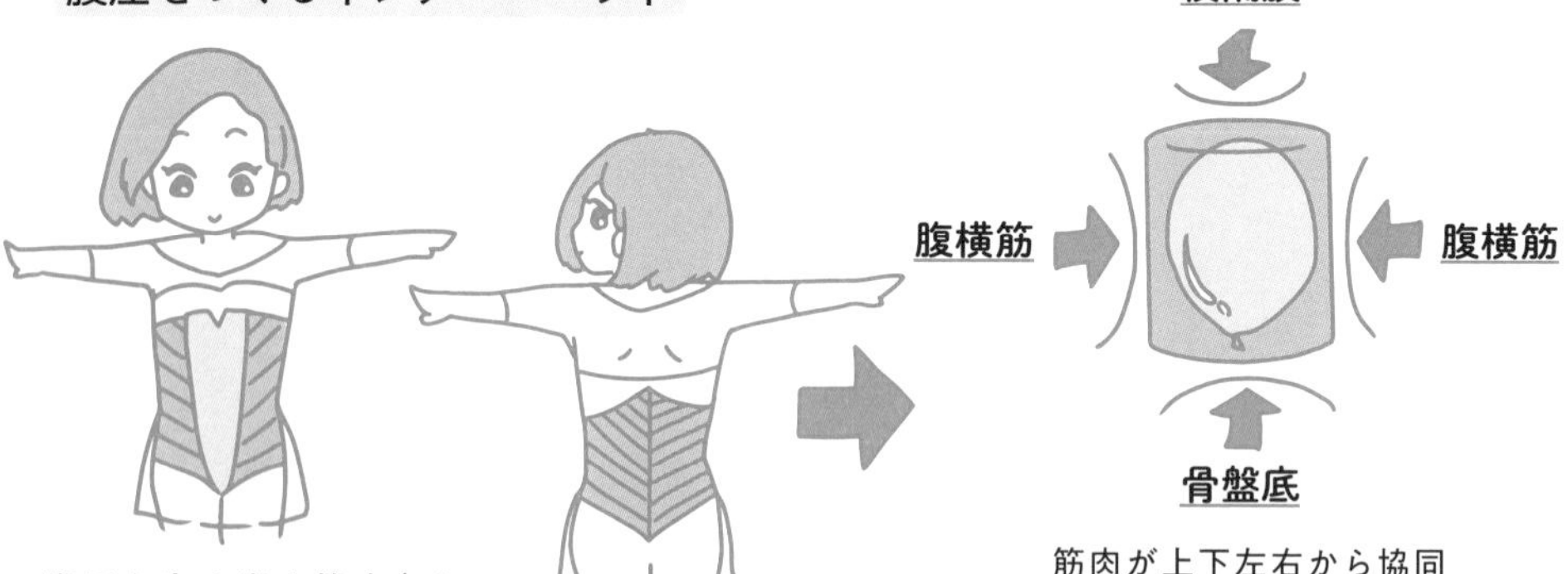

腹圧を生み出す筋肉〔インナーユニット〕は胴体の回りを包むようについています。

筋肉が上下左右から協同して働くことで、腹圧が高まります。

り働いてほしいんです。

美咲 なんだか風船で動物とかお花をつくるバルーンアートみたいですね。もし腹横筋が働かないとどうなるんですか？

扇谷 腹圧を支えられずにポッコリお腹のできあがりです。また背骨が不安定になるので腰痛などのリスクが高くなります。もともと腰痛の予防・治療のための研究からこの腹横筋などの〈インナーユニット〉の重要性が知られるようになりました。

美咲 インナーユニットですか。そこに働いてもらうにはどうしたらいいんですか？

扇谷 腹横筋は手足の指の付け根にある筋肉〈手：掌側骨間筋／足：底側骨間筋〉と共鳴しています。これらの筋肉は指の付け根を寄せ合うときに働きます。パーの逆ですね。腹横筋は〈深層筋〉なので収縮感をつかみにくい筋肉ですが、指からの共鳴を使うことで簡単に目覚めさせられます。〈次頁参照〉

美咲 指が腹圧に関係しているんですか？

扇谷 そうです。慌てずに、丁寧に行ってみてください。

美咲 わかりました。

扇谷 両手の指同士を軽く押し合いながら、閉じたり開いたりするといいですよ。

美咲 は〜い。

〈手足の指〉と〈お腹〉の筋共鳴

腹横筋を目覚めさせる

❶舌を上顎につけ、椅子に座ります。（足を伸ばして床に座る長座でもOK）
❷胸の前で両手のひらを合わせます。指を閉じてぴったり揃えます。足の指を開いてパーにします。
❸手の指を開いてパーにします。
❹足の指を閉じてぴったり揃えます。
❷～❹を10回繰り返します。

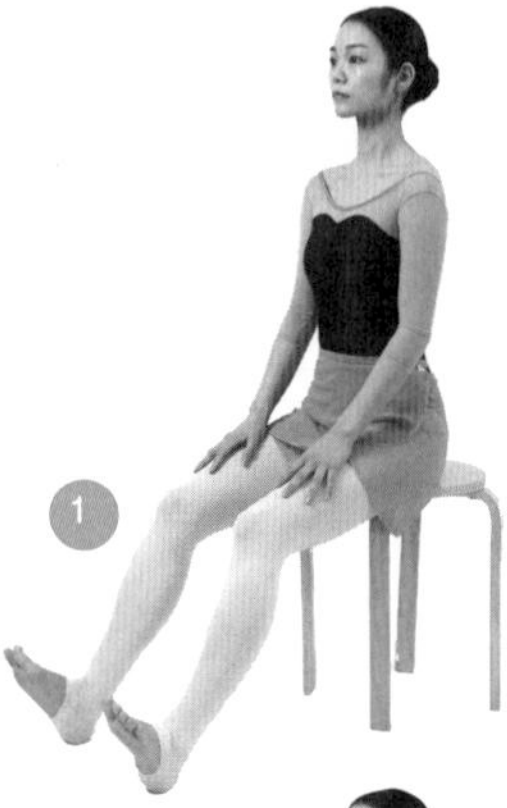

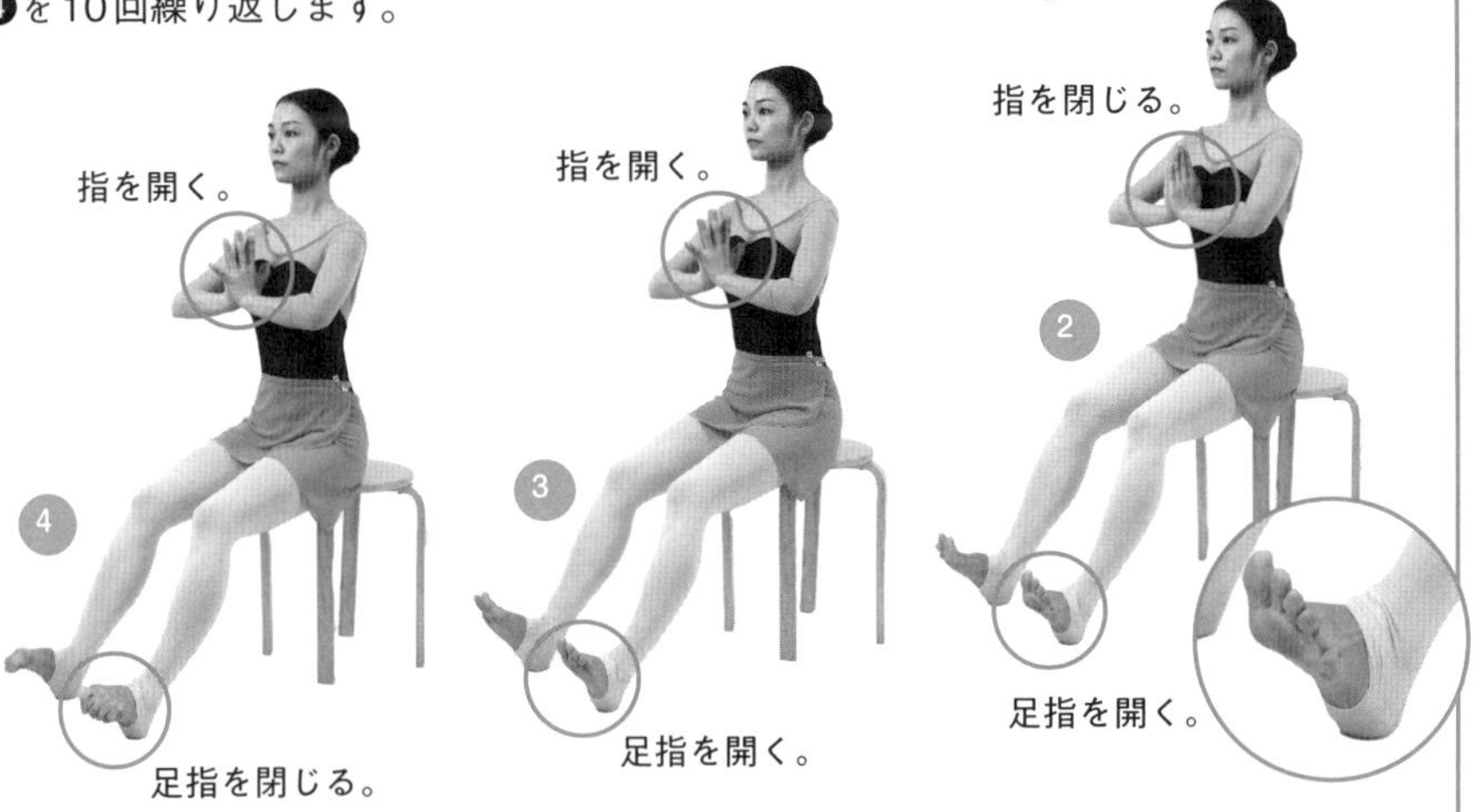

美咲 （「腹横筋のを目覚めさせる」を試す）……9、10回！ できました！

扇谷 では、ビフォー・アフターを比べてみましょう。どうですか？

美咲 （動いて比較する）……うん、呼吸するときにお腹がさらにしっかりした感じです。背骨もこの感覚が安定したっていうことなのかな？ なんか「しなり」が良いような？

扇谷 手足を動かすとどうですか？ タンデュとか？

美咲 わ、足が軽い！ 動かしやすいです。これがインナーユニットの安定ですか。

扇谷 手の動きも違うでしょう？

美咲 そうですね。指が長くなったみたいな。面白いです。ターンアウトもしやすくなりますね。股関節に油を注したみたい？

扇谷 インナーユニットは肩や股関節の（深層筋 肩：ローテーターカフ／股関節：深層外旋筋群）とも共鳴しているので、関節の安定性が高まったんですね。

美咲 あ、これをしてからバーレッスンすると良さそう。

扇谷 そうですね。関節を安定させたあとで大きな動きを練習すると、正しいポジションで動きやすいし、エクササイズをしなくても無駄な力が抜けて柔軟性が高まります。

バーレッスンで効果を試してみましょう。

美咲　このエクササイズなら、スキマ時間にもこっそりできますね。

扇谷　はい。デスクワークが続くと姿勢が悪くなりがちですから、そんなときにインナーユニットを再起動させるのにもオススメです。

美咲　明日会社で試してみます！（笑）

扇谷　あと、腹横筋は足の〈底側骨間筋〉と共鳴しているので、足の指の付け根〈MP関節〉を安定させる働きがあります。ターンアウトやポアントで足指をしっかり使うためにもインナーユニットを働かせることが重要です。逆に足指の付け根でしっかり床を押せると、インナーユニットが働きはじめるとも言えます。

横隔膜のコントロール

美咲　ところで、インナーユニットの天井の〈横隔膜〉が下りてくると腹圧が高まるんですよね？　その横隔膜の動きって感じられるんですか？　あんまりよくわからないのですけど、わたしが鈍いんですかね？

扇谷　いえいえ美咲さんに限らず、そもそも横隔膜の動きを感じるのは難しいです。筋肉にはその伸び縮みの状態を検出して脳に知らせるためのセンサー

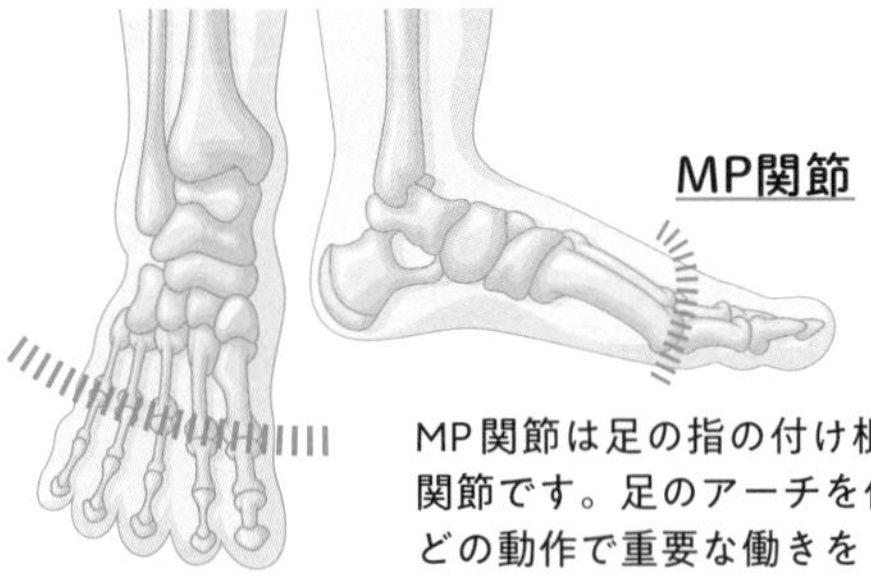

MP関節は足の指の付け根、中足骨と趾骨の間の関節です。足のアーチを作るほか、立つ・歩くなどの動作で重要な働きをしています。

があるんですが、横隔膜はそのセンサーが少ないんですよ。

美咲 もともと感じにくい筋肉なんですね。筋共鳴®で横隔膜を直接ねらって動かすことはできないんですか？

扇谷 できますよ。手の親指を動かす筋肉〔母指内転筋〕が横隔膜の動きと共鳴しているので、親指の動きと連動させて呼吸をすると、横隔膜がしっかり動かせます。

美咲 あ、やっぱりあるんですね！　横隔膜と手の親指が共鳴しているんですか！　右手は横隔膜の右側、左手は左側ってことになるんですか？

扇谷 そうです。横隔膜に接する心臓や肝臓などの内臓が左右非対称なので、横隔膜の動きも左右差が生じやすいんです。それが手に反映されていることがよくあります。

美咲 右利きと左利きの違いってそういうところからも影響されているのかも知れませんね。あ！　手相占いに出てくる「生命線」って位置的に母指内転筋と関係ありそうですね！　横隔膜とつながっているから生命線なのかな？

扇谷 そうかもしれませんね（笑）。ちなみに、足の親指の〔母趾内転筋〕は〔骨盤底筋〕の下層※と共鳴しています。面白いことに、手の母指内転筋は「労宮」というツボと、足の母趾内転筋は「湧泉」というツボと重なっていて、どちらのツボも、全身の疲れをとったり元気を出させたりする効能があると言われています。横隔膜

※骨盤底は上層・下層の２層構造です。

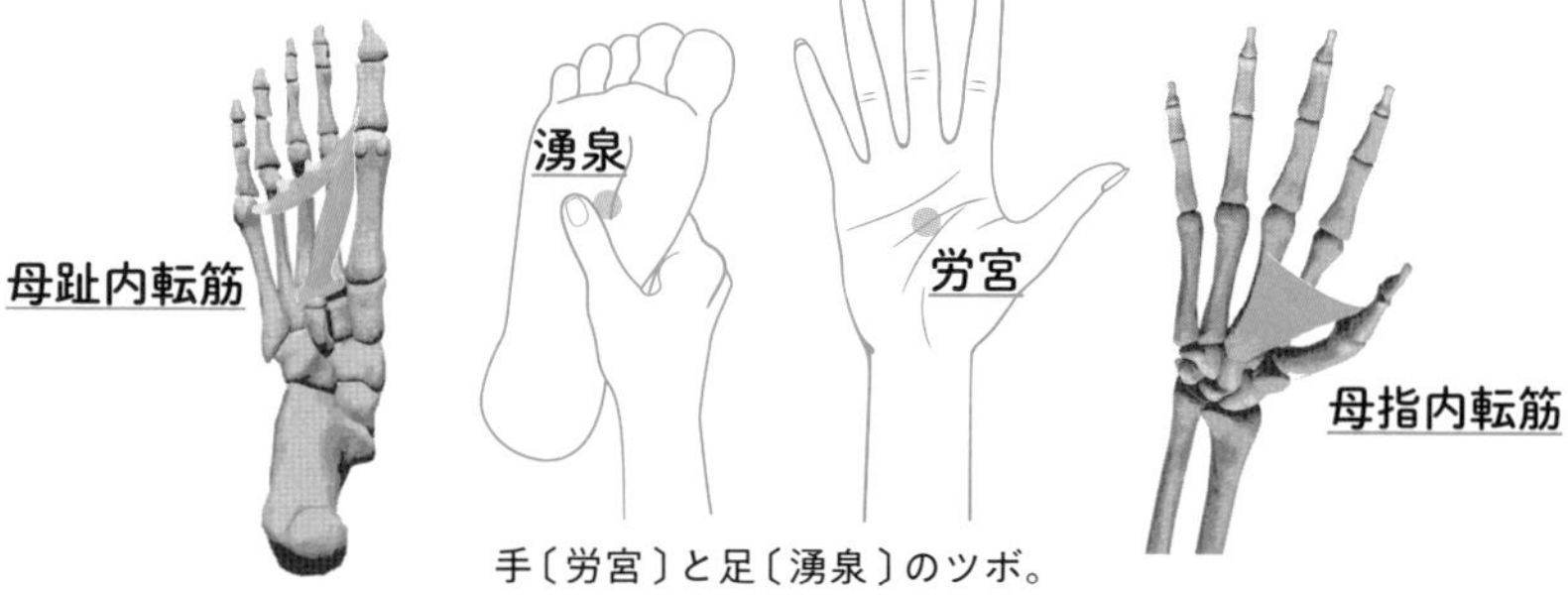

手〔労宮〕と足〔湧泉〕のツボ。

と骨盤底は呼吸運動の中心の筋肉ですから、生命活動の根幹と言えます。これらのツボを刺激して呼吸運動が改善されることで、そうした効能を発揮すると考えられますね。

美咲　筋共鳴®とツボの効能って関係があるんですね。

扇谷　すべてではありませんが、筋共鳴®で考えると、そのツボの効能の理由がわかる場合がありますね。

美咲　手相にしてもツボにしても、昔の人はちゃんと手と横隔膜のつながりに気づいていたんですね。すごいな〜。

扇谷　そう考えると、たしかに昔の人の身体知ってすごいですね。

美咲　ところで手の母指内転筋と足の母趾内転筋は、それぞれ親指のどんな動きに関係しているんですか？

扇谷　良い質問です！　手の母指内転筋は、親指を内側に曲げる動き（内転）です。中指の付け根に親指の指先を当てるように動かすと、母指内転筋が働きます。このとき横隔膜も共鳴によって収縮（＝下降）しようとして緊張するんです。ですから、親指を中指の付け根に軽くつけて曲げて深呼吸をすると、横隔膜をしっかり下降させることができます。

美咲　（試してみる）……。あ、本当だ！　深く吸えます。不思議！

扇谷 親指と横隔膜にはこのような関係があるので、ポール・ド・ブラの手の形が体幹の安定に影響するんです。

美咲 だから手の形が大事なんですね！

扇谷 そうです。これ以外にも、手の筋肉はいくつもの重要な筋肉と共鳴しているんですよ。それでは親指を使って横隔膜のコンディショニングをしてみましょう。（下写真参照）

美咲 （試してみる）……だんだん息が深くなって、肋骨がほぐれてきた感じです。あ、脚が軽くなりますね。

扇谷 横隔膜の「脚《きゃく》」の部分（腰椎に伸びているところ）が脚を上げる（大腰筋）と筋膜でつながっているので、横隔膜がしっかり動くと大腰筋も目覚めるんですよ。

〈手の親指〉と〈横隔膜〉の共鳴

横隔膜を目覚めさせる

❶椅子に座り、手のひらを上に向けて、両方の手を太ももの上に置きます。
❷親指の指先を中指の付け根に軽くつけ、眉間からをイメージして、お腹→胸郭・背中→肩にゆっくり息を吸います。
❸親指をパーに開き、ゆっくりお腹から息を吐きます。
❶～❸を5～10回繰り返します。

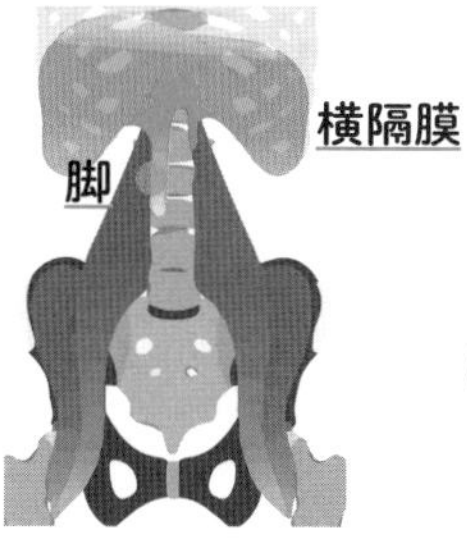

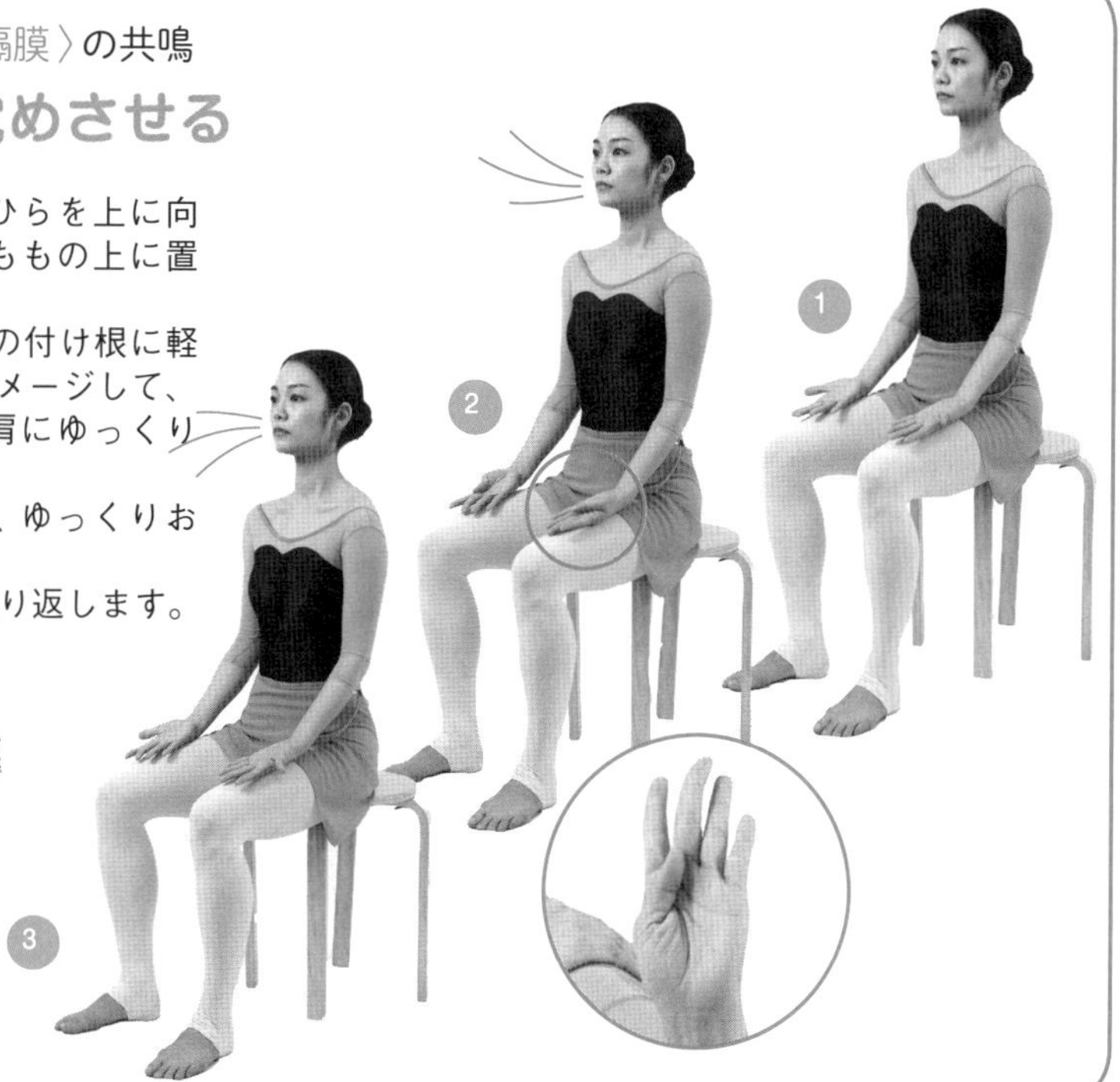

胸郭の拡張と腹圧を連動させる

扇谷　横隔膜がほぐれてきたところで、胸郭の拡張と腹圧をさらに連動させるエクササイズをしてみましょう。

美咲　どんなことをするんですか？

扇谷　息を吸って胸郭を拡げるのではなく、呼吸運動と切り離して胸郭を拡げる練習です。これができると動きながら胸郭の拡張を保ちやすくなりますよ。

美咲　息を吸わないで胸郭を拡げる？　そんなことができるんですか？

扇谷　できますよ。エクササイズの前に試してみましょうか。まず息を吐いてから手で鼻をつまんで息を止めます。その状態で大きく息を吸うつもりで胸をふくらませましょう。コツは同時にお腹をグッとへこませることです。

美咲　はい。（何回か試してみる）……んぐっ。……ぷはっ〜。

扇谷　だんだんできてきましたね。

美咲　はい！（笑）　首をしっかり立てて、鎖骨の上や喉の方まで息を吸うつもりでふくらませたら、お腹がぐっとへこんで、ぶわって胸郭が拡がりました！

扇谷　その調子です！（笑）

〈胸〉と〈横隔膜・お腹〉の筋共鳴

胸郭と腹圧を連動させる①

❶膝を立てて、足裏を床につけて寝ます。
❷肩と腕をリラックスさせて、ミゾオチの高さで肋骨に両手で触れます。
❸鼻から息を深く吸い、
❹２回に分けてゆっくり口から息を吐きます。２回目で吐ききります。
❺❸～❹を２回繰り返し、２回目に息を吐ききったところで、息を止めます。このとき舌の中央を上顎にしっかりつけておきましょう。
❻息を止めたままお腹を全力でへこませます。おヘソと背骨をくっつけるように。内臓が押し上げられて胸郭が拡がります。
肩が上がって首をすくめないように、首を伸ばしておきます。
❼お腹がへこみきったら、5～15秒キープしてから大きく息を吸います。吸い終わったら、鼻呼吸で息を整えましょう。
❸～❼を３～５回繰り返します。

※内臓を強く刺激するので食後すぐは避け、朝食前など空腹時に行ってください。

1

2

3

4

息を吐ききって止めます。

5

6
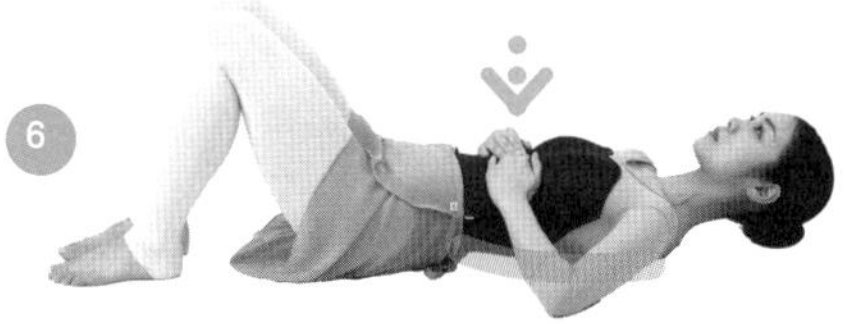

ミゾオチが閉じて、胸郭の背中側が広がるように意識します。

7
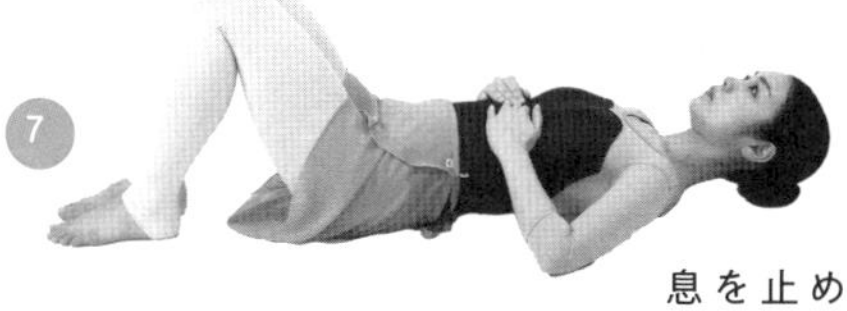

息を止めて、5～15秒キープします。

美咲　（「**胸郭と腹圧を連動させる①**」を試す）……これ、最初は難しいけど、できてくると腹筋にしっかり力が入るようになりますね。胸郭も拡げたまま動けます。

扇谷　お腹を細くする体操にもなりますよ。慣れてきたら、座った姿勢や立った姿勢でも試してみてください。

美咲　口で息を吐くのはなぜですか？　ここまでのエクササイズでは、鼻で吸って鼻で吐きましたよね？

扇谷　鼻と口で効果が違うからです。口で息を吐くとお腹の中央の〔腹直筋（シックスパックの筋肉）〕を収縮させやすくなります。このエクササイズでは腹直筋をしっかり使う必要があるんです。

美咲　シックスパック、かっこいいですよね！

扇谷　是非目指してください（笑）。それでは次に立った状態で胸郭を拡げたまま腹圧を保つエクササイズを紹介しますね。

美咲　はい。立って行う以外に何が違うんですか？

扇谷　今度は鼻から息をのどまでふくらませるつもりで吸ってみてください。

美咲　わかりました。

〈手足の指〉と〈胸〉の筋共鳴

胸郭と腹圧を連動させる②

❶足を肩幅に開いてまっすぐ立ち、くるぶしのやや前に重心を置いて、足指の腹でしっかり床をとらえます。
❷上腕を外回しし、
❸前腕を内回しして、拳をギュッと握ります。
❹お腹→胸・背中→肩→のどとふくらませるつもりで眉間からをイメージして、大きく息を吸います。
❺胸はふくらませたまま、お腹をへこませるつもりで息を7割くらい吐いて、息を止めます。
❻拳をゆるめます。
❼左右に1回ずつ側屈します。
❽左右に1回ずつ身体をひねります。
❾残り3割の息を吐きます。
❿下腹を締めていた力を軽く抜いて、下腹をふくらませます。必ず胸はふくらませたままを保ちます。その後、お腹→胸・背中→肩→のどとふくらませるつもりで大きく息を吸ってから、自然に呼吸をして、息を整えます。❷〜❿を3回繰り返します。

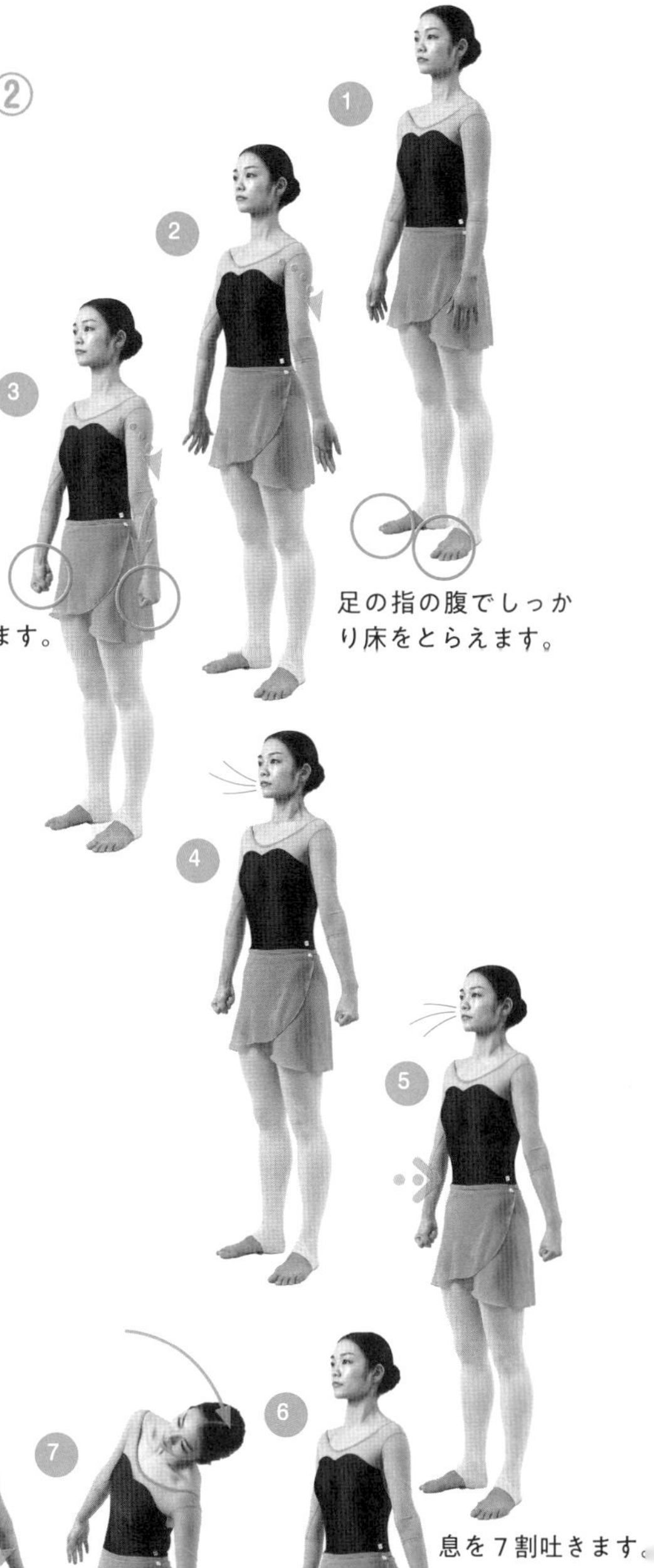

足の指の腹でしっかり床をとらえます。
拳を握ります。
息を7割吐きます。

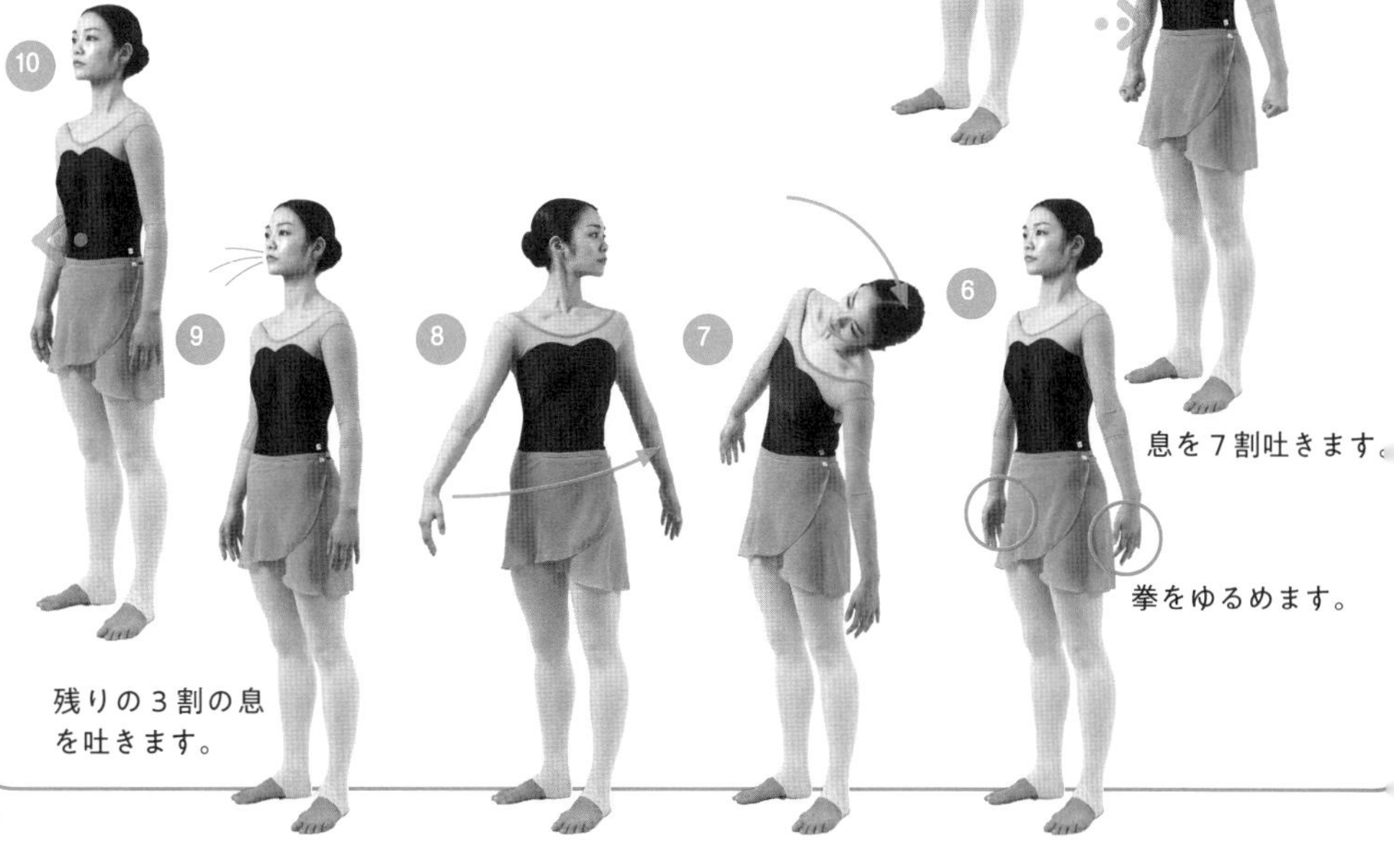

拳をゆるめます。
残りの3割の息を吐きます。

美咲　（「胸郭と腹圧を連動させる②」を試して）ふう、できました。

扇谷　今度はどんな感じですか？

美咲　お腹がしっかりした感じです。その分、胸郭が拡がったみたい。あとのどの方までふくらませようとしたら、首が伸びる感じがしました。猫背が改善された感じです。

扇谷　うんうん。

美咲　手と足の指をしっかり握るのは、息を吸うときに手足からの筋共鳴®で、腹圧をキープする肋骨の筋肉を使いやすくするためですか？

扇谷　そうです！　前に（47頁）ご紹介した、**〈深指屈筋＝外肋間筋＝外腹斜筋、長趾屈筋＝内肋間筋＝内腹斜筋〉**の共鳴を使うためです。

美咲　腹圧もキープできて、手足にもしっかり力が入るようになった感じがします。股関節のことはまだ何もしていないのに、ターンアウトがしやすくなってきています！　不思議ですね。

扇谷　良いですね。次の「引き上げを見直す」準備が整ったみたいですね！

美咲　はい！

パート2

肩・足・背骨&首 引き上げを見直す!

身体を「引き上げる」ってどういうこと？

美咲　バレエ教室でよく**「もっと身体を引き上げて」**と言われるんですけど、正直いってピンとこないんですよね。

扇谷　「引き上げ」の定義は前に説明しましたが、現実の問題として「引き上げ」を難しくしているのは、

①　肩のポジションの間違い
②　足のアーチの「引き上げ」不足
③　背骨と首の引き伸ばし不足

です。コンディショニングの順番もこの順番で進めます。「引き上げ」というくらいなので、**下から「持ち上げて」整えるより、上からバランスを整えていく方がスムーズなんです。**

美咲　これって、わたしみたいに猫背や出っ尻の人とイカリ肩でタックインの人とで違うん

ですか？

扇谷 たとえば胸郭の前側が固まっているか、後ろ側が固まっているかなど詳しく見ていくと違うのですが、ここに挙げた3つのポイントに問題があるという基本的な部分は同じです。ここでご紹介するエクササイズは、どの姿勢パターンの人にも共通で使えるものなので大丈夫ですよ。

美咲 そうなんですね、ヨカッタ！　ちなみに「引き上げ」がちゃんとできていないとどうなるんですか？

扇谷 肩や腕、腰や脚に余計な力みが生まれるので、それが関節の柔軟性低下や、変に腕や脚が太くなることの原因になります。

美咲 あ、わたしの太ももがパンパンしているのって、「引き上げ」が足りないってことですか……。じゃあ、「引き上げ」ができるようになる

正しい「引き上げ」の実現には、上からバランスを整えることが早道です。

と、脚のラインとかスタイルが良くなったりしますか？

扇谷 もちろんです。

美咲 やる気が出てきました！（笑）

扇谷 良かったです（笑）。あと、プロポーションへの影響だけではなく、表現力にも大きな影響がありますよ。バレエダンサーのあの繊細な指先の動きは本当に綺麗ですよね。あれも体幹からの筋共鳴®によって、ポール・ド・ブラの表現力が左右されます。指先に力が入りすぎていたり、力が抜けすぎていたりすると、ポール・ド・ブラの動きに伸びやかさやしなやかさがなくなるんです。「指先が死んでいる」とか、「踊りが小さい」って言われる人は要注意ですね。

美咲 げっ！　手の表現力にまで引き上げの筋肉の影響が……？

扇谷 ですから、手の動きを見れば、**「指先が死んでいる＝引き上げができない＝バレエの基礎ができていない」**ってことがわかるんです。もしコンクールだったら、ターンアウトがちゃんとできなかったり、出っ尻だったりするのを衣装で隠そうと思っても、手を隠すことはできないから、そこでバレてしまうんですよね。

美咲 衣装ではごまかせないんですね～。残念……。

扇谷 逆に「引き上げ」ができてくると、自然に美しい表現が生まれてくるんです。じっくり取り組んでいきましょう。

美咲　はい！

引き上げ改善のポイント①
肩のポジションを見直そう！

扇谷　では、**肩のポジション**を修正していきましょう。

美咲　はい。さっそくですけど、「①肩のポジションの間違い」って、どういうことですか？

扇谷　これは前にご説明したステップ1に登場した胸郭の拡張不足とつながっているのですが、**ターンアウトができない人は肩（鎖骨と肩甲骨）を下げすぎて、胸郭の上部（第1、第2肋骨）がつぶれてしまっていることが多いです。**胸郭が変形すると背骨のS字カーブが歪んでしまうので、その結果として骨盤が立てられず、「出っ尻」や「タックイン」になってしまうんです。簡単に言えば、肩を下げちゃいけないんです。

美咲　え、肩を下げちゃいけないなんて、はじめて聞きました！　いつも「肩を下げてっ!!」って怒られてたから……。でも、本当ですか？

扇谷　本当です。

美咲　……。

扇谷　いやいや、本当ですって（苦笑）。そんなに疑うなら、ちょっと体験的に説明しますね。美咲さんは首を伸ばそうとすると、鎖骨ごと肩をぐっと下げますよね？

美咲　（試してみる）……たしかに。言われてみればそうかも？

扇谷　それによって、鎖骨が胸郭に押し付けられて、第1、第2肋骨がつぶされてしまっているんです。一度、肩の位置を直してみましょう。**①アン・ナヴァンでお腹から胸まで大きく息を吸って、②肩を上げて、③さらに腕を一番上まで伸ばしてから肩や眉間まで息を吸います**。どうですか？（下写真参照）

美咲　（試してみる）……うーん、いつもより息がたくさん入ります。

扇谷　では、**④そのまま胸郭のふくらみを保ちながら、静かに肩を下ろしてアンナヴァンに戻ります**。どんな感じですか？

美咲　え!?　胸が拡がって、肩が開いた感じです！

扇谷　そこが美咲さんの本来の肩の位置です。

胸郭を拡げる呼吸法

美咲 えっこんなに上ですか？ 胸もこんなに拡げておくんですか？

扇谷 そうなんですよ。驚かれるのも無理はありません。街でヒューマンウォッチングをしてみるとわかりますが、胸郭の上部は老若男女問わず、つぶれている人がとても多いです。そういう意味ではほとんどの人がマイナス地点からのスタートなので、バレエをするときには意識的に拡げる必要がありますね。ですから、美咲さんのようなご感想も珍しくありませんよ。もちろん、美咲さんのように「肩を下げて」と注意されて、さらにつぶしてしまっているダンサーも多いですね。

美咲 肩を下げようと意識していた上に、バレエ以前の姿勢にも問題があったのか……。

扇谷 今はお子さんでも、姿勢の悪化が問題になるこ

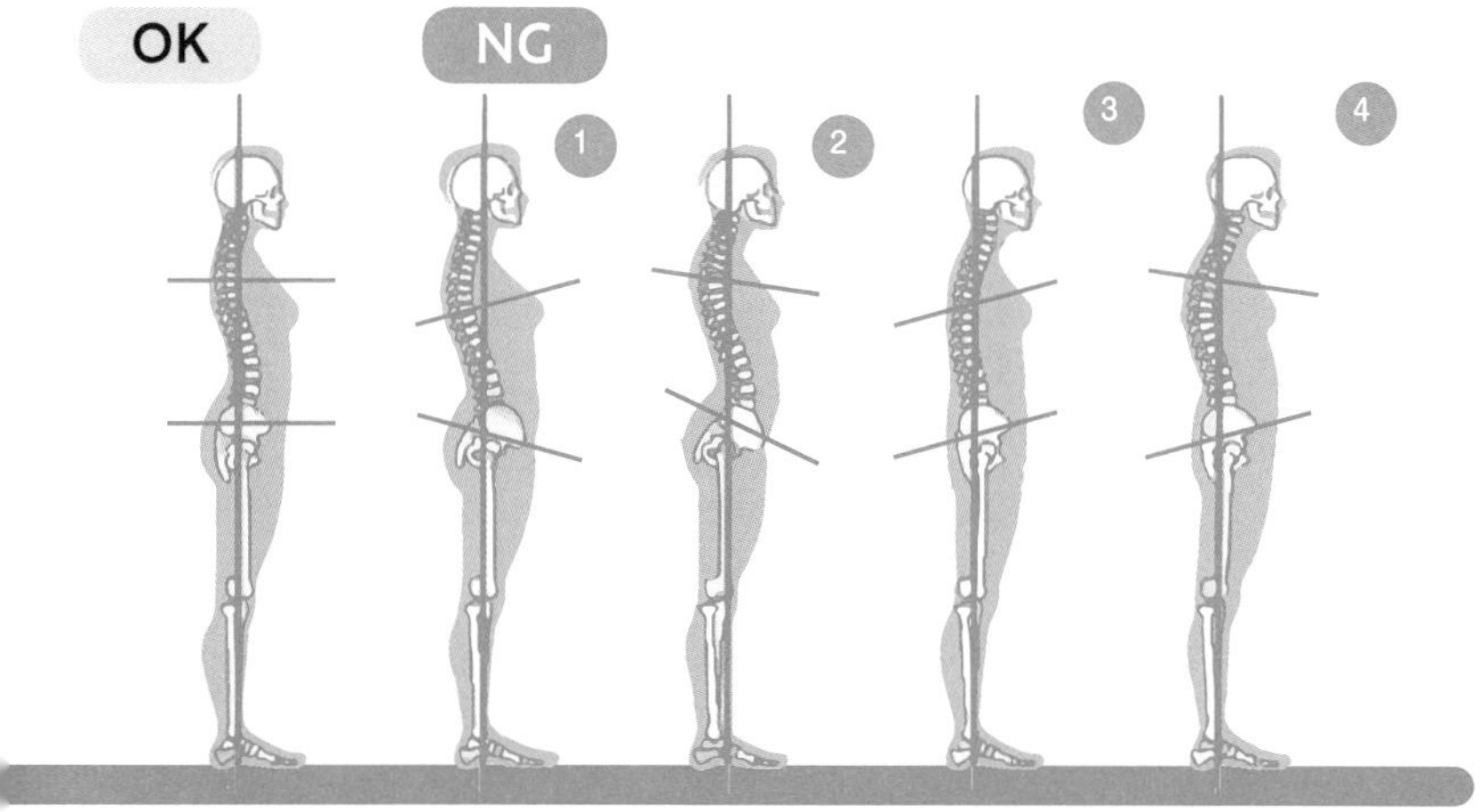

〈NG 姿勢の例〉
①胸郭が後傾＆骨盤が前傾（出っ尻） ②胸郭が前傾＆骨盤が前傾（出っ尻）
③胸郭が後傾＆骨盤が後傾（タックイン） ④胸郭が前傾＆骨盤が後傾（タックイン）

とがよくありますからね。子どもの肩こりは当たり前ですし、「子どもロコモ※」なんて言葉もあります。踵重心や浮き指、ストレートネックなど、バレエをする上で障害になる問題を抱えているお子さんは増えています。

美咲 そうなんですか⁉ ロコモって、お年寄りがなるものだと思っていました！

扇谷 日本にバレエが紹介されて一般に広まりはじめた頃と現在では、バレエ教室の門をくぐる時点の子どもたちの基礎体力に大きな開きがあるはずです。身長や体重などの体格は向上した反面、外で遊ぶことが減って子どもの基礎体力は低下し続けていると言われていますし、テレビゲームやパソコン、スマホ、重すぎるランドセルなど、姿勢を悪くする原因には事欠きませんからね。

美咲 そう考えると、今さらながら、バレエ以前のコンディショニングが大切だという気がしてきました。

扇谷 ではこのまま肩のポジションをリセットしてみましょう。胸郭上部がつぶれてしまっている人は、肩の位置が下がりすぎているので、先に肩の位置を改善してから上部胸郭を拡げます。まず①で**股関節の内回し〈内旋〉がしやすくなり**、次の②では**外回し〈外旋〉がしやすくなります**。両方行うと内回し・外回しのバランスが良くなります。

美咲 はい！

※ロコモティブシンドローム（運動器症候群）の略。運動器の障害のために立ったり歩いたりするための身体能力（移動機能）が低下した状態を指します。

肩のポジションをリセット①

❶足を肩幅に開いてまっすぐ立ち、舌を上顎につけます。
❷上腕を外回しして、肩を下げて腕を下に伸ばします。
❸そこから弧を描いて腕を前に最大限に伸ばします。手のひらは上向きにして、腕を上げていきながら、肩を軽く引き下ろします。顔が上を向いてしまったら、アゴを引いて正面を見ましょう。
❹斜め上で腕が止まったら、上腕を内回しし、
❺前腕を外回しします。
❻腕はそのまま、鎖骨ごと肩を持ち上げます。
❼肩甲骨同士を離します。
❽腕はそのまま、肩を上→前→下→後ろに5回回し、その後、逆回しで5回回します。
❾上腕を外回しして、腕を下ろして深呼吸します。

肩のポジションをリセット②

❶足を肩幅に開いてまっすぐ立ち、舌を上顎につけます。
❷上腕を内回しし、肩を下げて腕を下に伸ばします。
❸そこから弧を描いて腕を後ろに最大限に伸ばします。手のひらは上向きです。
❹さらに弧を描いて腕を上げていきながら、肩を前に出します。顔を上げて斜め上を見ます。
❺斜め下で腕が止まったら、上腕を外回し、前腕を内回しします。
❻腕はそのまま、鎖骨ごと肩を持ち上げます。肩甲骨同士を近づけます。
❼肩甲骨同士を近づけます。
❽腕はそのまま、肩を上→後ろ→下→前に５回回します。逆回しで５回回します。
❾上腕を内回しして、腕を下ろして深呼吸します。

アン・ナヴァンで首が伸び、呼吸が楽になります。

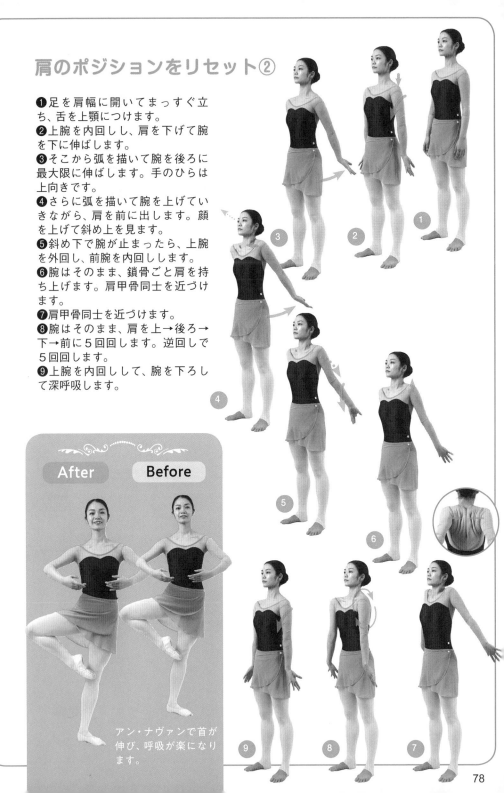

肩を下げずに胸郭を引き上げる！

美咲　（「肩のポジションをリセット①②」を試して）……ふう。できました！

扇谷　そのままアン・ナヴァンをするとどうですか？

美咲　（試してみる）……わ、身体が大きくなったような感じというか。背が高くなったというか。ちょっとエラくなったような（笑）。呼吸も楽になりました。

扇谷　では、今度はいつものように、肩をぐっと下げて首を伸ばして、アン・ナヴァンをしてみてください。呼吸がしにくくなるでしょう？

美咲　（試してみる）あ……。

扇谷　誤解を恐れずに言えば、基本姿勢でちゃんと「引き上げ」て胸郭の上部が拡がって首が伸びていれば、わざわざ力を使ったり抜いたりして「肩を下げる」必要はないんです。肩が上がって見えるというのは、ふだんの姿勢で胸郭の上部がつぶれていて首が縮んでいるので、アン・ナヴァンやアン・オーで余計な力が入って、相対的に肩が上がって見えるんですよ。だから、「肩を下げて」とか「首を伸ばして」と注意されたら、**無理に肩を引き下ろすのではなく、まず胸郭がつぶれていないかをチェックする必要があります。**

美咲　わたしのように、グッと力を入れて下げてはいけないんですね？

扇谷　はい。逆に**力を抜きすぎて肩の重さで胸郭をつぶしてもいけません**。むしろ肩甲骨が胸郭にべったり張り付かないように、鎖骨を頭からぶら下げておくだけでOKです。

美咲　力を入れたり抜いたりしないで、ぶら下げるだけですか。

扇谷　たしかに肩が上がって見えたら、「下げろ」と言いたくなりますよね。肩を下げてみたら動きやすくなった場合は、もちろんそれでかまわないのですが、肩を下げることで動きにくさが増すようなら、問題は他のところにあるはずです。ちょっと立ち止まって「なぜ上がってしまうのか」を考えてみる必要がありますね。

美咲　そんな風に考えたことはなかったです。

肋骨のリングを意識する

扇谷　あと、首の伸ばし方にもコツがあります。首の付け根の位置なんですけど、胸郭の上部〔第1肋骨と第2肋骨、第1胸椎と第2胸椎〕は首と強く連動して動きます。そういう意味で、**首の付け根は胸郭の上部**とも言えるんです。ですから、首を伸ばそうと思ったら、胸郭の上部から伸ばす必要があります。ちょっと骨の位置を確かめてみてください。

美咲　（「**肋骨のリングを感じて呼吸する**」参照）自分の身体なのに、改めて骨の位置に意識して触れたことはありませんでした。この2つのリングが首の付け根なんですね？

扇谷 そうです。そう思って首を伸ばすと、自然に肩がリラックスしてくるでしょう？ そして、そのリングの空間にも息がふわっと入るように、深呼吸してみてください。**眉間からお腹まで息を吸う**つもりでするとスムーズに入りますよ。

美咲 ……たしかに自然に肩が下りて、首が伸びた感じがします。このリングの動きを意識してカンブレをすると、胸が開いてなんだか気持ち良いです。重心が高くなる感じ？

扇谷 このイメージをもって、息を吸いながらカンブレをして、吐きながら戻る練習もオススメです。

美咲 こうしてみると、肩は自然に下がるように

肋骨のリングを感じて呼吸する

第2肋骨は第1肋骨から肩の方に軽く押していったとき、肩鎖関節（鎖骨の端）の手前にある硬いところ。

眉間から息を吸うイメージ。

第1肋骨は首の側面、耳の真下あたりにある硬いところ。

第1・2肋骨の位置

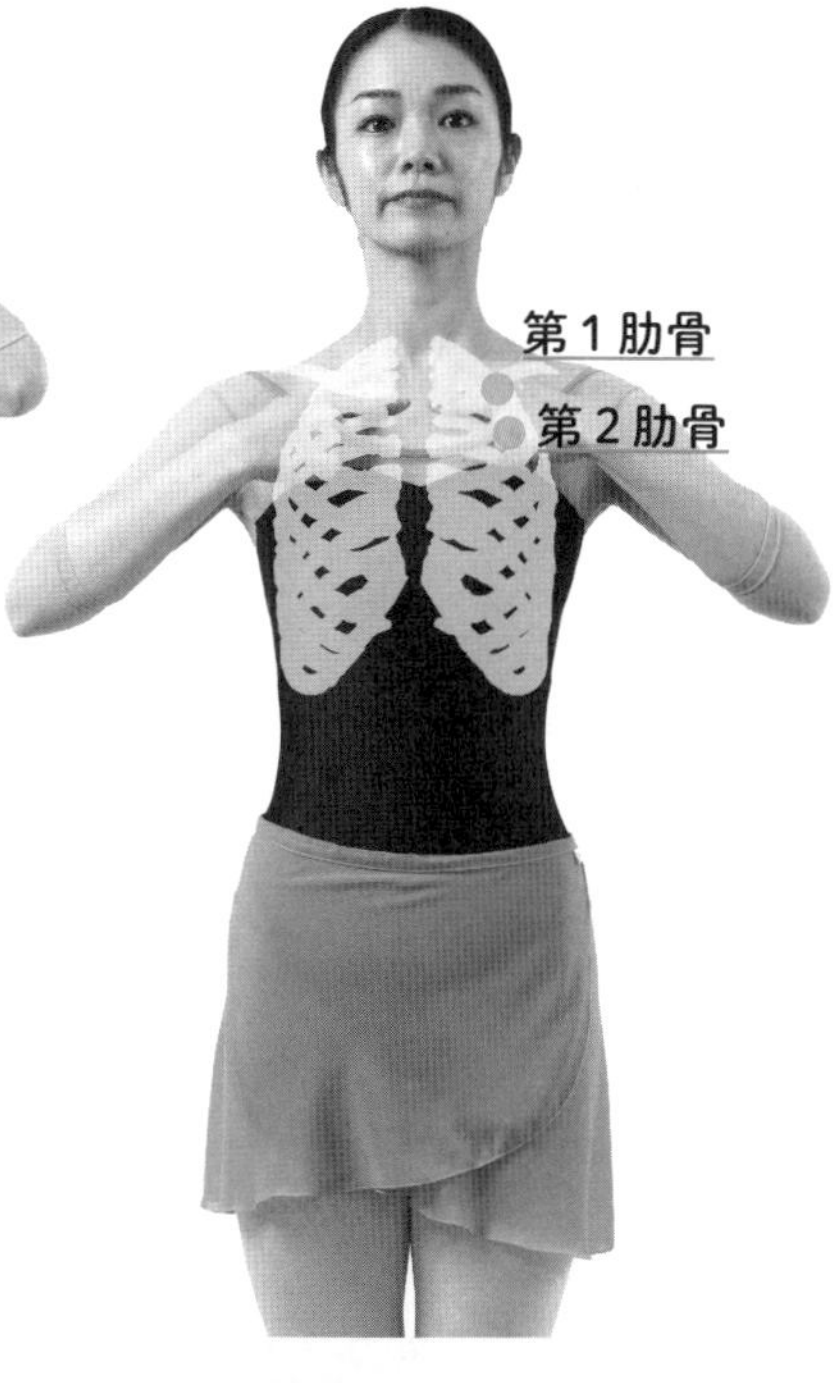

誘導することが大事なんですね。

扇谷 あ、あと、先生によっては「肩甲骨の内側（上角）を下げる」という意味で「肩を下げて」と言う場合もあります。これは解剖学の用語で言うと、肩甲骨を「**上方回旋**」させるという意味になります。逆に外側（肩峰）を下げるのは「**下方回旋**」です。

美咲 あー、わたしは肩を下げろと言われたら、鎖骨と一緒に肩峰の方を下げてしまいますね。そうすると「下方回旋」ということになるのか……。

扇谷 そうですね。肩峰を下げるということは、下方回旋に加えて鎖骨の外端（肩鎖関節）の位置を下げることになり鎖骨が水平ではなくなりま

「肩を下げる」は肩甲骨の上方回旋

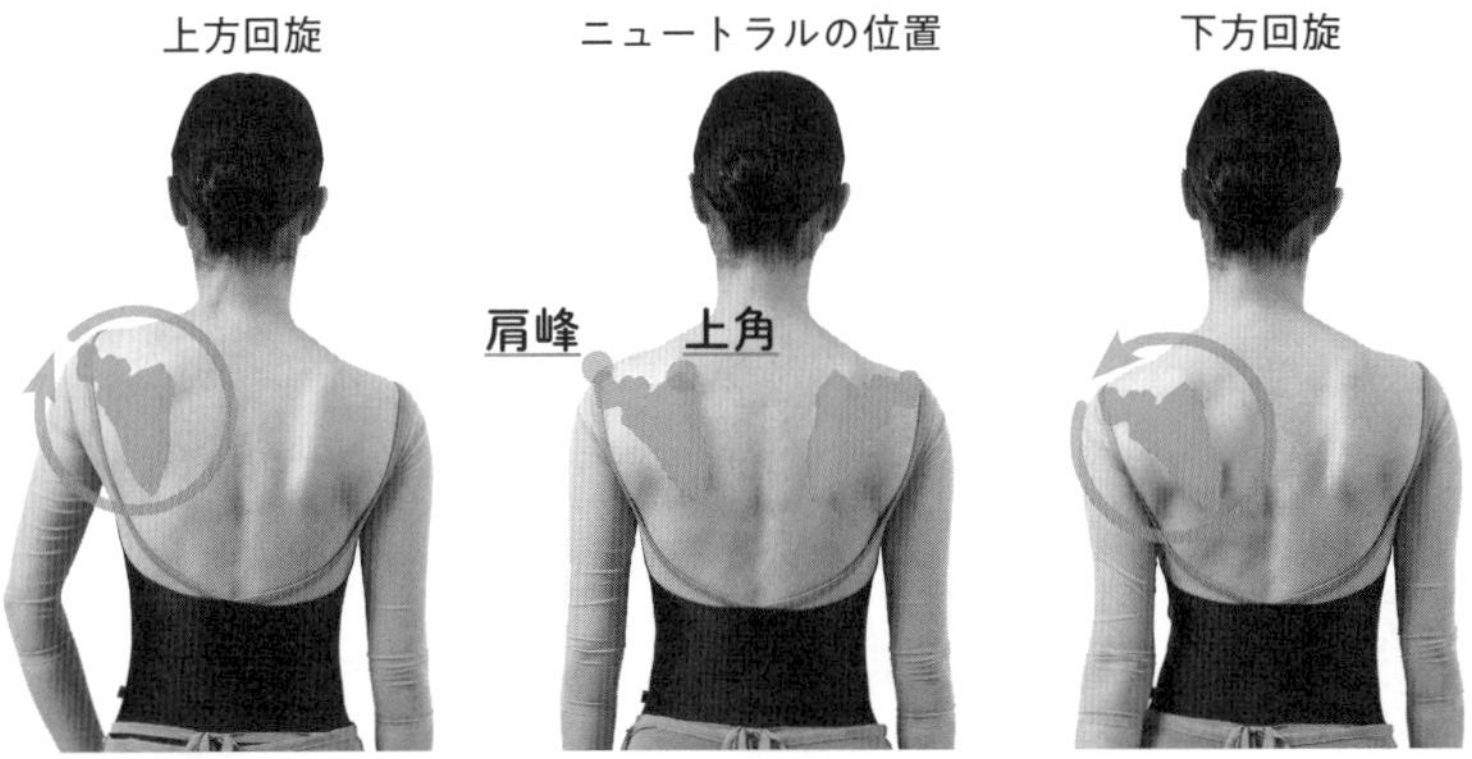

上方回旋の方が胸が自然に拡がり腕が長く使える。

す。肩を下げているつもりはなくても、**アン・ナヴァンで腕を前に出すと腕の重みで無自覚に鎖骨が下がって下方回旋になってしまう人**もいます。ですので、胸郭を拡げておく意識が大切になるんです。

美咲 なるほど……。

扇谷 肩甲骨を「上方回旋」させるには、鎖骨を下げてはダメです。むしろ浮かせます。水平を保って肩鎖関節を支点にすることで、上方回旋を誘導できるんです。肩を無自覚に下げて上部胸郭がつぶれてしまっている人は、鎖骨と肩甲骨が胸郭に張り付いてしまうので、ポール・ド・ブラの動きを肩関節の動きに頼ることになります。そうすると腕が短く見えるんです。ポール・ド・ブラに参加している関節の数が減るので、しなやかさも失われますよね。

美咲 あー、上手な人の腕が長く見えるのはそういうことなんですね。そうか〜。でも理屈ではわかっても、実際にどうやったらいいのかわかりません。

扇谷 天秤棒の両端にかごをぶら下げているイメージをしてみてください。

美咲 ああ、腕と肩甲骨が胸郭じゃなくて、鎖骨の両端にぶら下がっている感じですね。

扇谷 そうです！　その位置を保てるように胸郭の方を拡げていきましょう。

鎖骨で腕と肩甲骨をぶら下げているイメージが大事です。

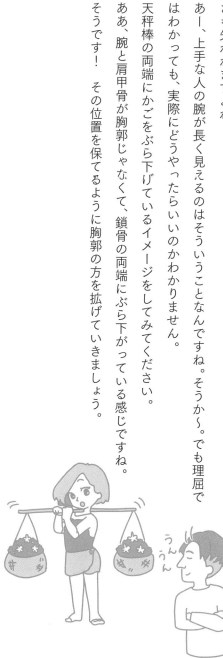

キツネの手で肩甲骨を動かす！

扇谷　では、もう1つ肩のコンディショニングをして、肩鎖関節の動きを引き出してみましょう。この関節の動きを引き出すには、まず肩甲骨を胸郭に固定している筋肉〔前鋸筋／大・小菱形筋〕を目覚めさせます。肩鎖関節が動いてくると、自然に脇を開きやすくなりますよ。

美咲　それは魅力です！

扇谷　肩甲骨を動かす〔前鋸筋〕は手指の〔虫様筋〕という指先でなにかを摘む動作をするときに使う筋肉と共鳴関係にあります。〔小菱形筋〕は人差し指を立てるときに使う筋肉〔示指伸筋〕、〔大菱形筋〕は小指を立てるときに使う筋肉〔小指伸筋〕と共鳴しています。わたしはこれらを活性化させるこの手の形を**「キツネの手」**と呼んでいます（笑）。

美咲　「キツネの手」って（笑）。

扇谷　笑ってますけど、この形が肩甲骨の動きを引き出してくれるんです！

美咲　本当ですか？

扇谷　論より証拠です！　試してみましょう！

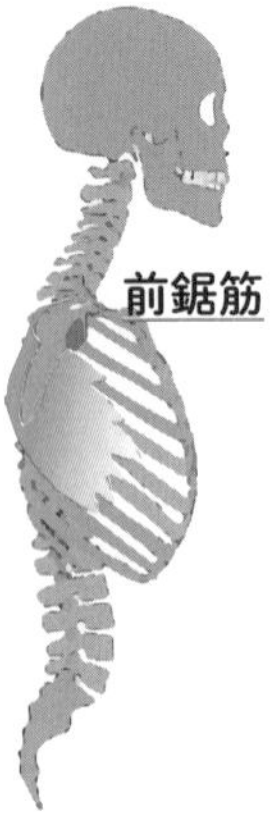

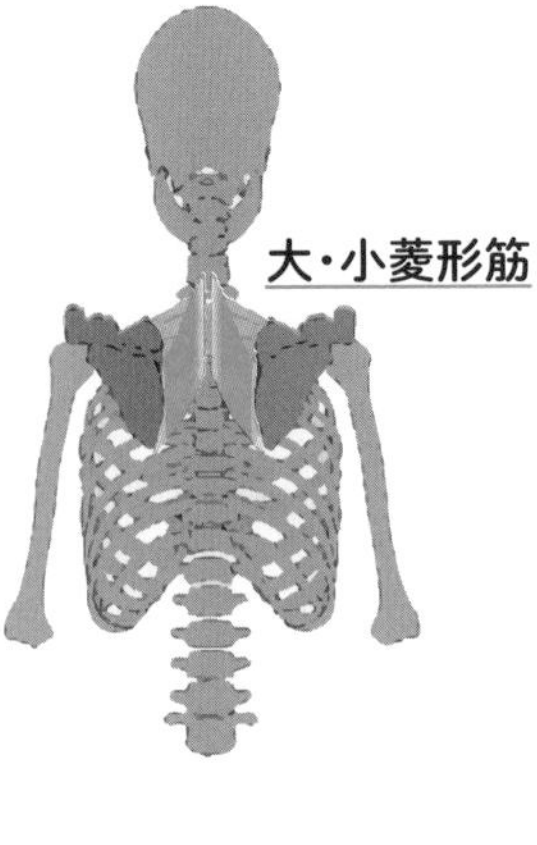

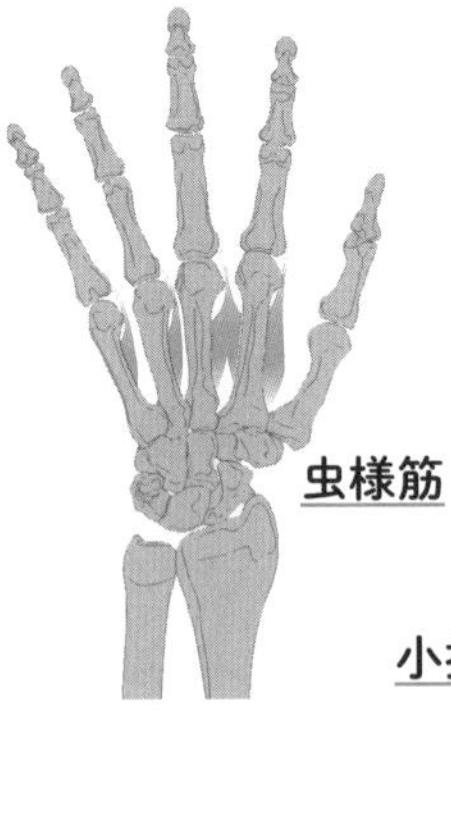

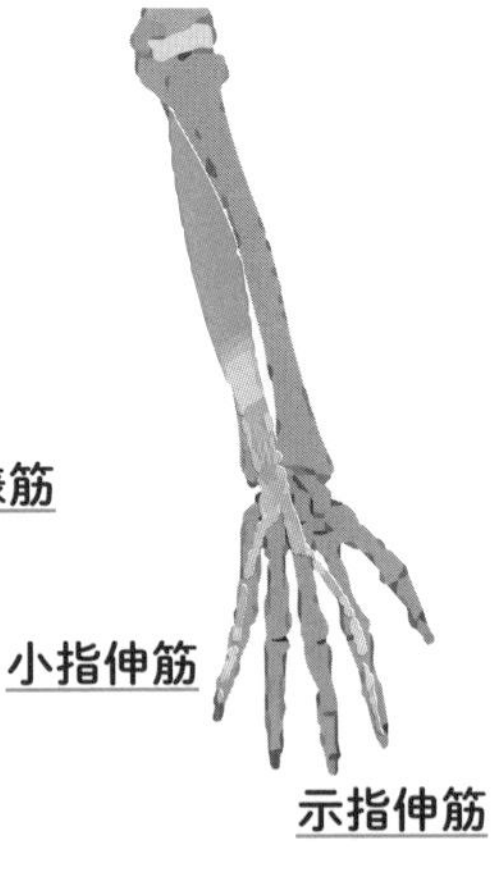

肩甲骨を動かす

キツネの手

人差し指と小指を**ピンと立てて**、
親指と中指、薬指を伸ばしたまま、
なにかを摘むように指先をつける。

〈手の指〉と〈肩〉の筋共鳴

キツネの手で肩鎖関節を動かす

椅子に座り、背すじを伸ばして、舌を上顎につけます。キツネの手をつくり、
❶肘をキツネの手をつくり、肘をしっかり伸ばして、腕を前に。
❷上腕を内回しして、
❸前腕を外回しします。
(次項に続く)

❹キツネの手のまま手首を大きく回します。内回し／外回しに10回ずつ。
❺腕は前に伸ばしたままで、鎖骨から肩を大きく前に出し、上→前→下→後ろに5回回します。終わったら逆回転で大きく5回回します。
❻キツネの手の形から、薬指を立てます。（「変形キツネの手」、親指と中指はそのまま）
❼腕を水平に横に伸ばします。上腕を内回し、前腕を外回しします。
❽変形キツネの手のまま手首を大きく回します。内回し／外回しに10回ずつ。

変形キツネの手

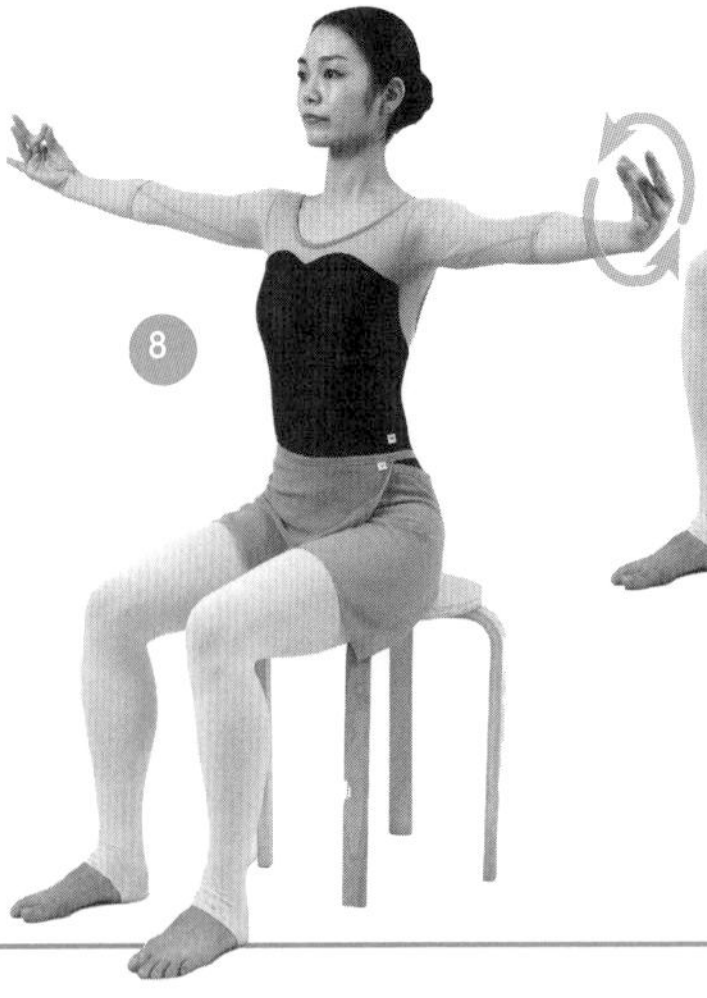

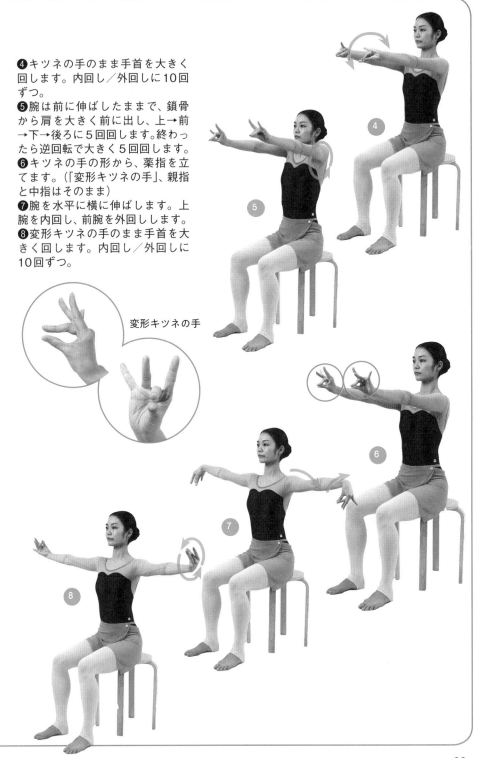

美咲　（「キツネの手で肩鎖関節を動かす」を試して）ふ〜。

扇谷　どうですか？

美咲　なんと言いますか、これはもっと早く知りたかったですね！　肩の動きがすごく軽くなりました。本当に脇が開いた感じです。

扇谷　呼吸したときの感じはどうですか？

美咲　胸の空間が大きくなったような感じがします。胸郭の形が変わったような？　胸郭がふくらむと肩が下がるって、こういうことなんですね。

扇谷　全身が引き上がってきましたね。肩鎖関節は骨盤とも共鳴しています。下半身の感じはどうです？

美咲　たしかに腰も軽くなりました。

扇谷　ターンアウトもしやすくなったでしょう？

美咲　（試してみる）　あ、はい、なりました。エクササイズごとに、毎回、違うところが変化して、だんだんターンアウトがしやすくなっている感じですね（笑）。

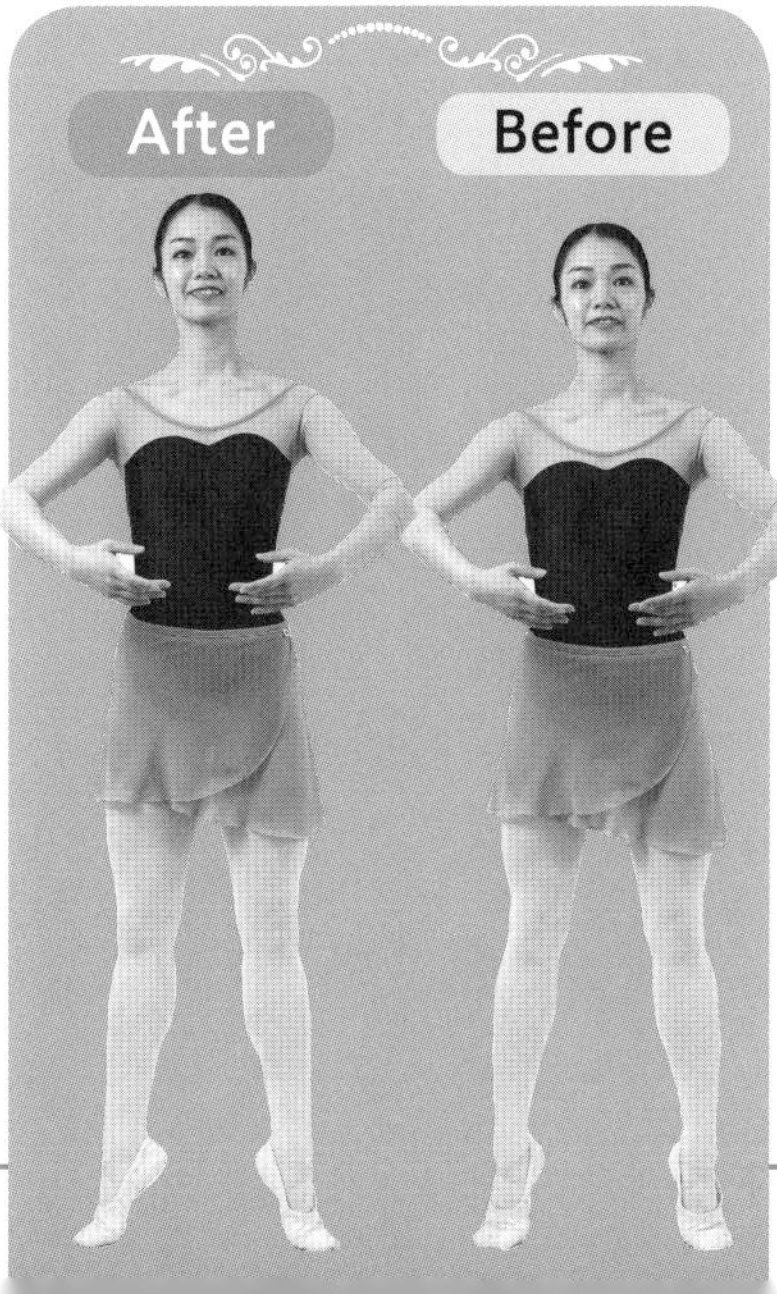

❾腕は横に伸ばしたままで、鎖骨から肩を大きく上→前→下→後ろに5回回します。逆回転で大きく5回回します。
❿腕を下ろして終了。

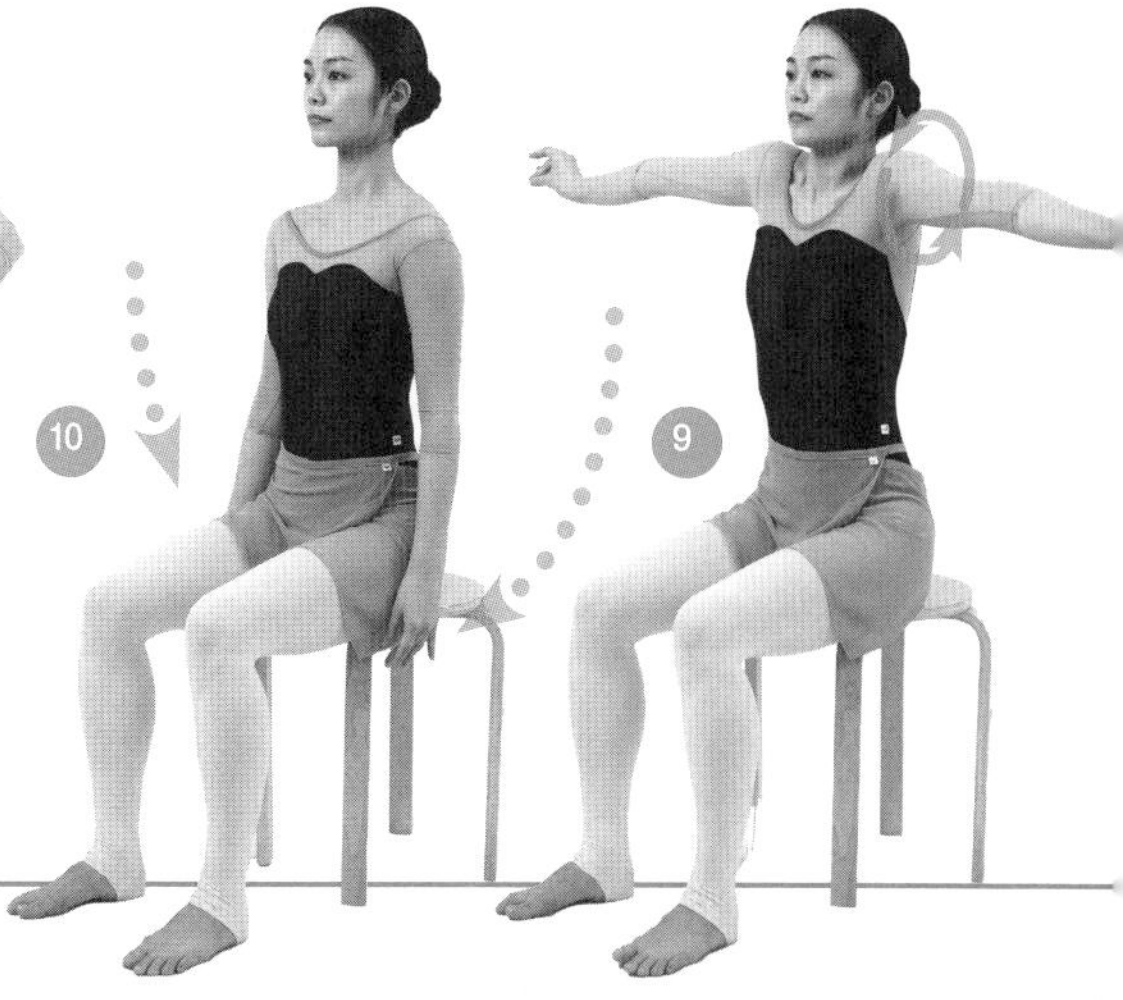

肩のポジションと骨盤底筋

扇谷　肩のポジションを見直すと、他にも良いことがありますよ。

美咲　もしかして痩せるとか？

扇谷　惜しい！　骨盤の底にある骨盤底が引き上がるんです。

美咲　骨盤底？　あ、〔インナーユニット〕（56頁）ですね。

扇谷　はい。その名前の通り骨盤の底にある筋肉群で、お腹の内臓を支える大事な筋肉なんですよ。大きく分けると2層構造になっているんです。そのうちの上の層の筋肉〔肛門挙筋群〕は、肩を持ち上げる筋肉〔僧帽筋〕と筋共鳴®の関係になっています。ですから間違った方法で肩を引き下げると、僧帽筋がゆるむ↓骨盤底がゆるむ、という連鎖が生じます。

美咲　骨盤底がゆるむとどうなるんですか？

肛門挙筋群

肛門挙筋群は骨盤底肛門の周囲に位置する筋肉〔恥骨尾骨筋・腸骨尾骨筋・恥骨直腸筋〕の総称です。骨盤底筋の1つで、内臓を支持しています。

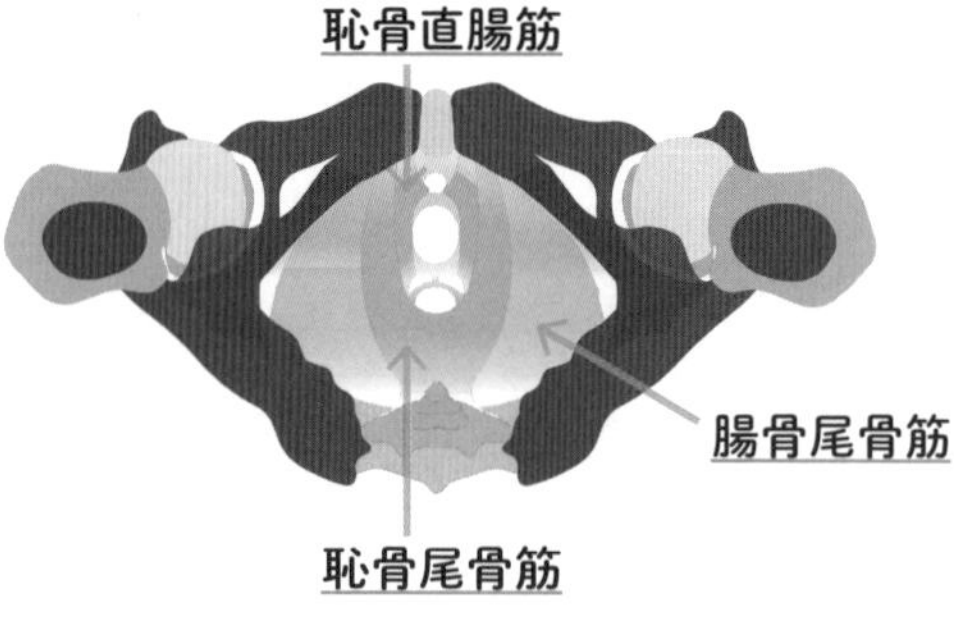

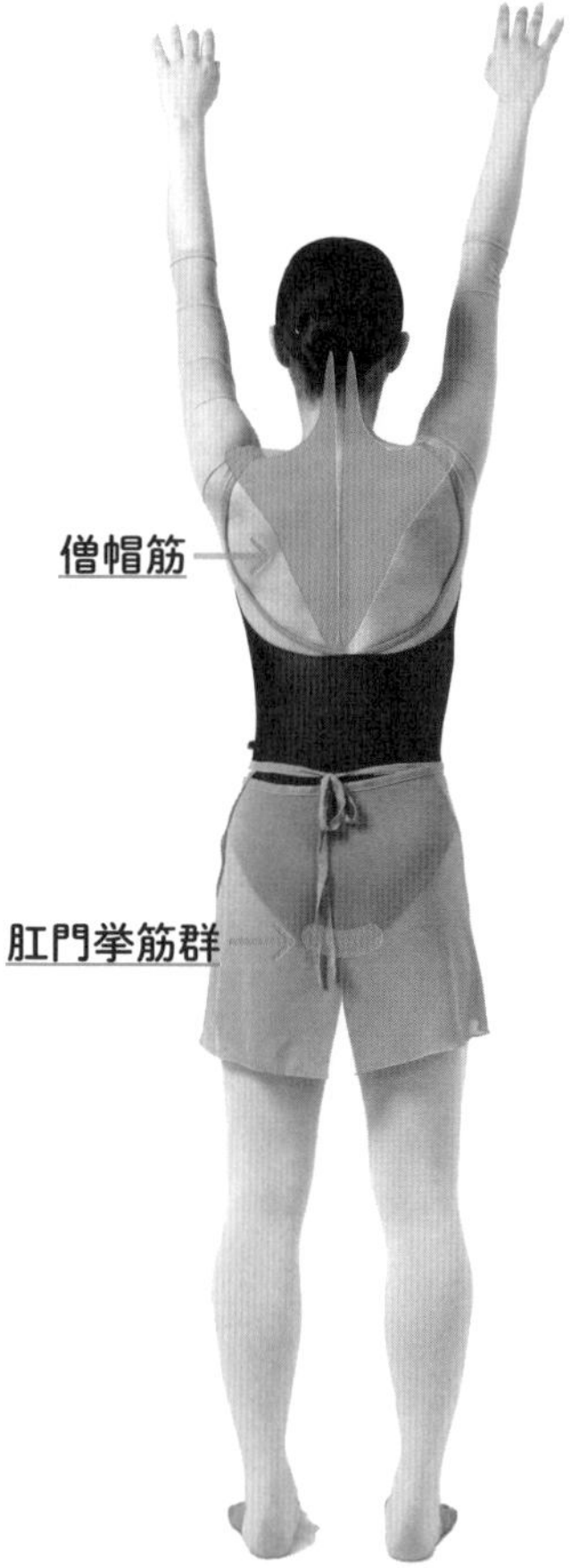

扇谷　股関節（仙腸関節や股関節）が不安定になるので、ジャンプなどが高く跳べなくなりますね。ルルヴェも高くならないし、内臓が下垂して重心が落ちるので踊りから軽やかさが失われます。引き上がらないので、アラベスクが不安定になったり、腰を反ってしまったりするのも典型的な症状です。

美咲　うっかり肩を下げるのって、デメリットだらけなんですね。

扇谷　そうなんですよ。さらに、骨盤底の筋肉はターンアウトの主役中の主役の筋肉と筋膜でつながっているので、ターンアウトに対する影響も大きいのです。

美咲　主役中の主役？

扇谷　〈深層外旋六筋〉という、股関節の外回しの主役の筋肉のグループがあるのですが、その中でも中心的役割を果たす〈内閉鎖筋〉です。ターンアウトができない人はこの深層外旋六筋を使うのが苦手なんで

深層外旋六筋

深層外旋六筋は股関節の深いところにあり、股関節の外回しに作用する筋肉の総称です。

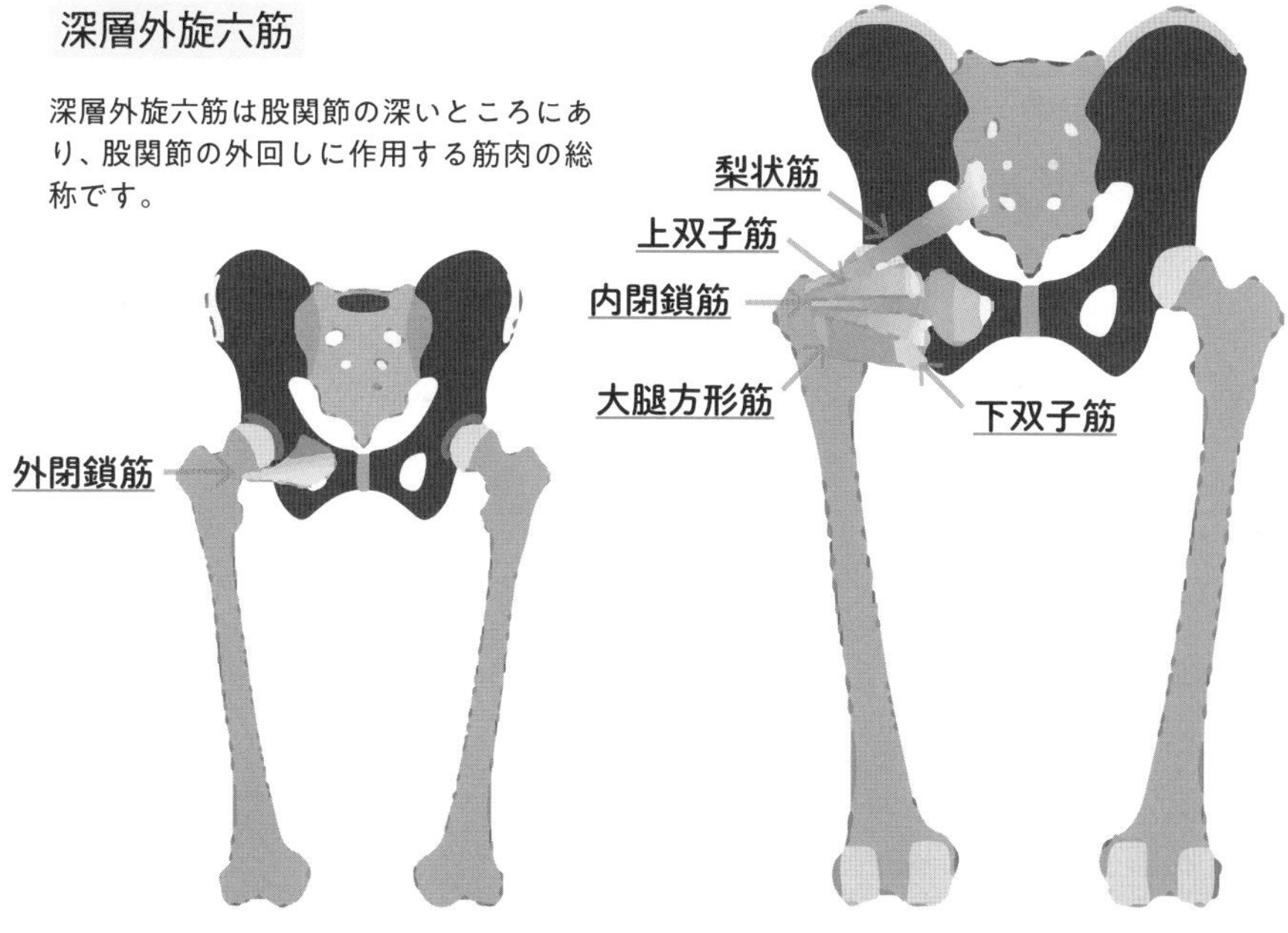

す。過剰に緊張させて固めてしまったり、逆に働かせずにゆるませすぎていたり……。そういう人は、元をたどれば僧帽筋が働いていないんですね。

美咲 内閉鎖筋は6人グループのアイドル歌手のセンターのポジションみたいな筋肉ってことですね？　それが骨盤底筋と仲良しで、その骨盤底筋は僧帽筋と一心同体？

扇谷 そういうことです。つまり、肩のポジションが下がってしまうと、

① 僧帽筋が弛緩する
② 骨盤底が弛緩する
③ 内閉鎖筋が弛緩する
④ ターンアウトができない

ということが起こりがちなのです。ですから、僧帽筋をしっかり働かせて鎖骨が水平になるように肩のポジションを維持する必要があります。

美咲 わかりました。僧帽筋を上手に使えるようになりたいです！

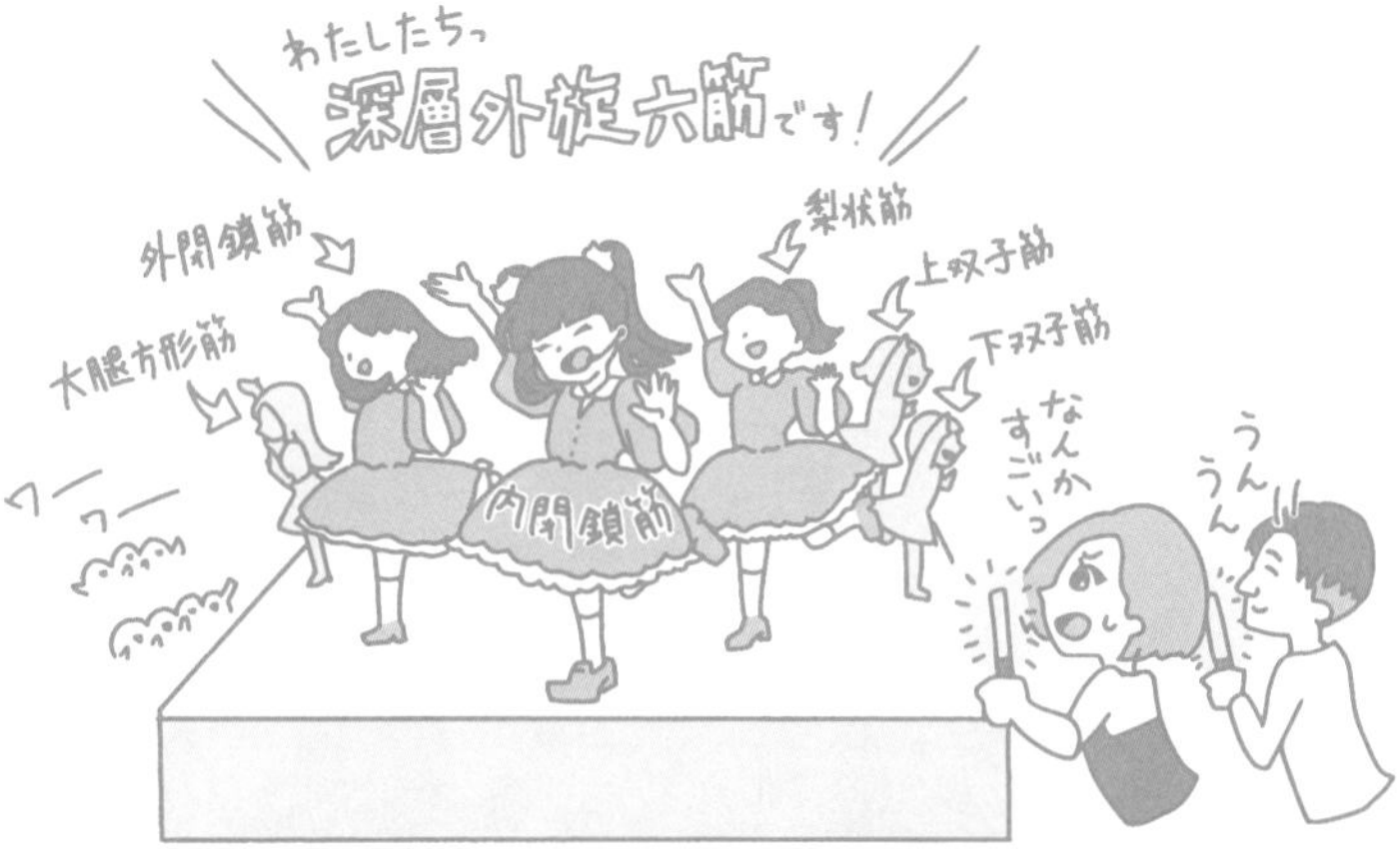

〈親指〉と〈僧帽筋〉〈骨盤底筋群〉の筋共鳴

僧帽筋で骨盤底を引き上げる

❶坐骨を意識して椅子に腰掛けます。背すじを伸ばし、舌を上顎につけます。舌の位置を保つことが非常に重要です。
❷坐骨を座面に触れさせるように、前後左右に小さく動きます。
❸左肩を後ろに引いて、肩甲骨を背骨にしっかり寄せ、右手で左肩を押さえます。
❹左手の親指を伸ばしたまま、手のひらの内側に入れ、押さえている右手の力を押し返すように、5カウントで左肩を高く持ち上げます。
❺左肩が上がりきったら、右手の押さえる力を支えながら、5カウントでゆっくり下ろします。
❻ ❹❺を5～10回繰り返します。
左右を入れ替えて行います。終わったら深呼吸を5～10回します。

骨盤底が引き上がりプリエに安定感が生まれます。

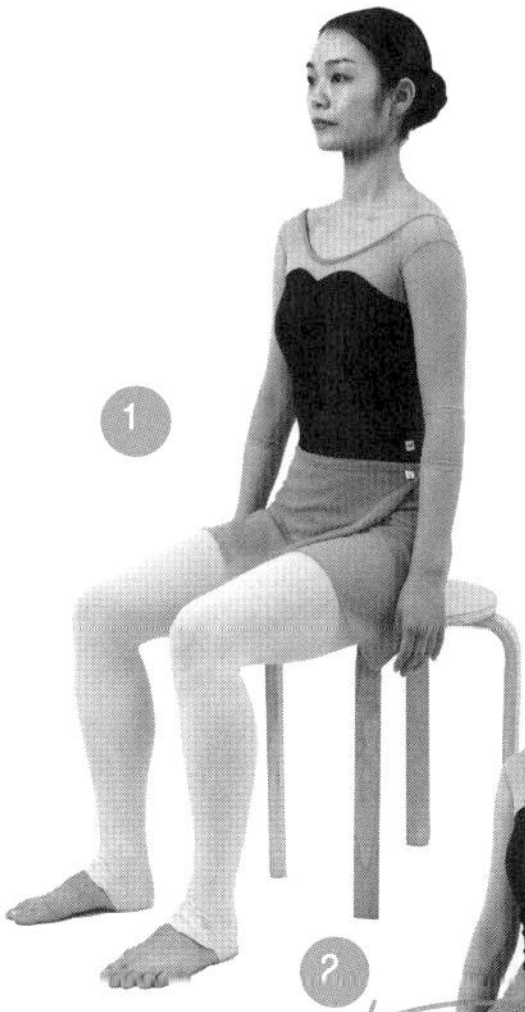

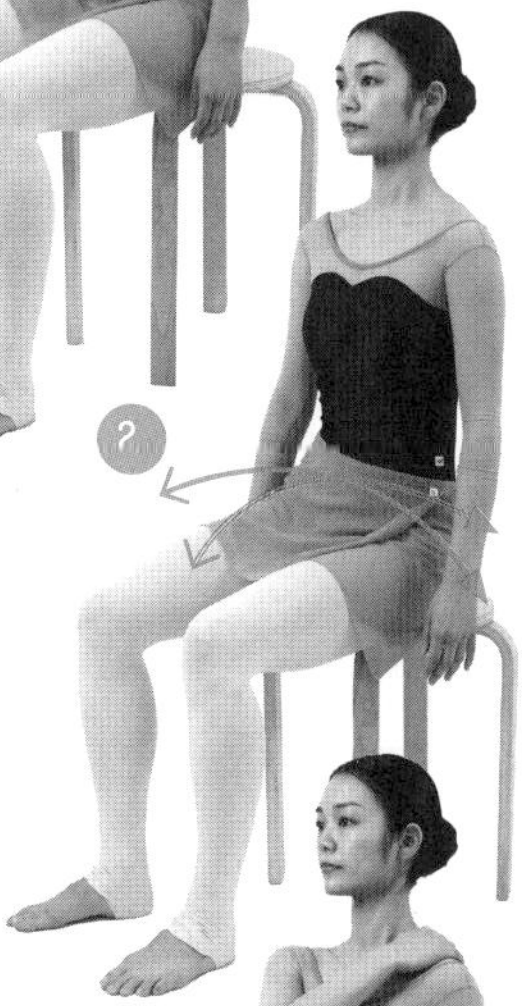

1、2、3……。

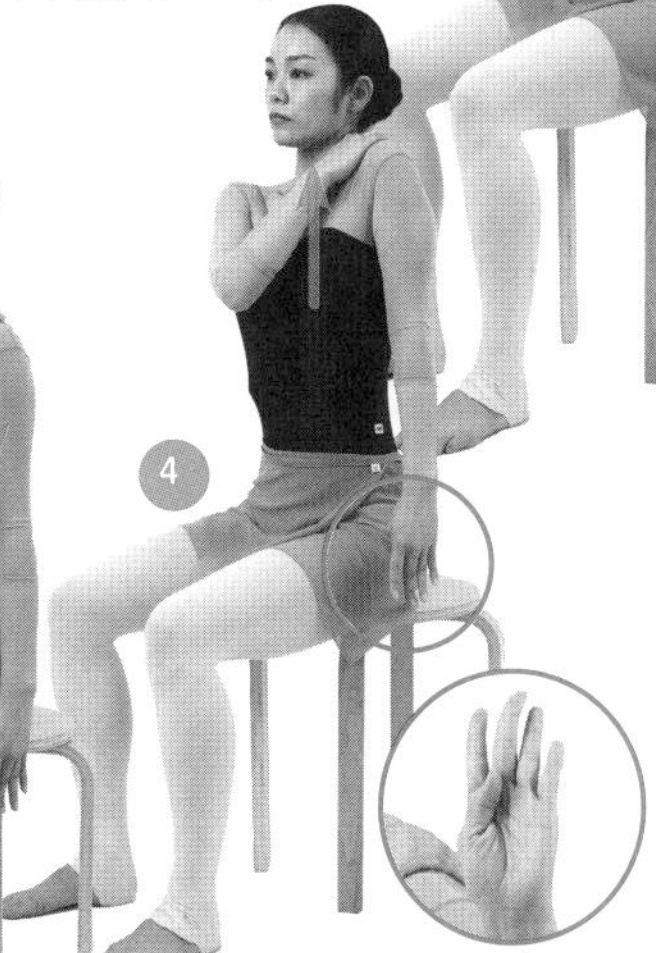

中指の付け根に指先が触れるぐらい。

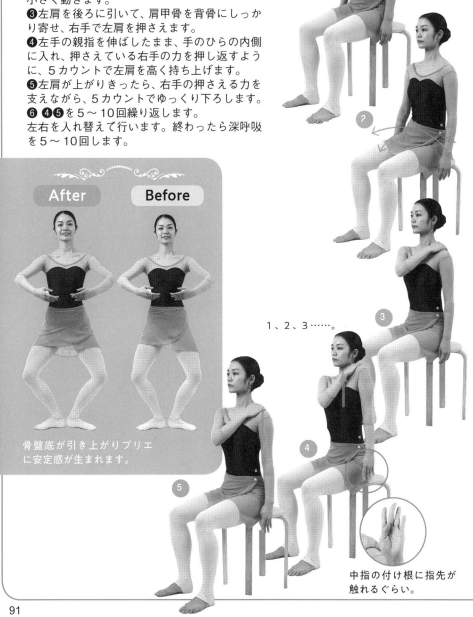

美咲　……あっ！　骨盤底がキュッとなった感じがします。たしかに、背が伸びたというか、引き上がった感じがします。ターンアウトもしやすくなりました！

扇谷　良いですね！　僧帽筋が適切に働くことで、肩のポジションも改善されますよ。これはポール・ド・ブラの改善でも役立ちます。

美咲　ところで、このエクササイズの親指の位置にはどんな意味があるんですか？

扇谷　じつは**僧帽筋は骨盤底とともに、手の親指を伸ばす筋肉〔長母指伸筋〕とも共鳴しています**。それで親指の位置によって長母指伸筋の働き方が変わるのです。細かく言うと難しくなるので省きますが、バレエでとくに大事なのは、親指が手のひらから外にはみ出さないようにすることです。はみ出したり、指先が曲がったりすると、僧帽筋のバランスが崩れて肩をすくめたような姿勢になりがちです。

美咲　つまり「肩を下げて」と注意されたら、親指の位置が手の内側にあるかどうかも見直す必要があるということですか？

扇谷　そうです。親指のポジションは非常に重要なんです。細かすぎると思われるかも知れませんが、本当の本当なんですよ。**親指は変な癖がつくと直すのが大変なので、注意してくださいね。**

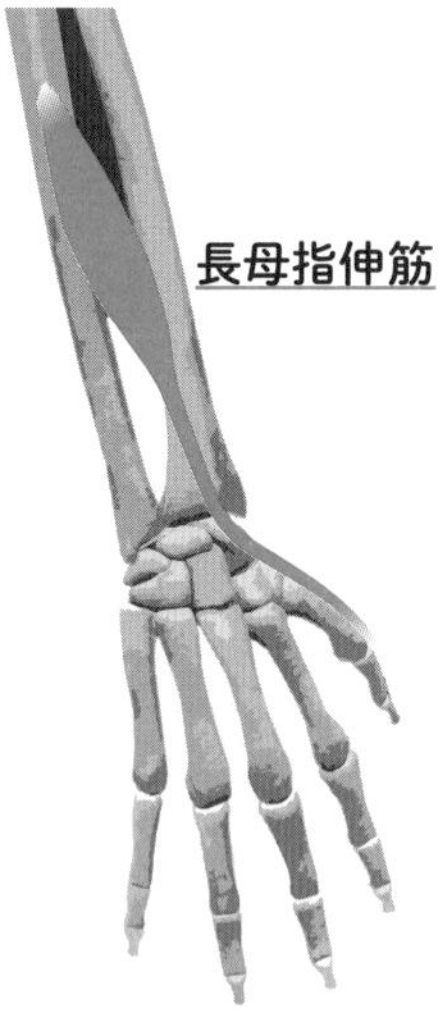

引き上げ改善のポイント②

足のアーチを引き上げよう！

美咲　今度は足のアーチですね。これって土踏まずのことですか？　じつはわたし扁平足なんです。これはバレエのせいなのか、バレエをする前からなのかわからないんですけど。

扇谷　土踏まずは足の裏にある3つのアーチ構造の1つで、扁平足はこれらのアーチがつぶれている状態です。

美咲　**足の**アーチって3つもあるんですか？

扇谷　はい。まず、踵から母趾球までの「内側の縦アーチ」が土踏まずですね。それに加えて、踵から小趾球までの「外側の縦アーチ」、母趾球と小趾球をつなぐ「横アーチ」があります。ルルヴェするときにはこれらのアーチを普段以上にしっかりさせる必要があります。そのことを「足裏の引き上げ」と呼んでいます。これはポアントで「足の甲を出す」ためにも重要です。

美咲　足の外側や横方向にもアーチがあるんですね。「足の裏を引き上げなさ

足裏の3つのアーチ

足裏のアーチは、母趾球・小趾球・踵を結ぶ3つのアーチで構成されています。

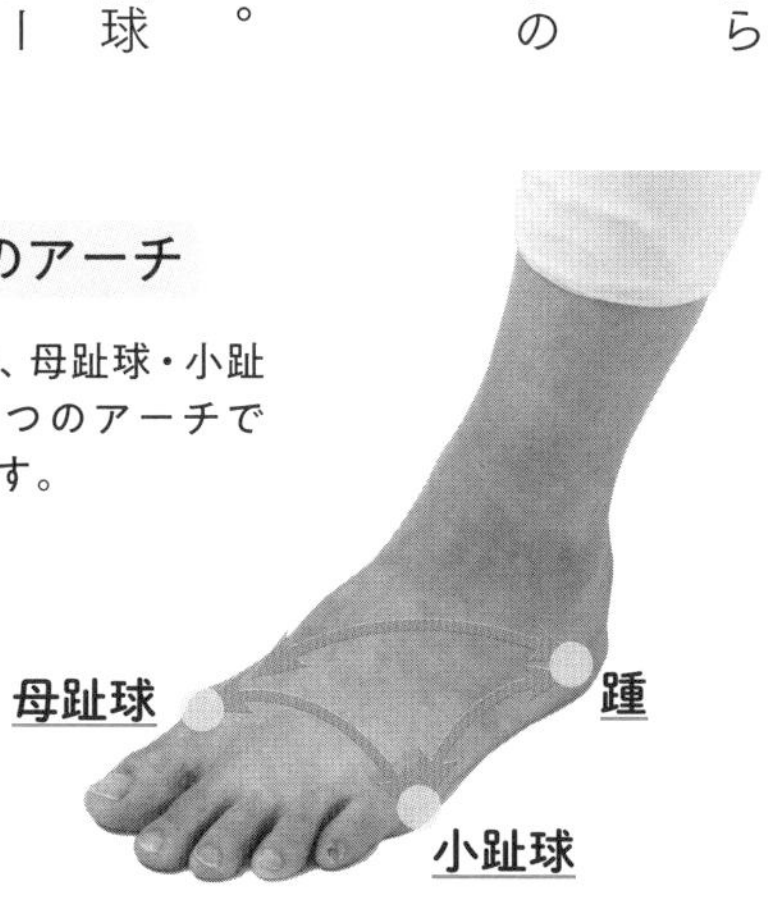

い」って言われたとき、土踏まずを持ち上げることばかり考えていました。でも、ターンアウトして土踏まずを持ち上げようとすると、後ろ重心になってしまって動けなくなっていました。他のアーチも引き上げなくてはいけなかったんですね。

扇谷　そうです。**足の甲を出すためにも3つのアーチをバランス良く使う必要があります。**

美咲　そもそも足裏のアーチってなんの役に立つんですか?

扇谷　アーチの形というのは、荷重に強い形なんです。エッフェル塔の基部とか太鼓橋とか、あれは装飾的な意味だけじゃなくて、上からの重さに耐えられるように設計されているんです。人間の足の場合にも体重を支えたり、衝撃を吸収したりするためにとても重要なんです。

美咲　なぜ3つあるんですか?

扇谷　それは母趾球、小趾球、踵の3点支持で身体を支えるためです。3点支持というのはバランスを安定させるための最小の構成です。四足歩行の動物の場合には歩くために

巨大構造物も人間の足もアーチ構造で支えられています。

1本の脚を浮かせても残りの3本で3点支持ができますが、人間は片足を上げたら1本足で立つことになります。だから片足でも3点支持ができるように、足裏の形が進化したんです。足裏に3つのアーチがあるのは人間の足の特徴なんですよ。ゴリラやチンパンジーの足にはありません。

美咲 えー、人間だけなんですか。じゃあ、扁平足でアーチがつぶれたらゴリラやチンパンジーみたいな歩き方になってしまいそうですね。

扇谷 バレエの場合はトゥシューズを履いたポアントでの動きがあるので、とくに足裏の引き上げが重要になります。

美咲 足裏ですか？

扇谷 足裏のアーチを引き上げるための筋肉〈前脛骨筋・後脛骨筋・長腓骨筋・短腓骨筋〉は、ふくらはぎの奥にある〈深層筋〉です。アーチを引き上げるのと同時に、足首の動きをコントロールしています。また、**手首を安定させる筋肉〈手根屈筋群／手根伸筋群〉**や**首を安定させるための筋肉〈斜角筋群〉**とも共鳴しています。

美咲 首、手首、足首の「3首つながり」!?

扇谷 さらに言えば、グラン・バットマンに不可欠な**足を高く上げる筋肉〈大腰筋〉**や、**骨盤を水平化する筋肉〈腰方形筋〉**、**厚い胸板を作る〈大胸筋〉**とも共鳴しています。

美咲 足のアーチってそんなに大切なんですか！

足裏のアーチに関係する筋共鳴

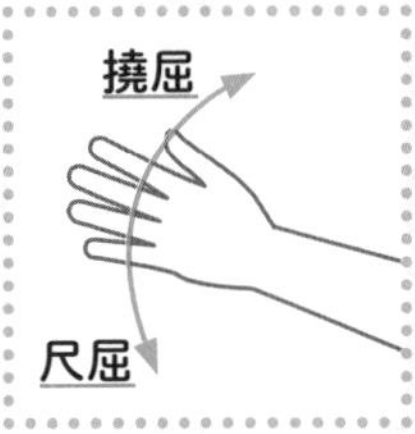

部位	頸部	胸郭	腹部	手首（前腕）	足首（ふくらはぎ）
筋共鳴（屈筋）	前斜角筋	大胸筋	大腰筋	手根屈筋群	後脛骨筋
筋の主な働き	頚椎の屈曲、側屈、回旋	肩関節での上腕の屈曲、内転、内回し。努力性の吸気・呼気を補助	股関節での大腿骨の屈曲、外回しの補助。腰椎の前彎カーブをつくる	手首の屈曲、撓屈、尺屈	後脛骨筋：足首の底屈、回外
バレエでの役割	首を安定させる。胸郭の上部（第1、第2肋骨）を引き上げる	ポール・ド・ブラを胸の中心から動かす	骨盤を立てる（後傾）。股関節より脚を高く上げる。ターンアウトした状態で脚を動かすこと	ポール・ド・ブラ	後脛骨筋：足裏のアーチを引き上げる。短縮するとカマ足の原因になる

部位	頸部	胸郭	腹部	手首（前腕）	足首（ふくらはぎ）
筋共鳴（伸筋）	中斜角筋、後斜角筋	—	腰方形筋	手根伸筋群	長腓骨筋、前脛骨筋
筋の主な働き	中斜角筋：頚椎の側屈、回旋 後斜角筋：頚椎の伸展、回旋	—	腰椎の側屈、第12肋骨の固定による呼吸の補助	手首の伸展、撓屈、尺屈	長腓骨筋：足首の底屈、回内 前脛骨筋：足首の背屈、回外
バレエでの役割	首を安定させる。胸郭の上部（第1、第2肋骨）を引き上げる	—	骨盤の水平を保つ。腹圧の保持の補助	ポール・ド・ブラ	足裏のアーチを引き上げる。 カマ足を防ぐ

表組み内は解剖学的な用語を使っています。（以降の表も同じです）

首を引き上げて、足のアーチを作る

扇谷　これらの筋共鳴®の中で、まずアプローチしたいのは足裏のアーチをつくる足首の筋肉と、首を引き上げる〔斜角筋群〕との共鳴ですね。

美咲　どうしてですか？

扇谷　筋共鳴®によって首の引き上げが足裏のアーチを引き上げることになるからです。逆に首がグラグラしていたり、前に出ていたりするとそれが足に共鳴してカマ足や甲が出ない原因になります。

美咲　あ、どちらも悩みのタネでした！

扇谷　では、まず首の前側から引き上げましょう。手首も一緒に動かした方が効果的なので、首、手首、足首の3点セットでワークします。今回もビフォー・アフターでプリエやターンアウトの動きを比較してみてください。

美咲　はい！

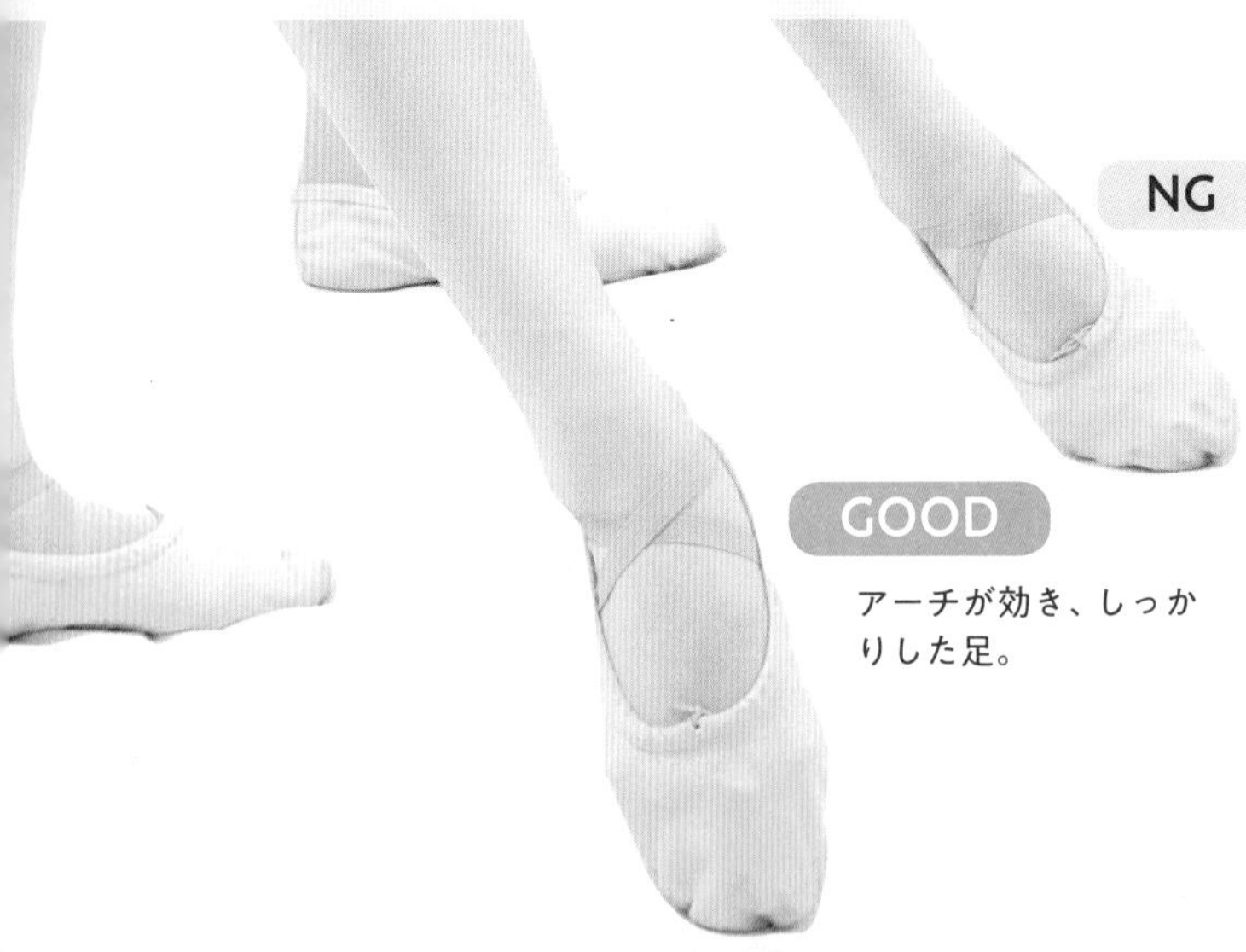

NG
首が引き上がっていないと、足のアーチや足首が働かず、カマ足になってしまいます。

GOOD
アーチが効き、しっかりした足。

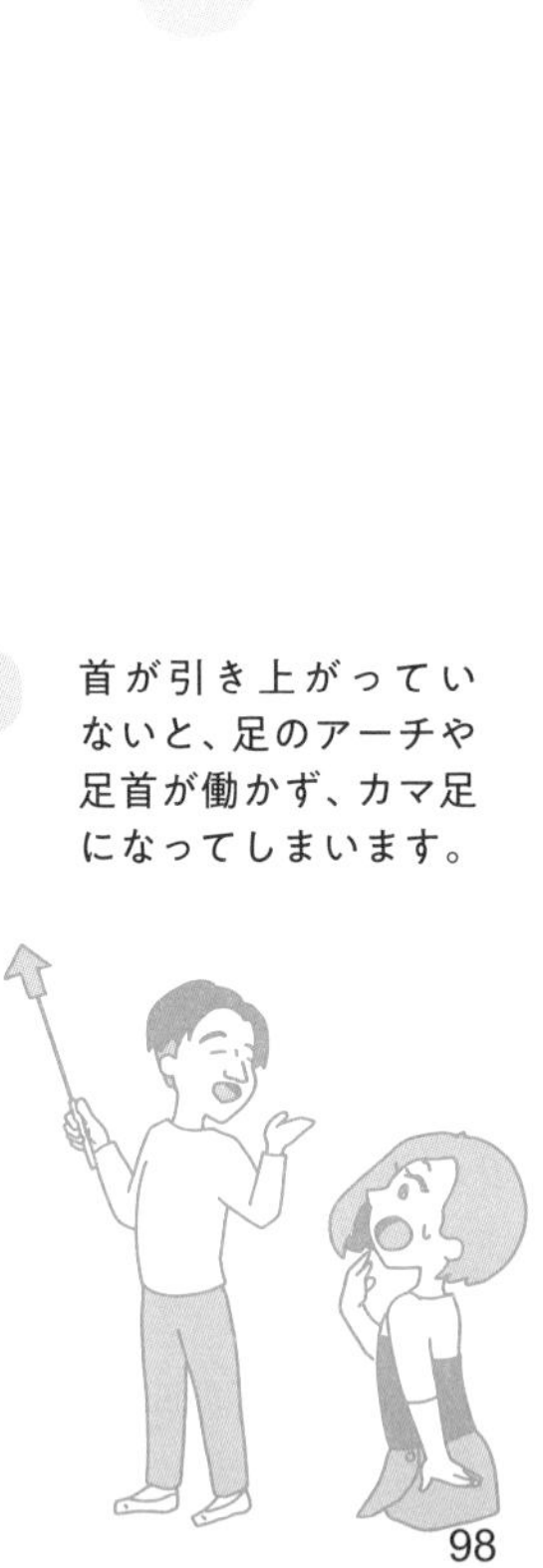

〈足裏のアーチ〉と〈首〉の筋共鳴

首の前面を引き上げる

(後脛骨筋／前斜角筋／橈側手根屈筋)

❶背筋を伸ばして椅子に浅く腰掛け、足を伸ばします。
❷両足の親指を曲げ、足首を曲げ〔背屈〕てから、つま先を外に向けます。
❸足首を伸ばし〔底屈〕して、親指を伸ばします。
❹そのまま小指のリードでつま先を内側に向けます。
❺手を軽くグーにして、腕を前に伸ばし、
❻手首をゆっくり回します。内回し、外回しに各10回。
❼腕を下ろし、目のリードで首の付け根からをゆっくり回します。左右に5回ずつ。
❽足首を戻し、深呼吸を5回して終了です。

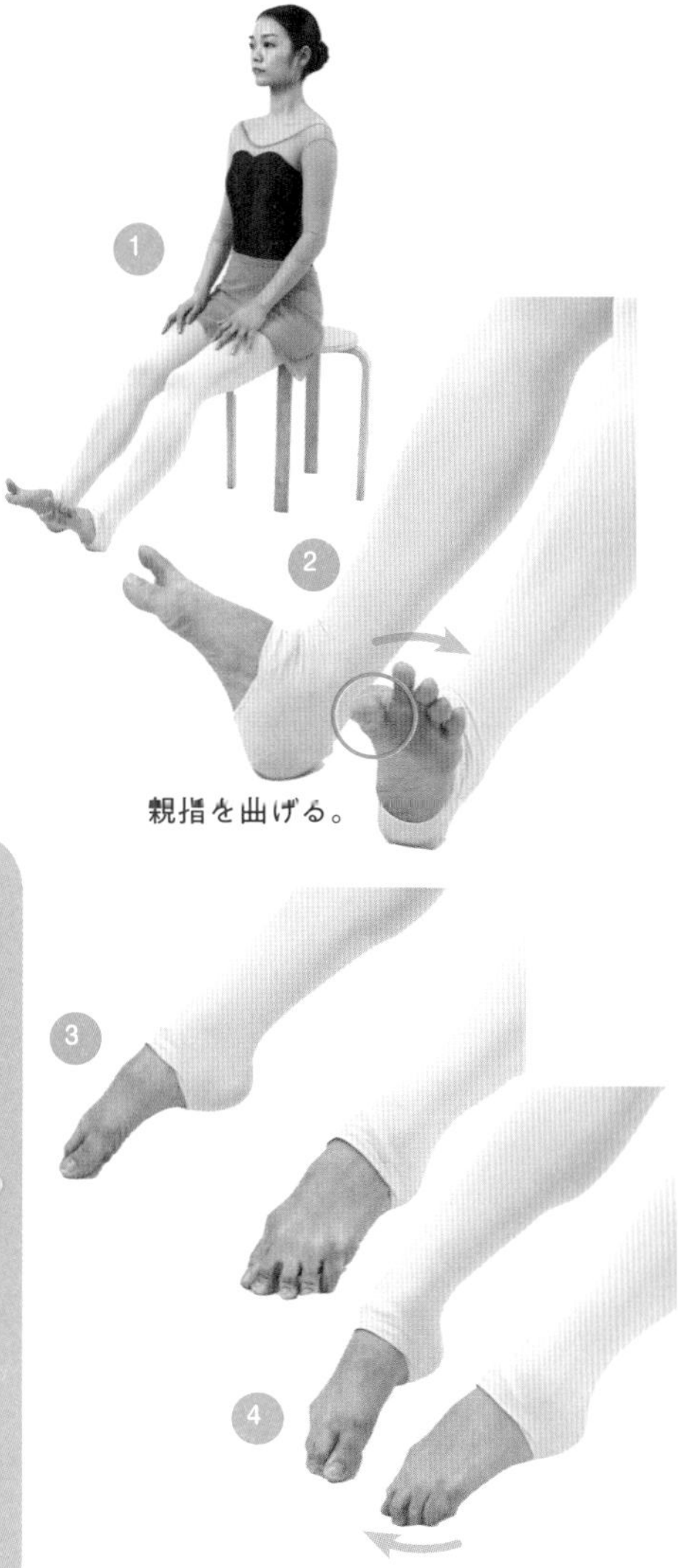

親指を曲げる。

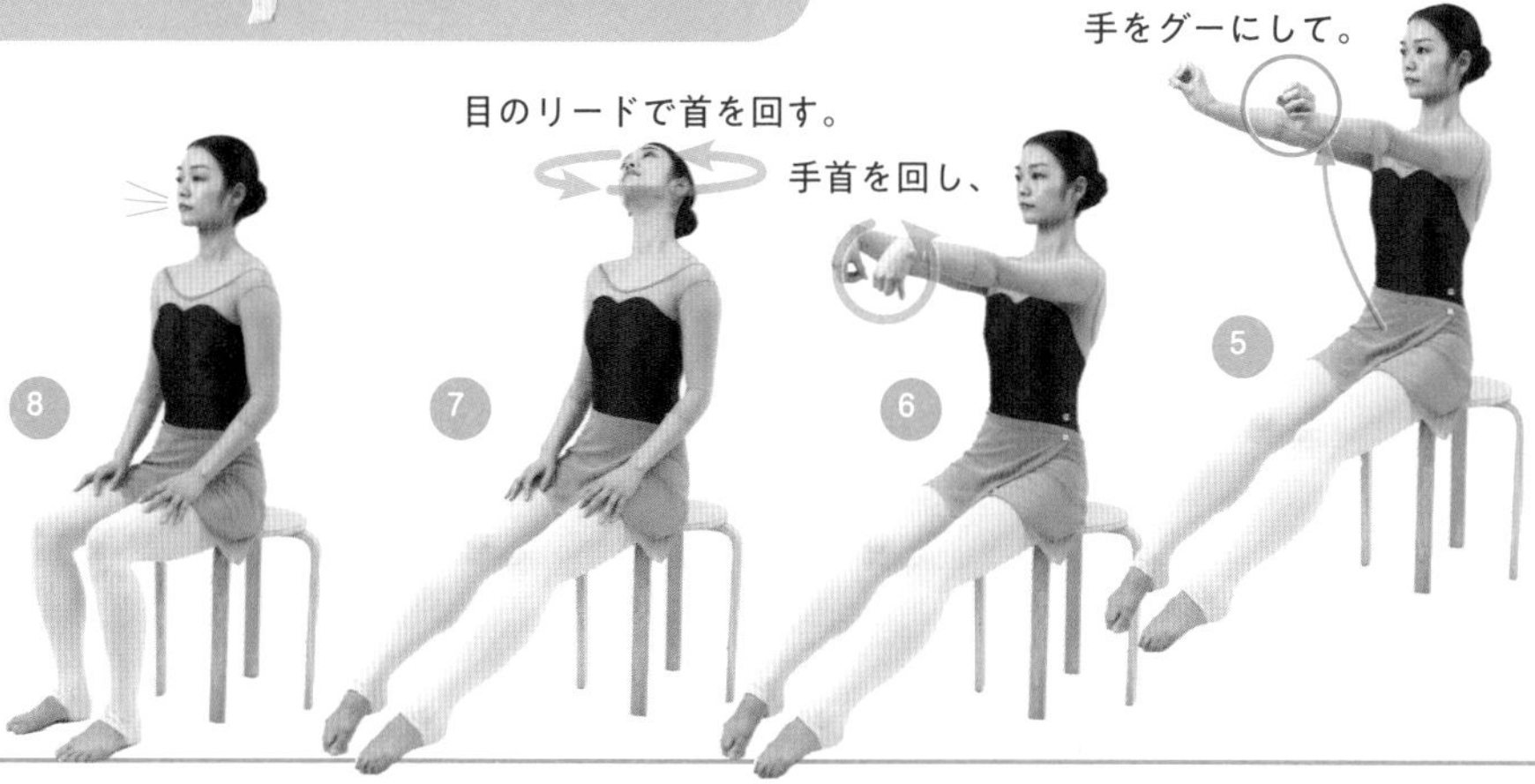

手をグーにして。
目のリードで首を回す。

美咲　（「首の前面を引き上げる」を試して）……イタタタッ！　攣りました（涙）！

扇谷　ふだん使っていない足裏の筋肉が伸びたり縮んだりするので、攣ることがよくあります。慌てずゆっくりやってくださいね。

美咲　足の指ってうまく動かないんですよね。だから親指だけ曲げようとしても他の指も動いちゃうんです。

扇谷　足の指は普段あまり意識しないですから完璧にできなくても大丈夫です。できるだけ意識して動かしてみてください。エクササイズの前に一度動かす指に触ってもいいですね。このエクササイズに限らず足の指は身体のコントロールにとても大事ですので、ときどき、1本1本触って回したり、伸ばしたりしてあげるといいですね。

美咲　はい（涙）。

首の側面と背面を引き上げる

扇谷　首の前面を引き上げたら今度は側面と背面を引き上げましょう。前は足の親指でしたが、今度は小指を意識して回します。

美咲　（小指に触りながら）わかりました。

〈足裏のアーチ〉と〈首〉の筋共鳴

首の側面を引き上げる

（長腓骨筋／中斜角筋／尺側手根伸筋）

「首の前面の引き上げ」の最初の姿勢から。
❶両足の小指を曲げ、
❷足首を深く曲げます〔背屈〕。
❸足首を曲げた足先を内側に向けます。
❹小指を伸ばします。
❺両足の足首を深く伸ばします〔底屈〕。
❻足首を伸ばしたまま親指のリードでつま先を外側に向けます。
❼前面の❺〜❽と同じです。

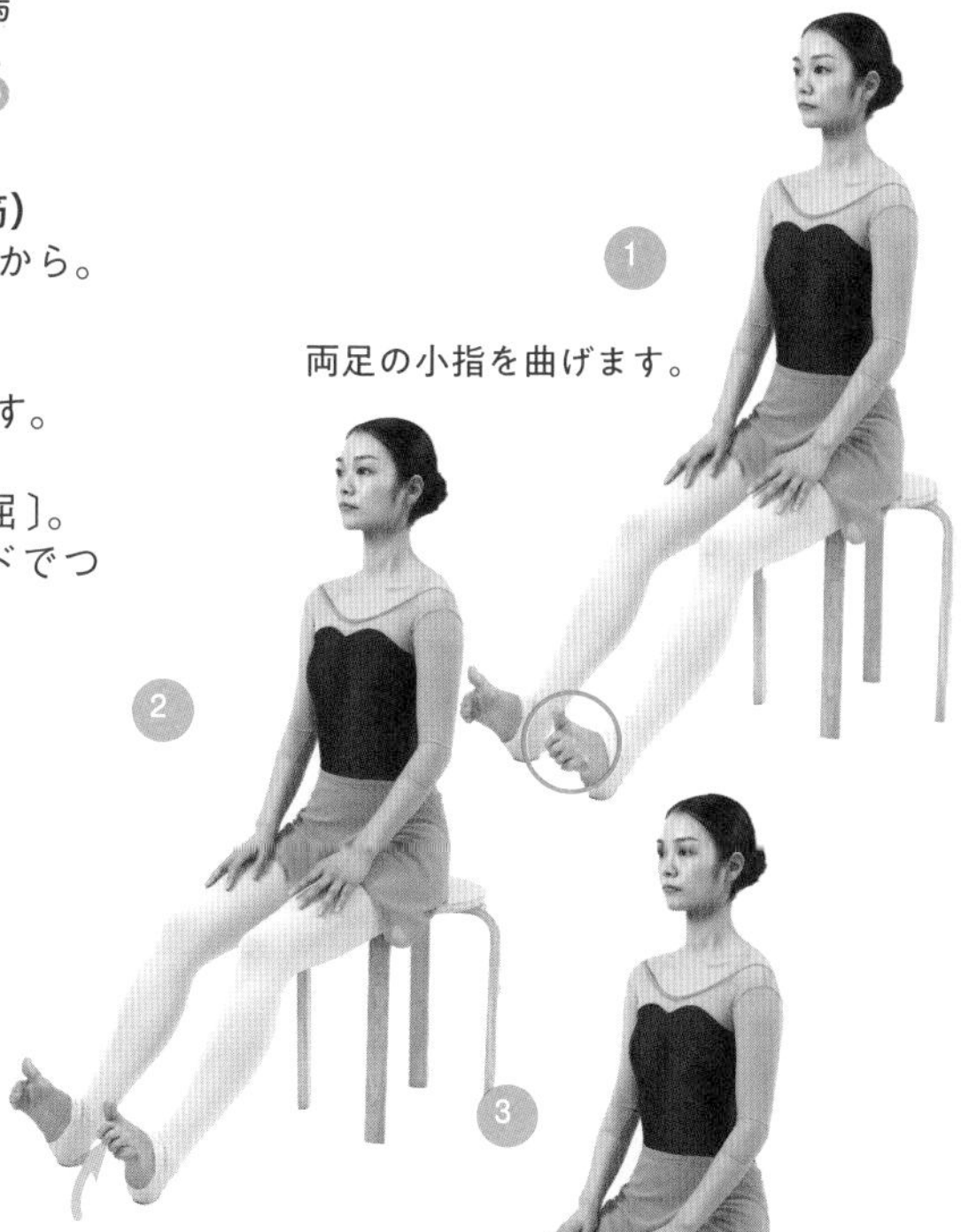

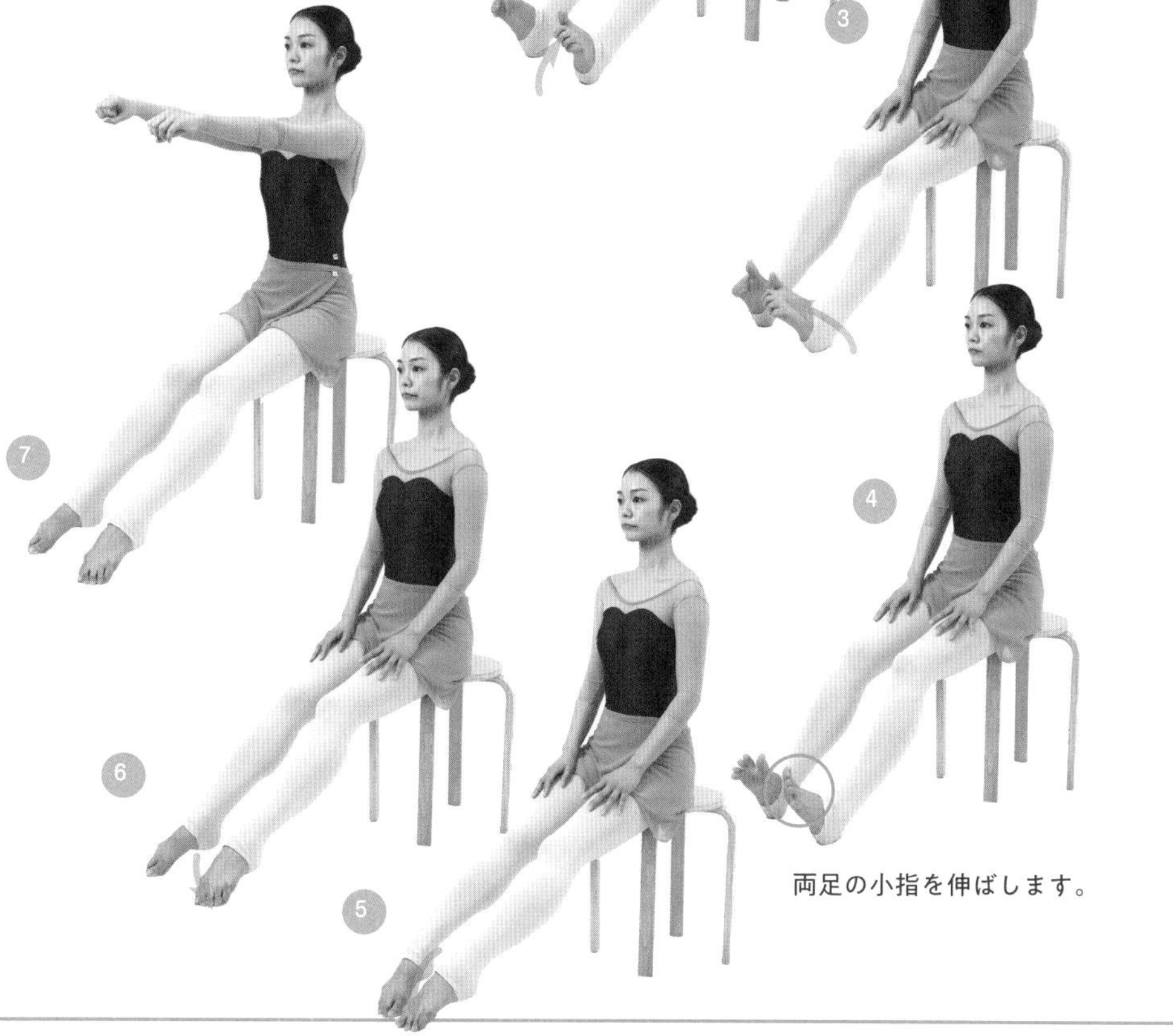

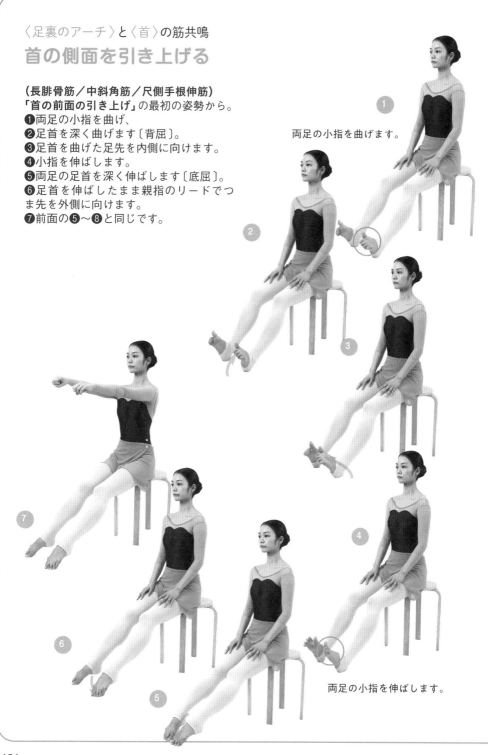

〈足裏のアーチ〉と〈首〉の筋共鳴

首の背面を引き上げる

（前脛骨筋／後斜角筋／長橈側手根伸筋）
「首の前面の引き上げ」の最初の姿勢から。
❶両足の小指を曲げ、
❷足首を深く伸ばします〔底屈〕。
❸伸ばしたまま足先を内側に向け、
❹小指を伸ばします。
❺両足の足首を深く曲げます〔背屈〕。
❻足首を曲げたまま親指のリードでつま先を外側に向けます。
❼前面の❺〜❽と同じです。

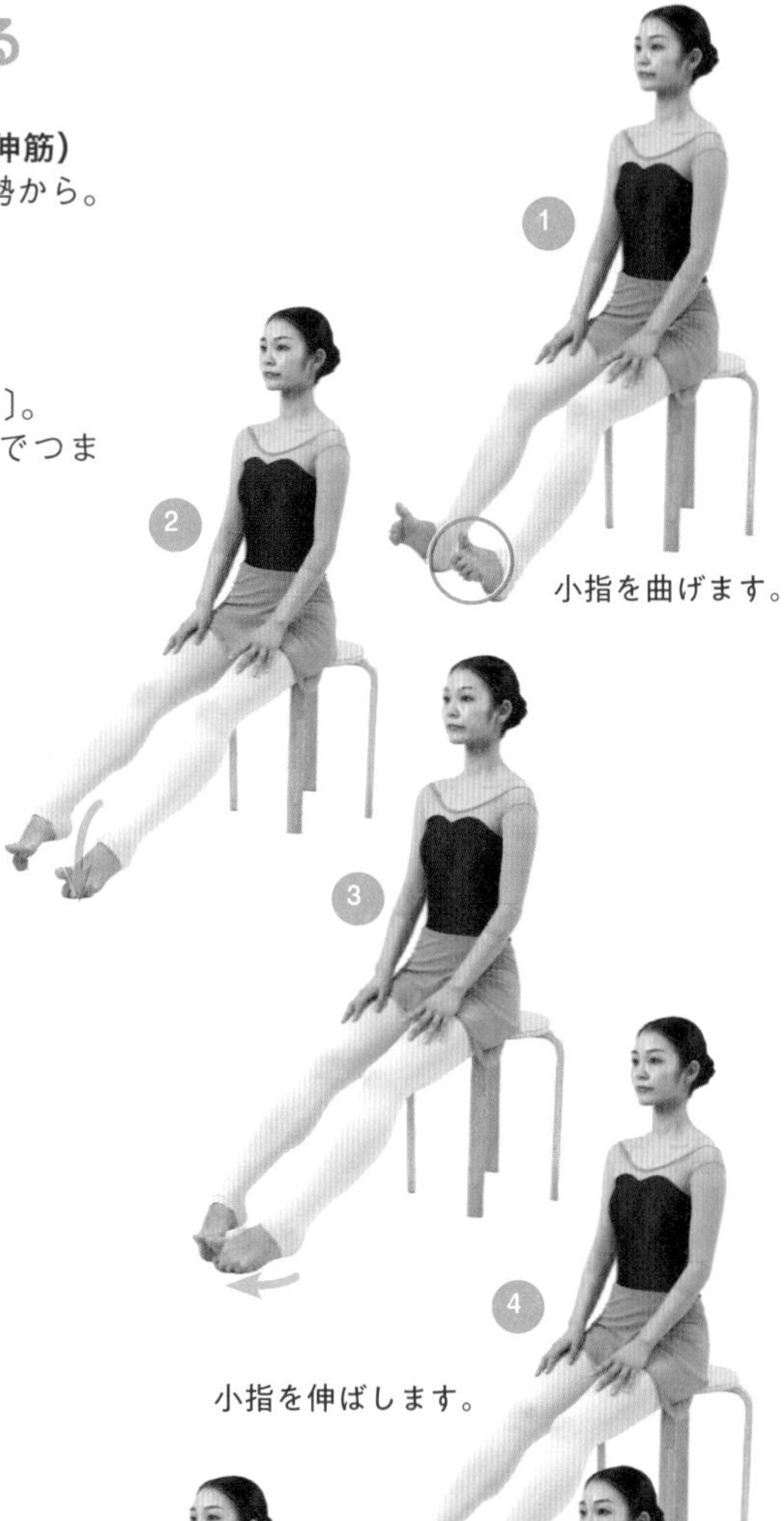

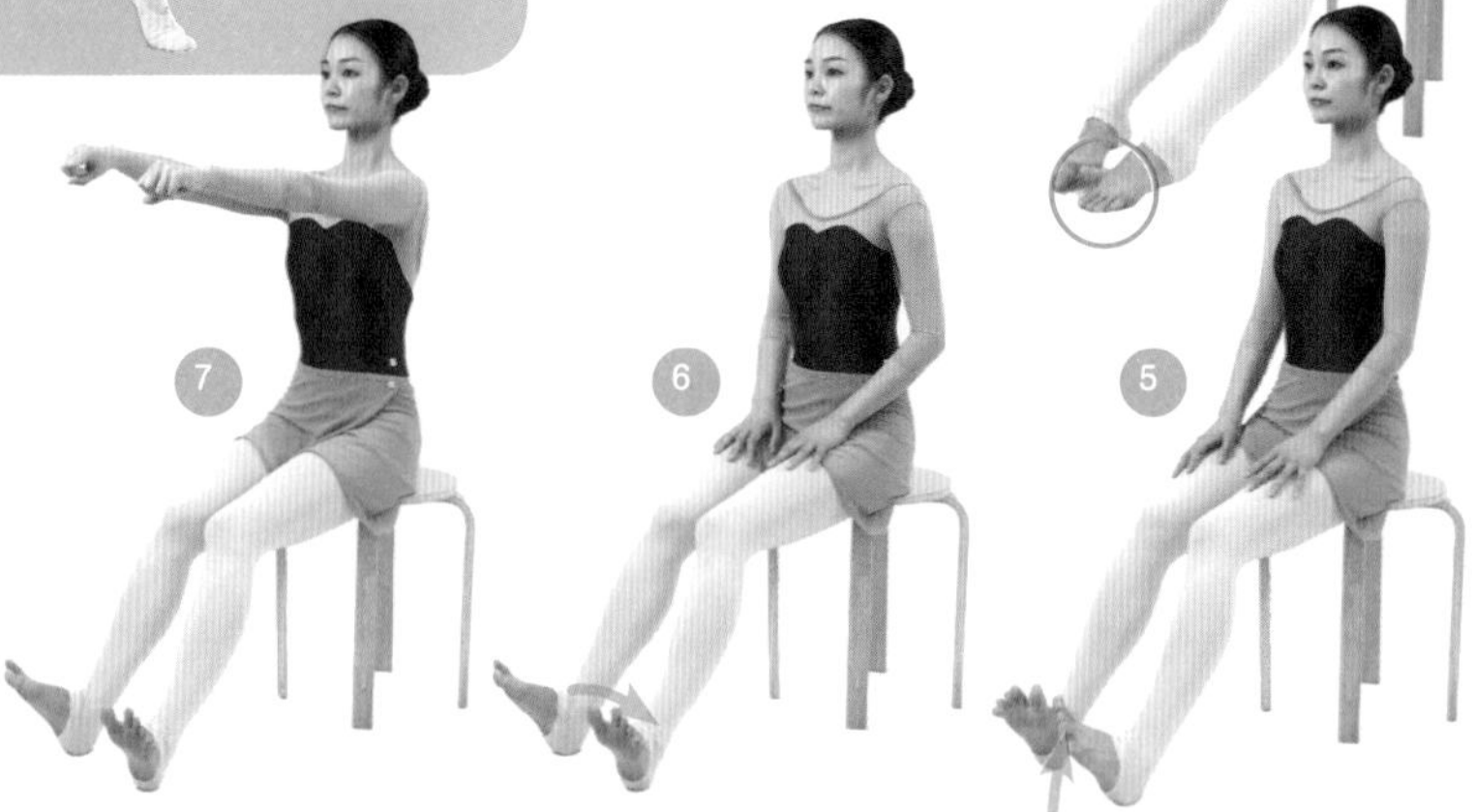

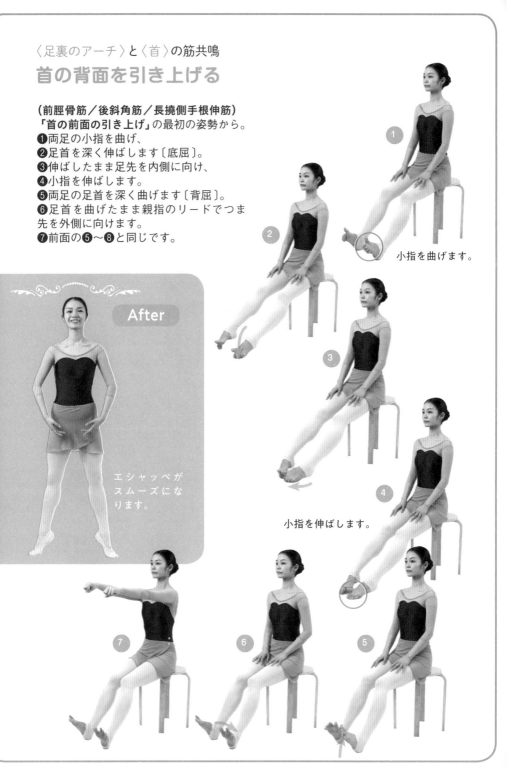

美咲　（**「首の側面・背面を引き上げる」**を試して）……あ！

扇谷　どんな感じですか？

美咲　肩の力が抜けました。下がった感じです。胸は拡がって首が伸びました！　あ、これが、胸郭がふくらむと肩を下げる必要がないってことですね！

扇谷　そうです。首と一緒に胸郭の上部が引き上がりましたね。手首のバランスが良くなったので、腕や肩の緊張も抜けやすくなります。

美咲　なるほど〜。足の裏のアーチが引き上がっているってこういう感覚なんですね。足の裏の接地している場所が変わった感じです。足裏と床の間にトンネルが開通したような感じで、脚に力が入るからルルヴェがしやすいです！

扇谷　おお。成功ですね！　ターンアウトしてみてください。どうですか？

美咲　ターンアウトも前よりスムーズです。膝より下がスムーズに回る感じですね。（エシャッペしてみる）……あ、良い感じです！

扇谷　カマ足で足首がねじれていると、エシャッペのときターンアウトしているはずなのに膝が前を向いたり、足裏が後ろを向いたりしてしまいます。足首の本来の回旋ができるようになると、膝で無理に外回しさせる必要がなくなります。ポール・ド・ブラや股関節の動きの改善と組み合わせると、さらにカマ足が改善できますよ。

ルルヴェに効く！「踵の引き上げ」

扇谷 足の「引き上げ」には、もう1つ大事なことがあります。ルルヴェで踵を高くする、つまり「踵の引き上げ」です。

美咲 あー、それ知りたいです！ よく注意されるんです。

扇谷 踵を引き上げるのはふくらはぎの〈腓腹筋〉ですが、まず前提としてこれまでにお伝えしてきた、足指の力と足裏のアーチの引き上げが使えることが必要です。なぜなら**「足指の筋肉は踵をつま先方向に引き寄せて」「アーチをつくる筋肉群〈後脛骨筋／前脛骨筋／腓骨筋〉は足全体」**を引き締めてポイントの動きの主役になるからです。

美咲 あれ？ 腓腹筋でポイントするんじゃないんですか？

扇谷 腓腹筋は踵を引き寄せて足首をポイント〈底屈〉させますが、中足部や前足部〈踝より前方〉には間接的にしか働きません。一方、アーチをつくる筋肉群は中足部と前足部をまとめて直接的に底屈させます。だから**ポアントの足の形をつくる主役は足裏のアーチをつくる筋肉なんです。**

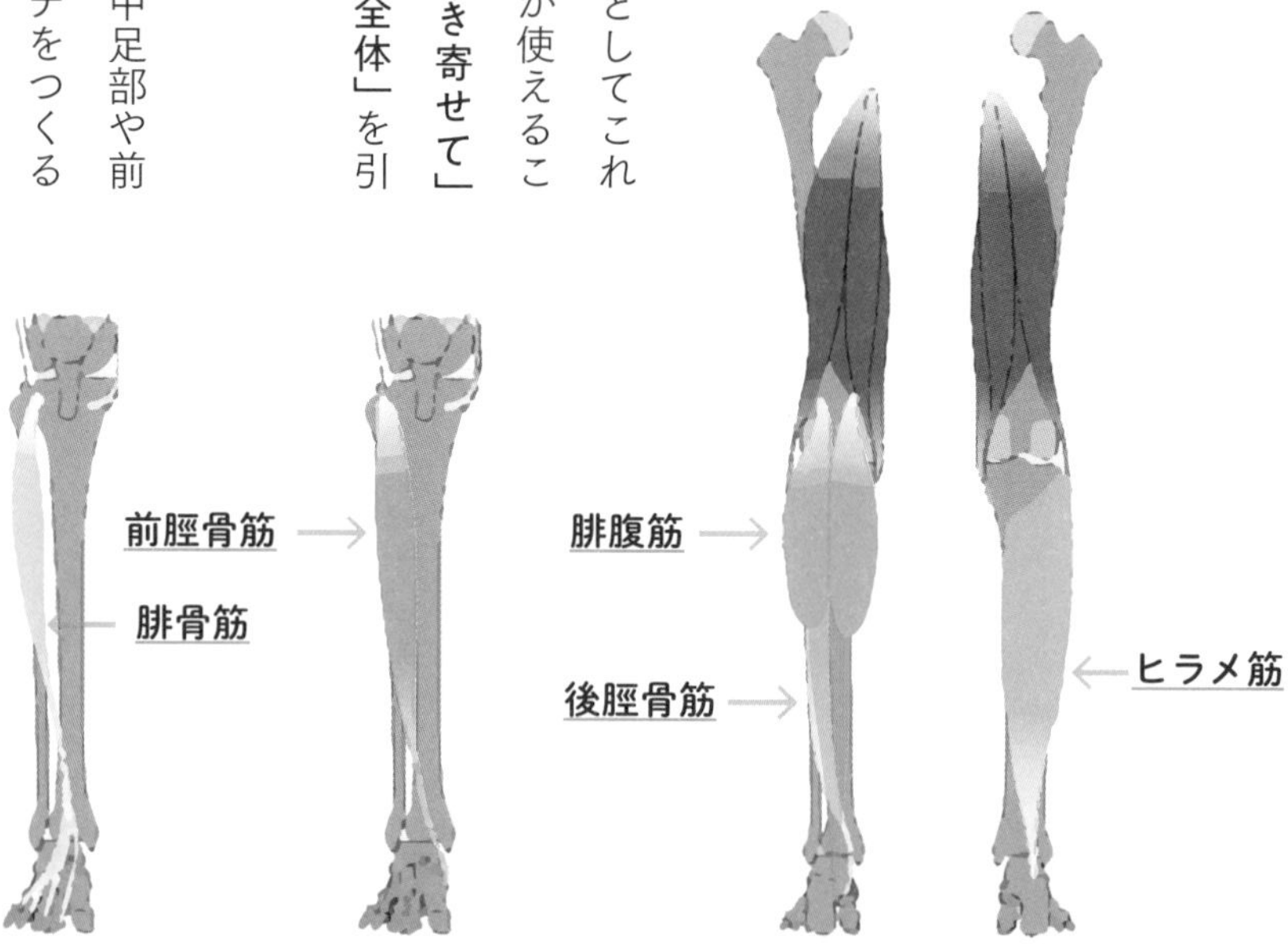

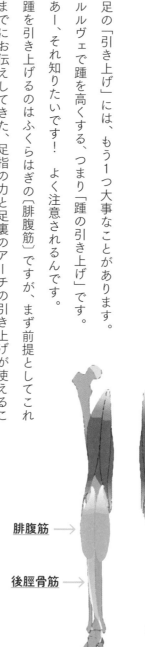

美咲　ということは、筋共鳴®で考えると、首の引き上げや手首の使い方が、ルルヴェの動きやポアントの足の形を左右するということですか？

扇谷　そうです。とても大事なんです。

美咲　じゃあ、腓腹筋はなにをしているんですか？

扇谷　それらの準備が整ったところで、筋共鳴®相手の足裏の筋肉と共同でルルヴェをさらに強化して全身を引き上げます。それを瞬時に行うのがジャンプです。

美咲　腓腹筋は「強い引き上げ」と「ジャンプ」の筋肉なんですね。

扇谷　はい。その一方で、プリエのときに前ももの〔大腿四頭筋〕と協力して、膝の動きのコントロールもするんですよ。

美咲　なんと一人二役！　あれ？でもプリエのときにも腓腹筋って働くんですか？

扇谷　はい。腓腹筋は足首と膝の2つの関節を跨いでいます。プリエのような膝の屈伸運動では、膝を曲げるときに脛の骨〔脛骨〕が前方に傾きますよね？そうすると上に乗っている太ももの骨〔大腿骨〕は後ろに傾きながら前・下に滑り落ちることになります。このとき、大腿骨を後ろから引っ張って落下をコントロールしてくれるのが腓腹筋なんです。

美咲　なるほど。図解してもらうとわかりますね（笑）。

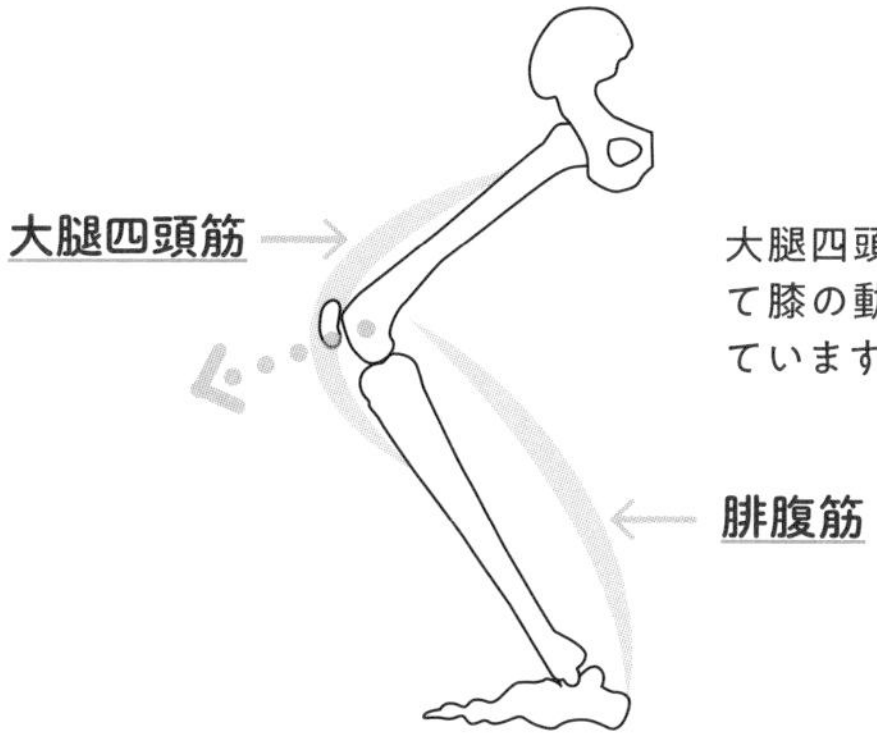

大腿四頭筋と腓腹筋は協力して膝の動きをコントロールしています。

腓腹筋をゆるめる

扇谷　プリエで〔腓腹筋〕が硬く縮んでいると、膝が曲がりにくくなるか、逆に踵が浮いてしまいます。伸びやかに腓腹筋を使うには、しっかり足裏の母趾球・小趾球・踵の3点で床を押して深くプリエすることが大切です

美咲　たしかに深くプリエしながら、足裏の3点で床を押すのって難しいですね。すぐに踵が浮きそうになります。

扇谷　腓腹筋が縮んでいるんですね。ここを伸びやかにするには共鳴関係にある手の指を動かす筋肉〔浅指屈筋〕を使うと良いでしょう。

美咲　手の指の筋肉とも共鳴しているんですね？

扇谷　そうなんです。ほかにも、腓腹筋はお腹の中央の「シックスパック」の筋肉〔腹直筋〕とも共鳴しているので、ターンアウトの際の骨盤の前傾（出っ尻）／後傾（タックイン）にも影響します。

美咲　なるほど。そこでもターンアウトにつながるんですね。

扇谷　それでは踵の引き上げからはじめましょう！

美咲　はい！

踵を引き上げる筋共鳴

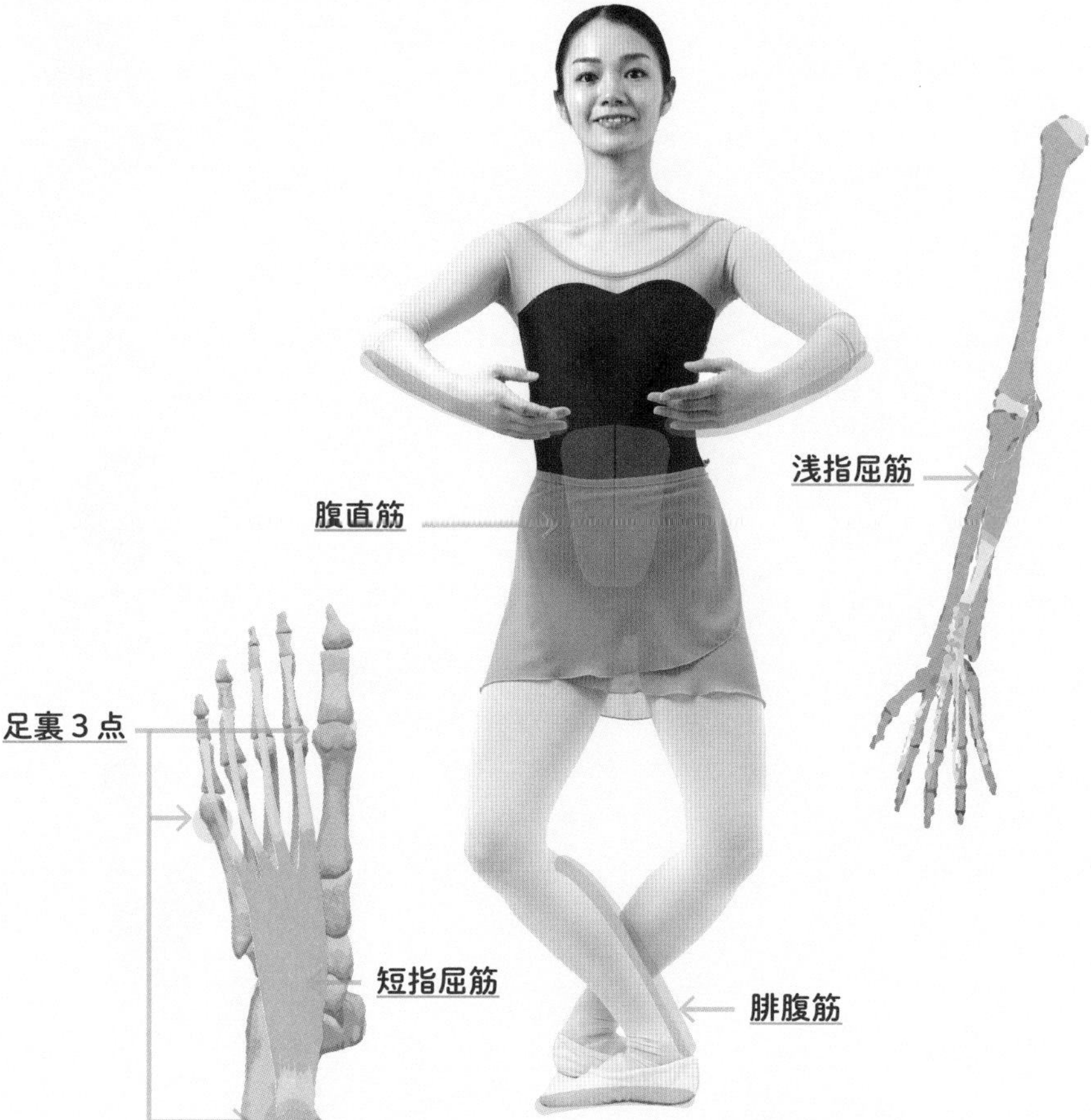

部位	腹部	前腕 （肘／手首／手）	下腿 （膝／足首）	足
筋共鳴	腹直筋	浅指屈筋	腓腹筋	短趾屈筋
筋の主な働き	体幹（腹部）の屈曲	手指（中節骨）の屈曲、手首と肘の屈曲の補助	膝関節の屈曲、足首の底屈	指（中節骨）の屈曲
バレエでの役割	恥骨を持ち上げて骨盤を後傾させる。腹圧を保つ	ポール・ド・ブラ	プリエの補助。ポアントで踵を引き上げる	足裏のアーチをつくる

〈手の指〉から〈足首と足の指〉の筋共鳴

踵の「引き上げ」

（浅指屈筋／腓腹筋＆短趾屈筋）

❶床に脚を伸ばして座ります。

❷左足首を曲げ〔背屈〕て踵を押し出し、アキレス腱を伸ばします。

❸手のひらを下にして左腕を伸ばします。肘もしっかり伸ばします。

❹左手の親指を除く４本の指の中節骨に右手をかけ、

❺指と手首を反らしてストレッチした状態で、３～５回深呼吸をします。息を吐くときは鼻から２回に分けて深く吐ききります。

❻❼手首をストレッチしたまま左足首を５～10回底屈／背屈します。

❽手のひらを上にして、❷～❻を繰り返します。その後、左右の手を入れ替えて行います。

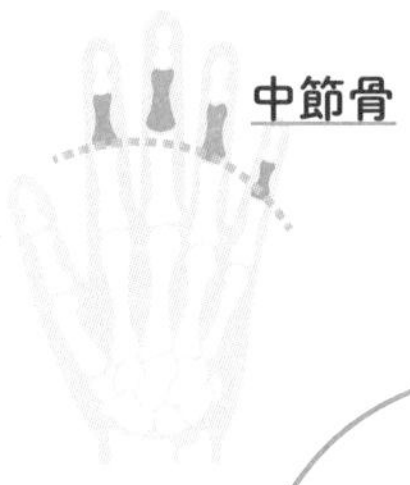

扇谷　いかがですか？

美咲　（**「踵の「引き上げ」」**を試して）……ふくらはぎの力みが抜けて、足首の動きがスムーズになりました。

扇谷　良いですね。ターンアウトとのつながりでいうと、腓腹筋は内側と外側に分かれているので、このバランスが悪いと膝下のねじれにつながります。それがこのエクササイズを行うことでバランスが良くなるんです。

美咲　たしかに脚の感覚が違っていて、ちょっと新鮮な感覚です。内側が使えるとターンアウトしやすいです。

扇谷　腓腹筋の内側と外側のバランスはターンアウトのためにとても大事なので覚えておいてください。

美咲　手の方向で効果がある場所が変わるんですね。

扇谷　はい。手のひらが上を向くと腓腹筋の外側に、下を向くと内側に強く働きかけられます。

美咲　（試してみる）……本当だ！　手の向きで腓腹筋のゆるみ方が違いますね！

ヒラメ筋でピタッとアラベスク！

扇谷　もう1つ、〔腓腹筋〕のすぐ下の層にある〔ヒラメ筋〕も目覚めさせましょう。

美咲　ヒラメ筋はなにをしているんですか？

扇谷　ヒラメ筋もアキレス腱につながっていて踵を引き上げる筋肉です。ですから足首の柔軟性にとても影響しています。このヒラメ筋も足裏のアーチのところでご紹介した首の〔前斜角筋〕や手首の〔手根屈筋群〕（とくに〔尺側手根屈筋〕）などのグループと共鳴しています。

美咲　あれ？　同じような位置にあるのに、腓腹筋とは共鳴相手が違うんですね。

扇谷　そうなんです。役割も違っていて、腓腹筋がジャンプなどで活躍するのに対して、ヒラメ筋は姿勢制御のための足首の屈曲／伸展の微調整に活躍します。ですから、ルルヴェはもちろん、踊っている途中でバランスして静止するような場面で非常に重要な働きをします。

美咲　アラベスクでピタッと止まるような？

扇谷　そうです。

美咲　じゃあ、ヒラメ筋が縮むとどうなってしまうんですか？

扇谷　姿勢制御がうまくできないので、バランスもとりにくいし、とにかく全身が固くなります。その上さらに、ルルヴェやポアントの邪魔になります。

美咲　どういうことですか？

扇谷　ルルヴェで腓腹筋が働く前提として、足指と足裏のアーチが先に働く必要があると言いましたよね？　そうすることで、「引き上げ」やジャンプでいざ腓腹筋が働くというときに、腓腹筋が踵を引っ張り上げようとすると、足裏の短趾屈筋が共鳴して働いて、踵をつま先側、つまり床の方に引っ張ってくれるのです。踵のポジションの釣り合いがとれるんですね。

美咲　ああ、踵を上と下に引っ張り合うんですね。

扇谷　そのとおりです！　ところが、ヒラメ筋は短趾屈筋とは共鳴していないので、縮むと単純に踵を引っ張り上げてしまいます。その結果、いわゆる「アキレス腱を固める」とか「アキレス腱を短くしている」という状態になるんです。さらに、ポアント中に踵がふくらはぎ側に引っ張られるということは、足裏側は伸ばされてアーチが落ちるということですから、「足の甲を出す」こともできなくなります。

美咲　それは困ります！

扇谷　そこで登場するのがヒラメ筋を伸びやかにするエクササイズです。

〈手首〉と〈足首〉の筋共鳴

ヒラメ筋を伸びやかにする

❶椅子に座って、背すじを伸ばし、舌を上顎にしっかりつけます。
❷足首を曲げて〔背屈〕踵を押し出し、アキレス腱を伸ばします。
❸腕を前に伸ばします。
❹上腕から腕を内回しします。
❺肘から前腕を外回しします。
❻手首を親指側に傾け〔撓屈〕、
❼さらに手首を反らします〔背屈〕。
❽5回深呼吸をします。息を吐くときは鼻から2回に分けて深く吐ききります。
❾足首を5～10回底屈／背屈してみましょう。

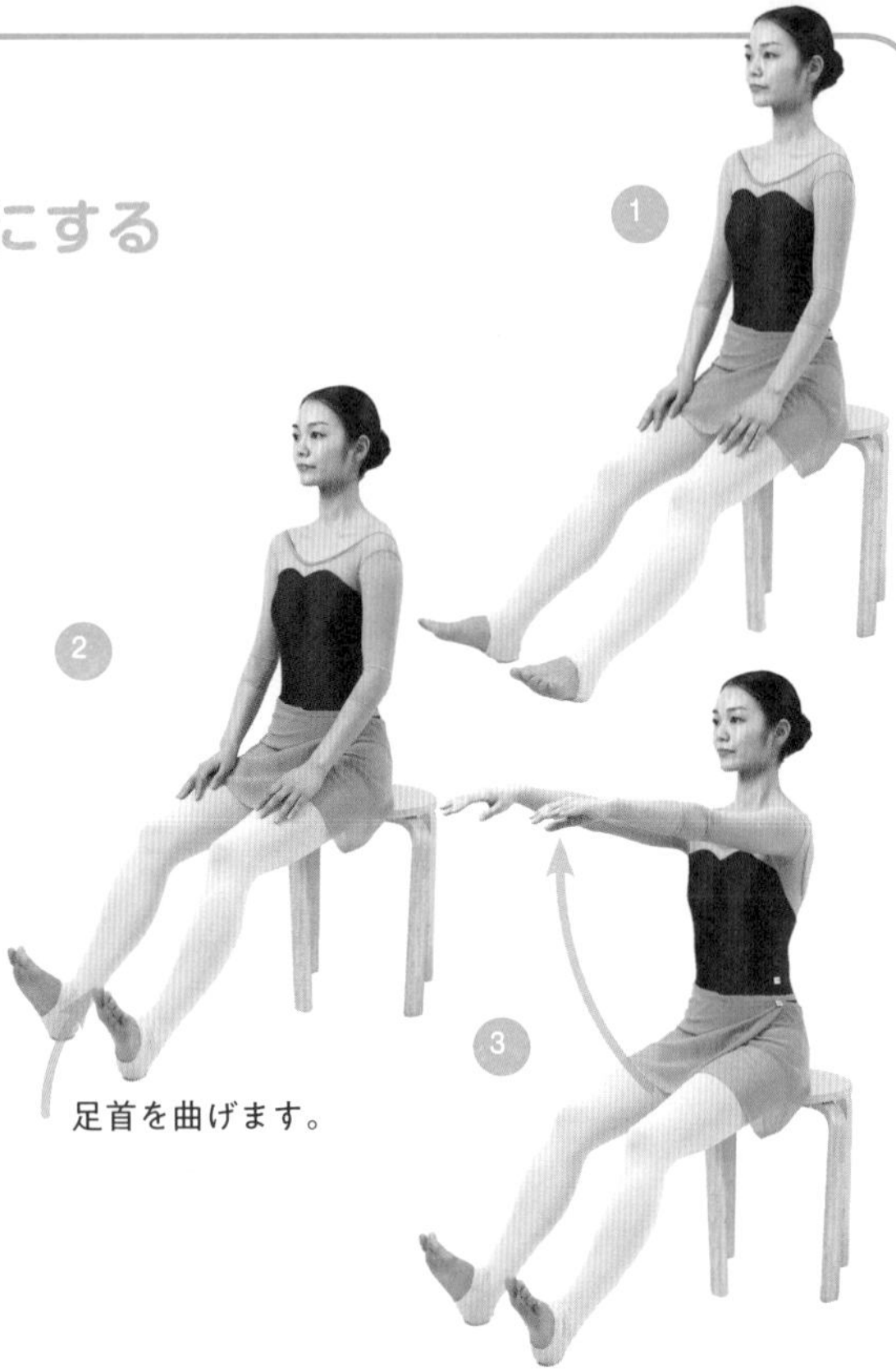

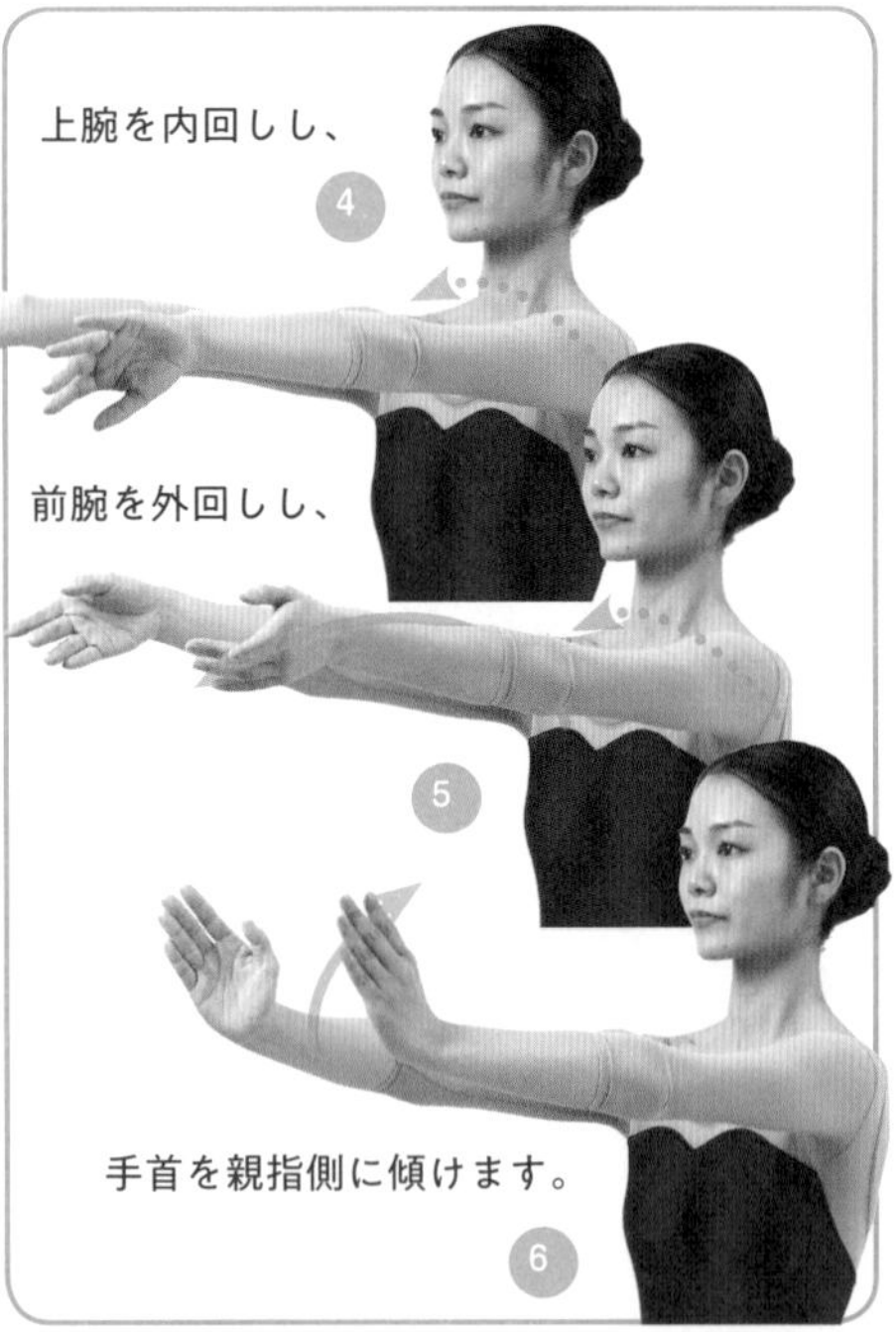

美咲 （「ヒラメ筋を伸びやかにする」を試して）ふう……。なんだか、足首の動きが力強くなってスムーズです。あ！　ストレッチしたわけでもないのに、前屈がしやすい！

扇谷 先ほども言ったようにヒラメ筋は姿勢制御の筋肉なので、これが伸びやかになると全身の柔軟性に影響が出ますね。

美咲 プリエやポアントのときに、足裏や腓腹筋にも力が入りやすくなったみたいです。「引き上げ」がしやすいですね。

扇谷 良かったですね！　あと、最後にもう1つ付け加えておくと、引き上げるためには、まず「床を押す（踏む）」必要がありますよね？

美咲 あー、たしかに、そうですね。

扇谷 それは言い換えれば、踵をつま先側に引き寄せて、アーチを高くしたりするために、どのように足指に力を入れるかということです。その力の入れ方によって、共鳴する筋肉が変わってくるので、ここで一度整理をしておきますね（次頁表参照）。

美咲 （表を見て）　足の指の使い方が、こんな風に全身につながっているのか～。先生がレッスンのたびに「足で床を押して」っていうワケですね。

扇谷 プロのバレエダンサーの足指を動かす足裏の筋肉ってすごく分厚いですからね。はじめて見たときはびっくりしましたよ。それだけ足指を使い込んでいるのでしょうね。

足指に関係する筋共鳴

足指の骨（親指以外）	指を動かす筋肉	主な筋共鳴	本書で関連するテーマ
基節骨	背側骨間筋（足）	背側骨間筋（手） 多裂筋	インナーユニット 体幹の安定（p46）
	底側骨間筋（足指の付け根〔MP関節〕で踏む）	掌側骨間筋 腹横筋	インナーユニット 体幹の安定（p46）
中節骨	短趾伸筋	脊柱起立筋 示指伸筋／小指伸筋 大／小菱形筋	肩のポジション（p73）
	短趾屈筋（足裏で踏む）	腓腹筋 腹直筋 浅指屈筋	踵の「引き上げ」（p104）
末節骨	長趾伸筋	臀筋群 三角筋 総指伸筋	内転筋を目覚めさせる（外転筋をリラックスさせる）（p210）
	長趾屈筋 虫様筋（足） （指の腹で踏む）	外／内肋間筋 外／内腹斜筋 深指屈筋 上腕二頭筋 ハムストリング	胸郭を拡げる（p49） ハムストリング（p 229）

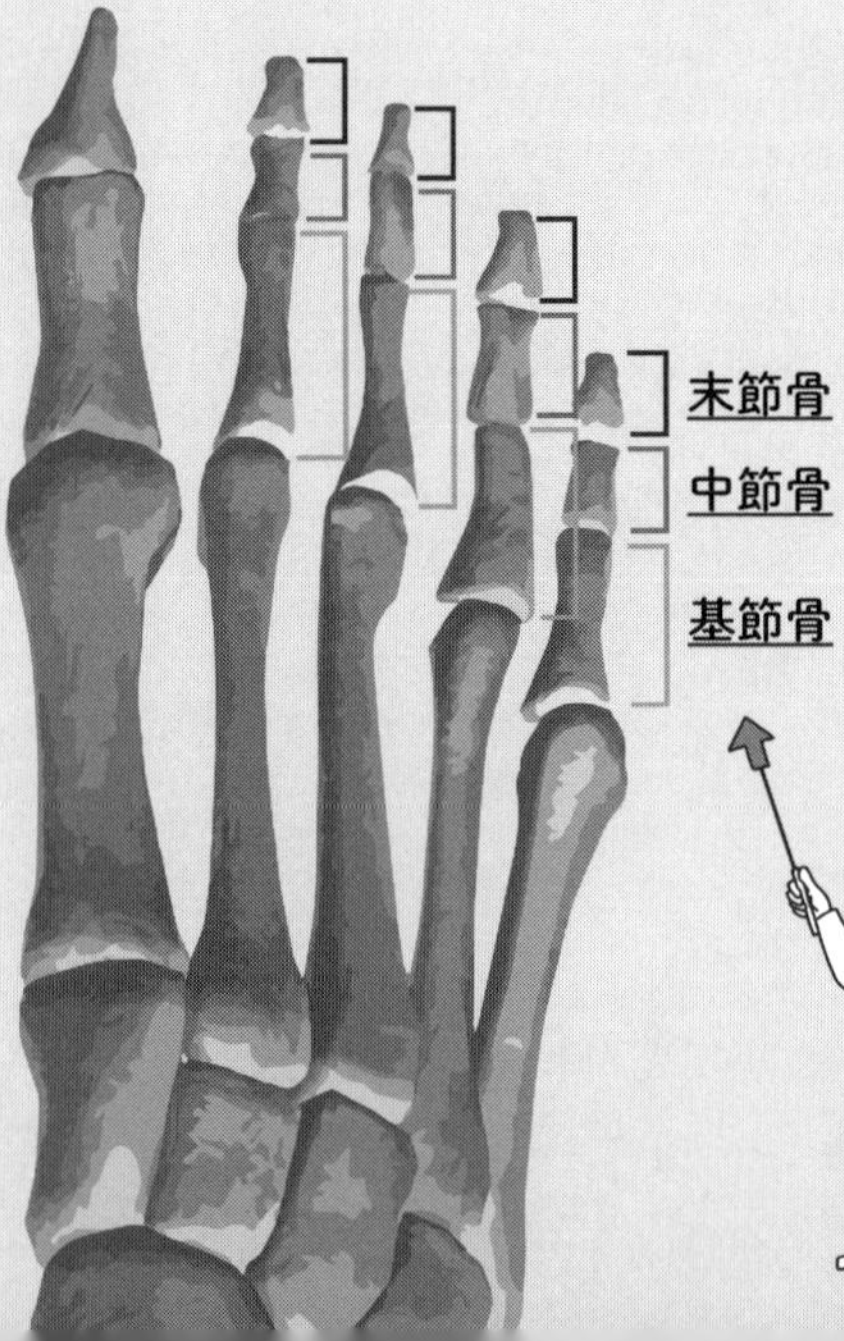

足指は小さな骨ですが、基節骨・中節骨・末節骨を動かす筋肉はそれぞれ異なり、共鳴する筋肉も異なります。

引き上げ改善のポイント③

背骨と首を「引き上げ」る

扇谷　「引き上げ」の改善の最後は、「背骨を上下に引き伸ばす」ことです。背骨は24個の〈椎骨（頸椎7・胸椎12・腰椎5）〉で構成されていて、横から見ると連続したS字カーブを描いています。わたしはこれにさらに後頭部と仙骨・尾骨のカーブも含めて考えます。

美咲　なんでS字カーブになっているんですか？

扇谷　歩いたり走ったりしたときの着地の衝撃を吸収して脳を守るためだと考えられています。もしも背骨がまっすぐな棒だったら、着地のたびに脳がシェイクされてしまいますからね。

美咲　それは困りますね。

扇谷　このS字カーブも足裏のアーチと同じく、サルやゴリラにはない人間だけの特徴です。で、その背骨を〈深層筋〉の力でキュキュッと締め上げて安定させるのが、「引き上げ」の目的です。

美咲　よく背中を壁につけて背骨を伸ばす練習をするんですけど、そんな感じですか？

扇谷　それだと、背骨の後ろ側だけ伸ばして頸椎と腰椎を壁に押し付けることになるので、胸郭や骨盤が傾いてS字カーブが崩れてしまいます。

美咲　これは間違った練習だったんですか……。

扇谷　間違っているわけではないのですけど、骨盤や胸郭のバランスがとれていないままですると、肩甲骨とお尻の筋肉の盛り上がりが邪魔をしてタックインしてしまうんです。

美咲　そうだったんですか！　知りませんでした。

扇谷　背骨のS字カーブのどこかでバランスが崩れると、他のカーブのところで代償するようになっているので、姿勢が崩れる原因になります。壁よりも、長めの棒を背骨に当てる方が間違いにくいですよ。あと、美咲さんの場合は、背骨の後ろ側だけじゃなくて、前側も上下に伸ばすイメージをもってください。

美咲　前側ですか？

扇谷　はい。上は頸椎の一番上の関節〔環椎後頭関節〕の前側を意識します。〔鼻咽頭〕といって鼻の奥と喉のつなぎめ、曲がり角のあたりです。

美咲　わかりました！

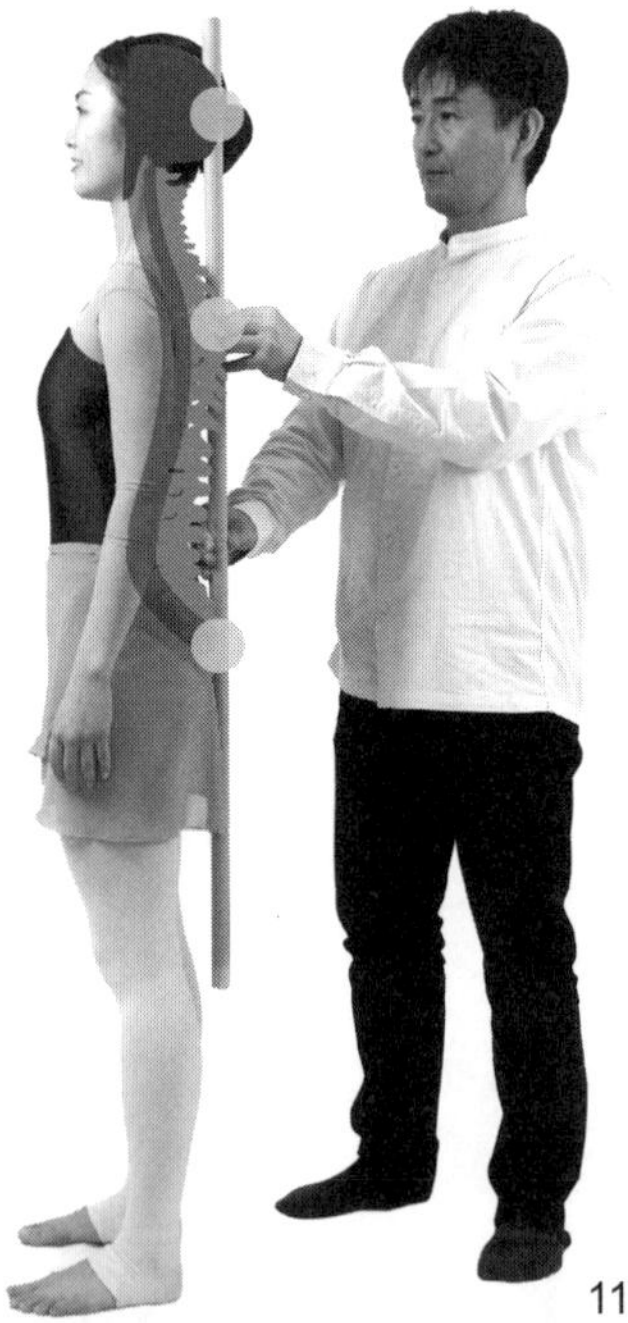

後頭部、胸椎、仙骨のカーブの頂点が触れるように当てます。
背骨の前側のラインをイメージしましょう。

背骨の引き伸ばし（背骨の前の感覚）

環椎後頭関節は、前後の軸と左右の軸の２つでとらえます。

（左右の軸を感じる）
❶～❸左右の乳様突起（耳たぶの後ろの骨の出っ張り）と耳たぶの間のくぼみのすぐ上をつなぐ軸を意識して、
❷❸小さくうなずく・上を向く動きを繰り返します。

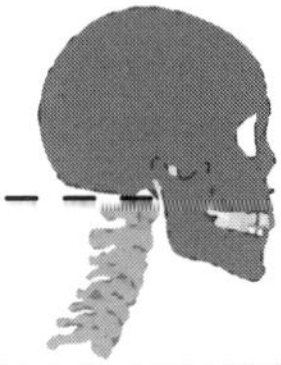

（前後の軸を感じる）
❶盆の窪（後頭部の首の付け根の中央のくぼみ）と鼻の下のくぼみ（人中）をつなげる軸を意識して、
❷❸小さくうなずく・上を向く動きを繰り返します。

ロールダウン・アップの準備をする

美咲　（「背骨の引き伸ばし」を試して）うーんと、鼻と喉の奥……会陰……。うーん、こう、ですか？

扇谷　うん、そうですね。良い感じです。それで、眉間から息を吸うイメージで、身体の前後と横にふくらますように深呼吸してください。一度息を吸いきったら、しっかり吐いて。3回くらいかな？

美咲　はい……。（深呼吸する）

扇谷　……どうですか？

美咲　なんだか、息がたくさん入ります。背骨が伸びた感じ……。

扇谷　そうですね。いつもの自分が小さく感じるかもしれませんね。さらに尾骨と頭をつなげるロールダウン・ロールアップをしてみましょう。準備として、先に尾骨の感覚を見つけましょう。（下写真参照）

ロールダウン・ロールアップの準備

小さな動きをゆっくり探索します。
❶環椎後頭関節を意識して小さくうなずくと、尾骨が前に丸まります。
❷逆に小さく上を向くと尾骨が後ろに反ります。尾骨の動きとともに、腰椎や頸椎が柔らかく動くのを意識してください。

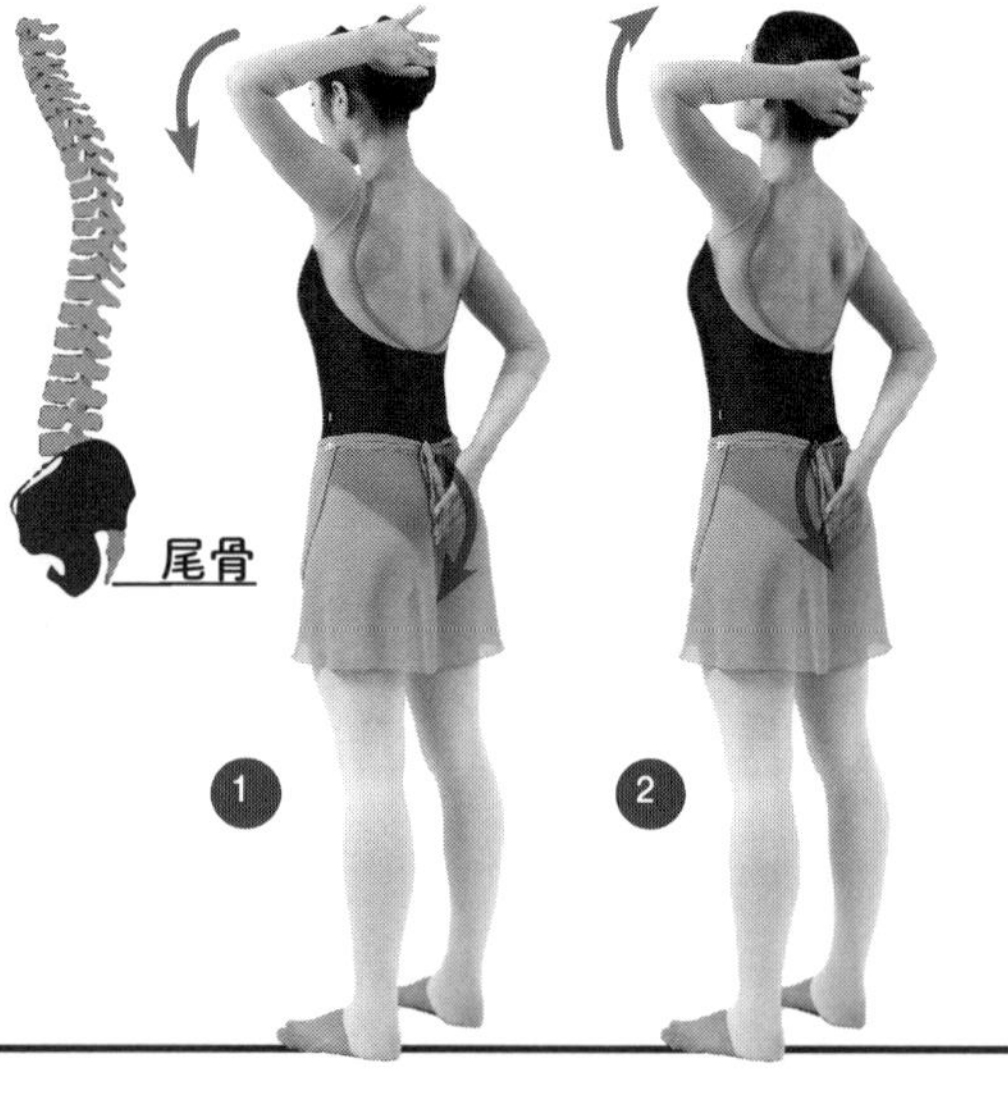

美咲 （**「ロールダウン・ロールアップの準備」**を試して）……むむ。尾骨の動きなんて、こんなに意識したことないから難しいですね。これで動いているのかな？

扇谷 尾骨の動きはとても小さいので、固まっている人は感じにくいかもしれません。まずはイメージしてください。尾骨と一緒に骨盤全体が動いてしまわないように、脚はしっかり伸ばしたまま行います。

美咲 ……これでできているのかな？

扇谷 人間の筋肉はイメージに反応するので、尾骨に意識を向けて動いていることを感じようとするだけで大丈夫ですよ。

美咲 そうなんですか。わかりました。……あ、ちょっと連動している感じがしてきたかな？

扇谷 最初はなんとなく変化を感じるだけでかまいません。そうしたら、尾骨との連動を感じながら、ロールダウンしてみましょう。上から1つずつ背骨を丸めていくのではなく、上（頭）と下（尾骨）の両方から丸まっていくつもりで行います。ロールアップはその逆に、ミゾオチのあたり（中央）から頭と尾骨が同時に上下に伸びていくつもりで。途中、呼吸を止めないように気をつけてください。

ロールダウン・ロールアップ

(ロールダウン)
❶しっかり膝を伸ばして立ちます。
❷環椎後頭関節を意識して小さくうなずいて、尾骨が丸まるのを意識しましょう。
❸そのまま上と下からゆっくり1つ1つの背骨を意識して丸まっていきます。
❹❺これ以上丸まれないところに来たら、股関節を曲げ〔屈曲〕ます。

(ロールアップ)
❻❼股関節を伸ばし、環椎後頭関節と尾骨の動きを意識しながら、ミゾオチのあたりから背骨を1つ1つ上下に伸ばしていきます。
❽最後に小さく上を向くとともに、尾骨を反らし、頭と尾骨を元の位置に戻します。
❶～❽を2～3回繰り返します。

ロールダウン・ロールアップで多裂筋を温める

美咲　（「ロールダウン・ロールアップ」を試して）……。あ、なんだかいつもより背骨が伸びた感じがします。背が高くなった感じかな？　でも、これっていつもの上から順番に背骨を丸めていく方法ではダメなんですか？

扇谷　ダメではないですよ。ただ、ターンアウトができないということは、必ず骨盤が必要以上に前傾したり後傾したりしているはずなんです。そういう人は感覚的に骨盤を左右の寛骨・仙骨・尾骨に分解して、背骨と連動させて動かすことが苦手なので、こういうふうにアレンジして動いてもらったんです。

美咲　骨盤を分解か～。たしかに一塊のイメージで動かしてたかも。あ、そうか。仙骨と尾骨は骨盤の一部だけど、一番下の背骨でもあるのか……。あれ？　なんだか、ちょっと背骨のあたりが縦にすーっと温かい感じがするんですけど、これはなんですか？

扇谷　ロールダウン・ロールアップを丁寧にゆっくりやると、背中の深部の「多裂筋」が活動をはじめるんです。筋肉が動かされて温まったんでしょう。

多裂筋は背骨についている小さな筋肉です。大きく早い動きより、繊細なゆっくりした動きに反応します。

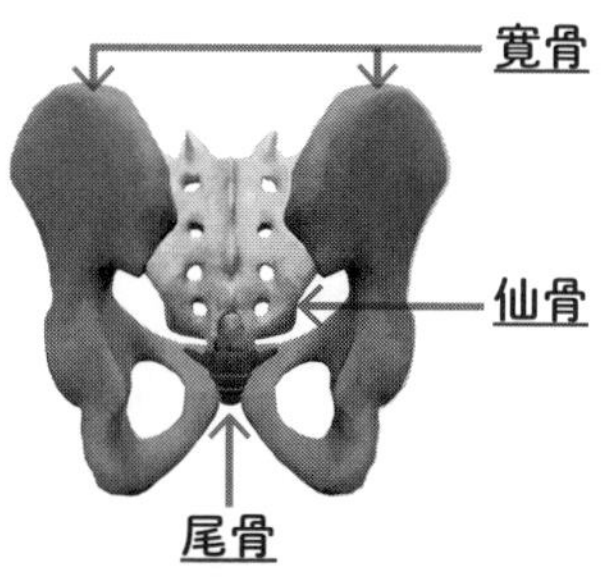

頭を整えて重心を改善！

美咲　〔多裂筋〕って、前に教わったインナーユニットの一部ですよね？

扇谷　よく覚えてましたね！　そのとおりです。多裂筋はインナーユニットの一部なので、この筋肉が目覚めると腹圧も高めやすくなります。ロールダウン・ロールアップは最初に行う準備運動に良いですね。ところで、今見ていると、目の疲れで環椎後頭関節のところの筋肉が硬くなっているみたいですね。

美咲　そんなことがわかるんですか？

扇谷　そうですね。ちょっとぎこちなかったので。

美咲　毎日パソコンとにらめっこなので、目は慢性疲労状態です（涙）。

扇谷　そうですか。眼球を動かす筋肉〔外眼筋〕は環椎後頭関節のところの筋肉〔後頭下筋群〕と反射で連動していることが知られています。ですから、目が疲れているときは後頭下筋群もこっているんです。ここが硬いとうなずき動作がぎこちなくなります。

美咲　目の疲れと後頭部の重さは連動していたんですね……。

扇谷　目をつむって、環椎後頭関節のあたりにやさしく指を沈ませるように当ててみてください。眼球を上下左右に動かすと、指の先に筋肉の動きを感じられると思います。そ

料金受取人払郵便

本郷局承認

5887

差出有効期間
2025年
1月31日まで
（切手不要）

郵 便 は が き

113-8790

（受取人）

東京都文京区本郷5-2-2

株式会社 **日貿出版社** 愛読者係行

＜本を直接お届けします＞ 小社出版物のご注文にご利用下さい。

送料はお買い上げ総額税込5,500円未満の場合は550円（税込）、5,500円以上の場合は小社負担です。代金は本と一緒にお届けする郵便振替用紙にてお支払いください。

【ご注文欄】 書名	注文冊数	総額

▲裏面のアンケートへのご回答のみの方は、上のご注文欄は空白のままお送りください。

ご住所 〒

フリガナ
お名前 印

電 話
F A X

E-mail　　日貿出版社メールマガジンを 希望する ・ しない

性 別 男 ・ 女　　年 齢 歳

ご購読ありがとうございました。本のご感想をお寄せください。　**愛読者カード**

お買い上げいただいた本の名前	

●本書を何でお知りになりましたか？

1. 書店で実物を見て　2. 小社 DM で
3. インターネットで
（A. 小社ホームページ　B.Amazon　C. 著者ブログ等　D. その他）
4. 広告を見て（新聞／　　雑誌／　　）
5. 友人・知人の紹介で　6. その他（　　）

●本書をどちらでお買い求めになりましたか？

1. 書店（店名　　）
2. 小社通信販売
3. ネット書店（　　）

●本書をご購入いただいた動機をお聞かせ下さい。 ※複数回答可

表紙のデザイン／本の題名／本のテーマ／価格／帯の内容／著者／その他（　　）

●本書について、該当するものに○をお願いします。

価　格………………　高い　／　普通　／　安い
判型（本のサイズ）…　大きい　／　ちょうど良い　／　小さい
デザイン・表紙　……　良い　／　普通　／　良くない
内　容………………　満足　／　普通　／　不満

●いままでこのハガキを出した事がありますか？　ある　／　ない

●案内を希望　新刊案内等　／　総合図書目録

●本書についての感想やご要望、出版して欲しいテーマなどをお教え下さい。

ご協力ありがとうございました。

○ご記入いただきました個人情報は、書籍の発送や確認等の連絡及び小社の新刊案内を送付するために利用し、その目的以外での利用は致しません。アンケートのご回答は今後の企画の参考にさせていただきます。　○アンケートにご協力の上、表面にご住所等をご記入いただいた方に、粗品を進呈致します。※発送までお時間をいただく場合がございますので、ご了承下さい。

れが〔後頭下筋群〕です。

美咲　（試してみる）　あ、奥の方で日の動きと一緒にモゴモゴ動きますね。これですか。

扇谷　後頭下筋群をほどくと頭の位置が整って、重心のバランスがとりやすくなります。ここも「引き上げ」に重要なので、ほどいていきましょう。

美咲　仕事のあとの目や首の疲れがとれたら嬉しいです！

扇谷　後頭下筋群は手足の親指を動かす小さな筋肉〔手：短母指外転筋、足：母趾外転筋〕と筋共鳴®の関係にあります。また後頭下筋と対になって首の前側で頭蓋骨を支えている筋肉〔椎前筋群〕があります。こちらも同じく手足の親指と共鳴していますので、一緒にほどいていきましょう。

美咲　わかりました！

頭の後ろにある〔後頭下筋群〕は、手の〔母指外転筋〕、足の〔母趾外転筋〕と共鳴関係にあります。

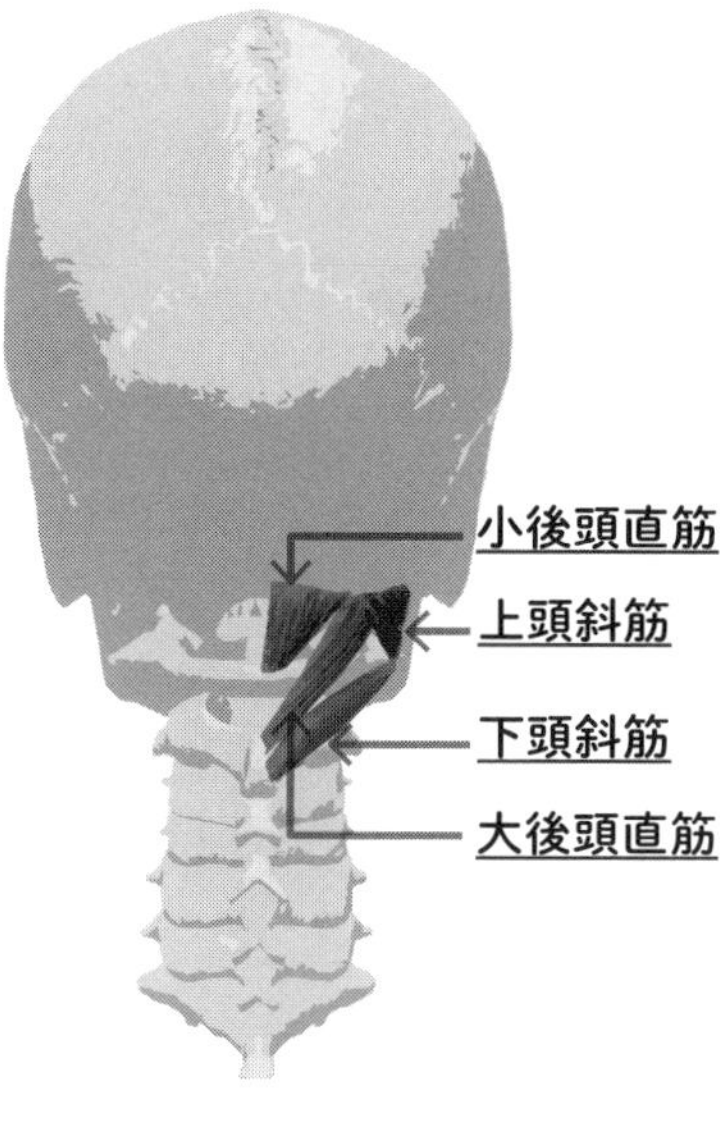

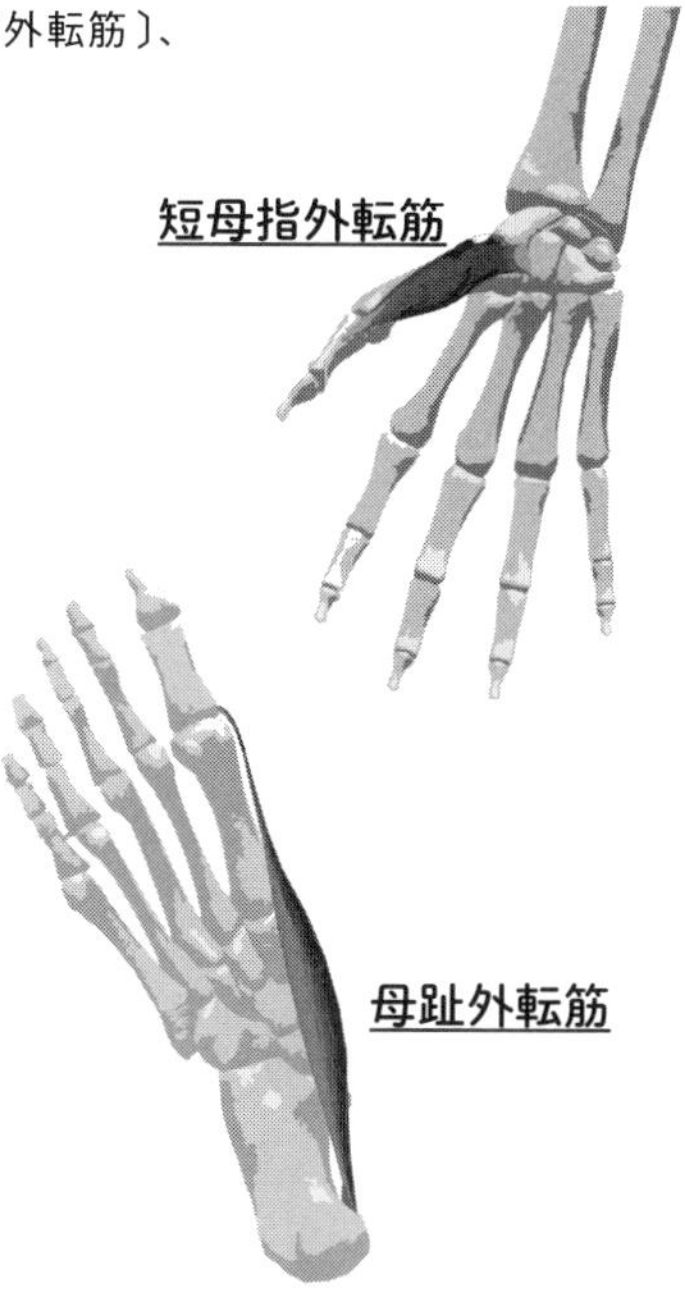

〈手の親指〉と〈首〉の筋共鳴

首の付け根から重心を改善する

頭を動かす際、呼吸を止めないように注意してください。背すじを伸ばして椅子に座り、舌を上顎につけてはじめます。

(短母指外転筋・母趾外転筋→後頭下筋群)

❶手の親指を人差し指と直角に伸ばします〔掌側外転〕。
❷足の親指をパーに開いて、脛を動かさず、つま先を外に傾けます。
❸目のリードでうなずく＆見上げる動きをゆっくり行います。5～10往復。
❹目のリードでゆっくり小さく頭を左右に回します。5～10往復。
❺頭を左右に側屈します。5～10往復。
❻首が心臓から生えているイメージで、大きく首を回します。5往復。

(母指内転筋・母趾内転筋→椎前筋群)

❼脚を戻し、手の親指を内側に倒して、指先を中指の付け根に当てます〔掌側内転〕。
❽足の親指を反らし小指を付け根から曲げて、つま先を内側に傾けます。❸～❻を繰り返します。

NG

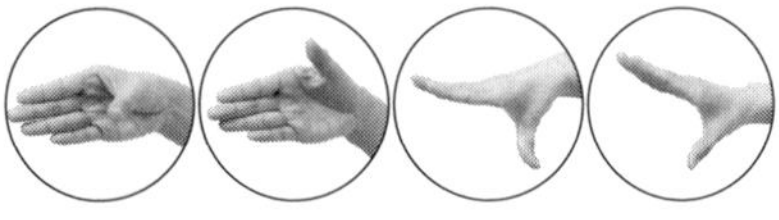

OK

親指を人差し指の高さで、直角の形〔親指の掌側外転〕にする。

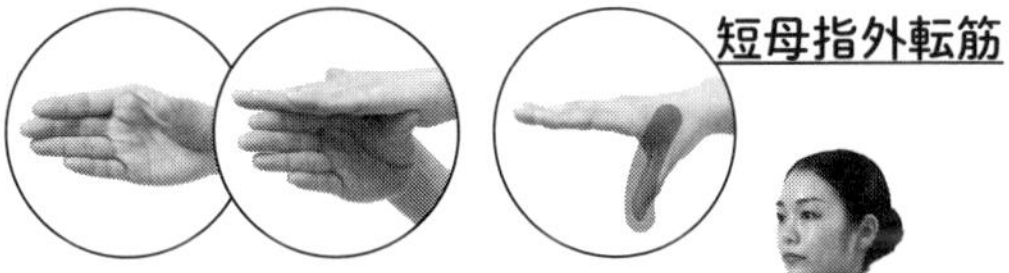

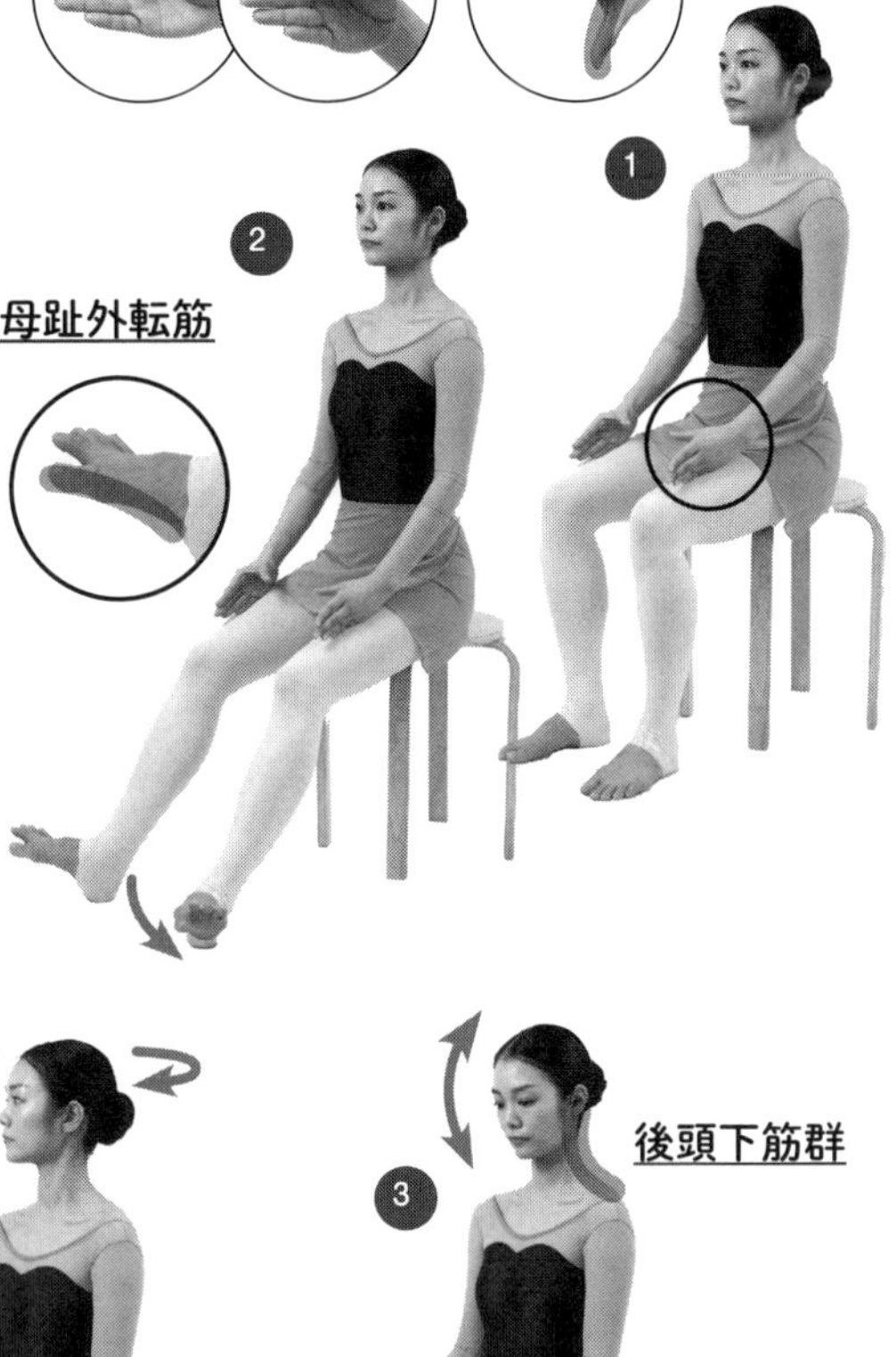

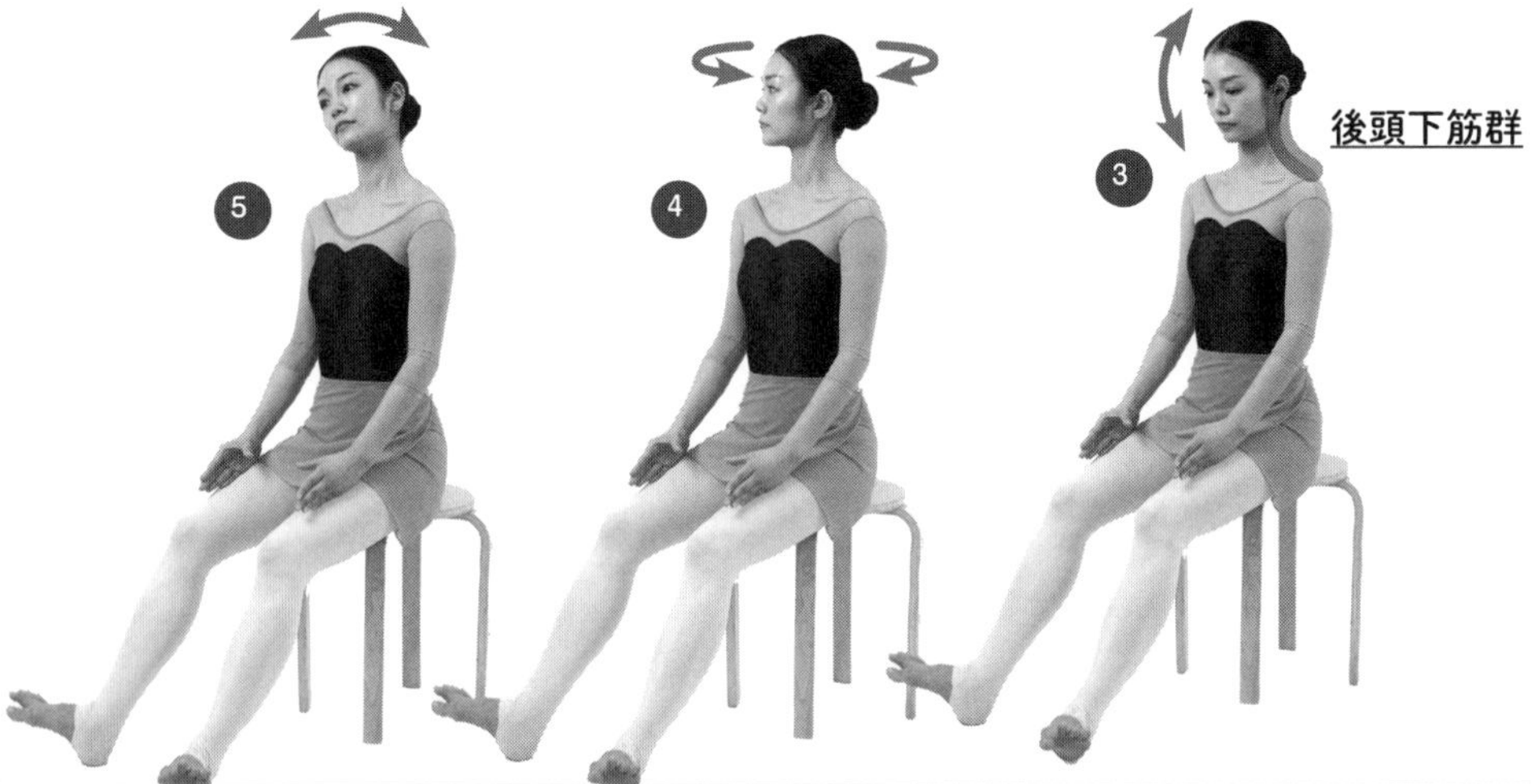

首の位置を整えよう

扇谷 いかがですか？

美咲 首がシュッと伸びました！　日の動きも軽くなった感じです！　これは良いですね！

扇谷 良かったです。頚椎に頭がちゃんと乗っかると、重心が安定します。いかがですか？

美咲 床にしっかり足の裏全体がついている感じがします。

扇谷 もう1つご紹介しますね。首が前に出ている人は、〔胸鎖乳突筋〕と頚椎の前側の筋肉〔胸骨舌骨筋〕を目覚めさせると良いです。これらの筋肉が短縮して頭を前に引っ張ってしまっているので。胸鎖乳突筋は足の親指の〔長母趾屈筋〕と、胸骨舌骨筋は手の〔長母指屈筋〕と共鳴しています。（126頁「首の付け根をほぐす」参照）

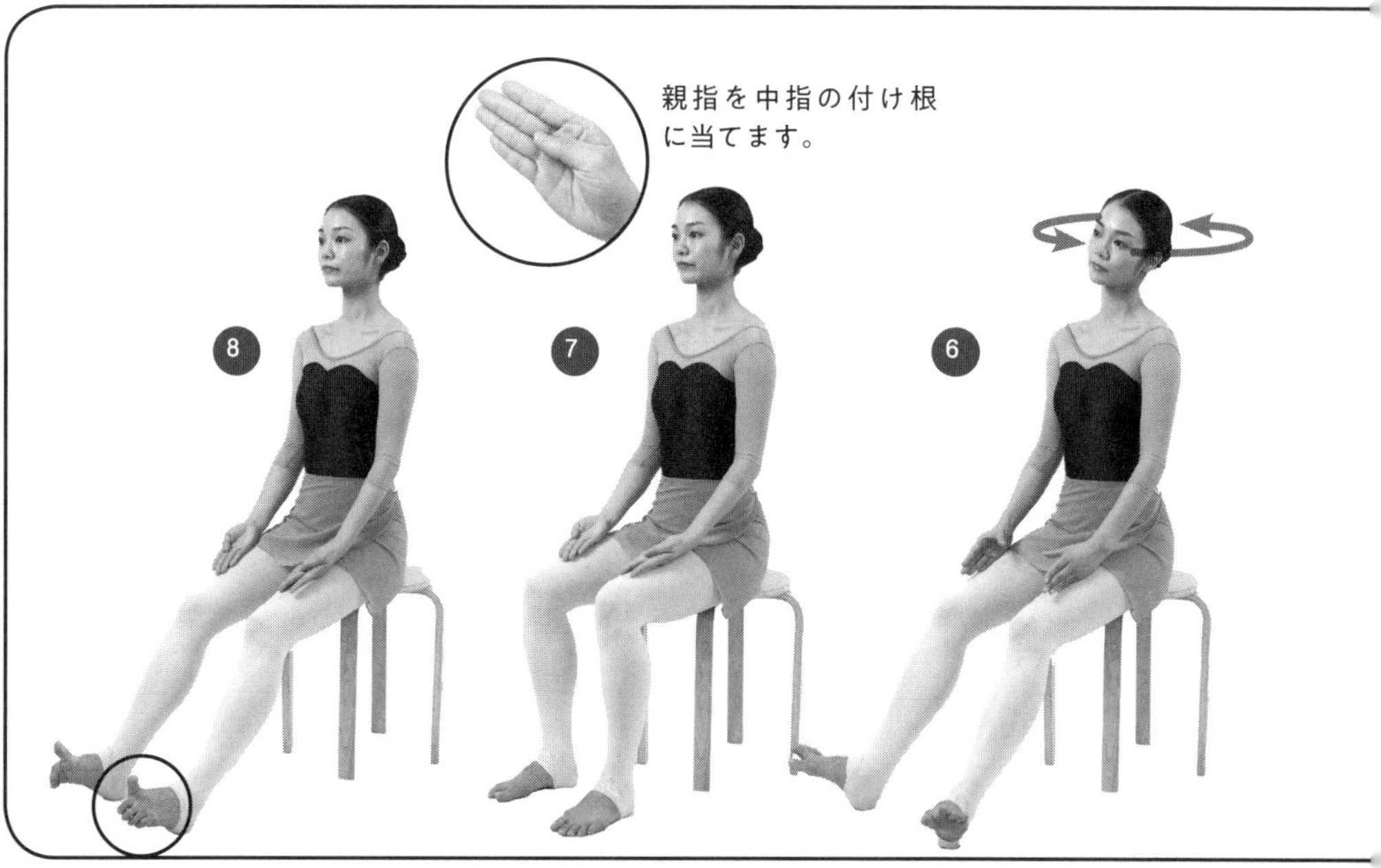

〈手足の親指〉と〈首〉の筋共鳴

首の付け根をほぐす

背すじを伸ばして椅子に座ります。舌を上顎につけます。

(胸鎖乳突筋)
❶片足を太ももに乗せ、足首を握ります。
❷足首を反らし、もう片方の手で親指の先端を握って付け根から深く反らしてストレッチします。
❸首が心臓から生えているつもりで、大きく首を回します。５往復します。
左右を入れ替えて、❶〜❸をします。

(胸骨舌骨筋)
❹片手の手のひらを上にして親指を反らします。
❺もう片方の手で、手の甲側から親指の先端をにぎり、下に引いて親指を反らしてストレッチします。手首も反らします。
❻首が心臓から生えているつもりで、大きく首を回します。５往復します。
左右を入れ替えて、❹〜❻をします。

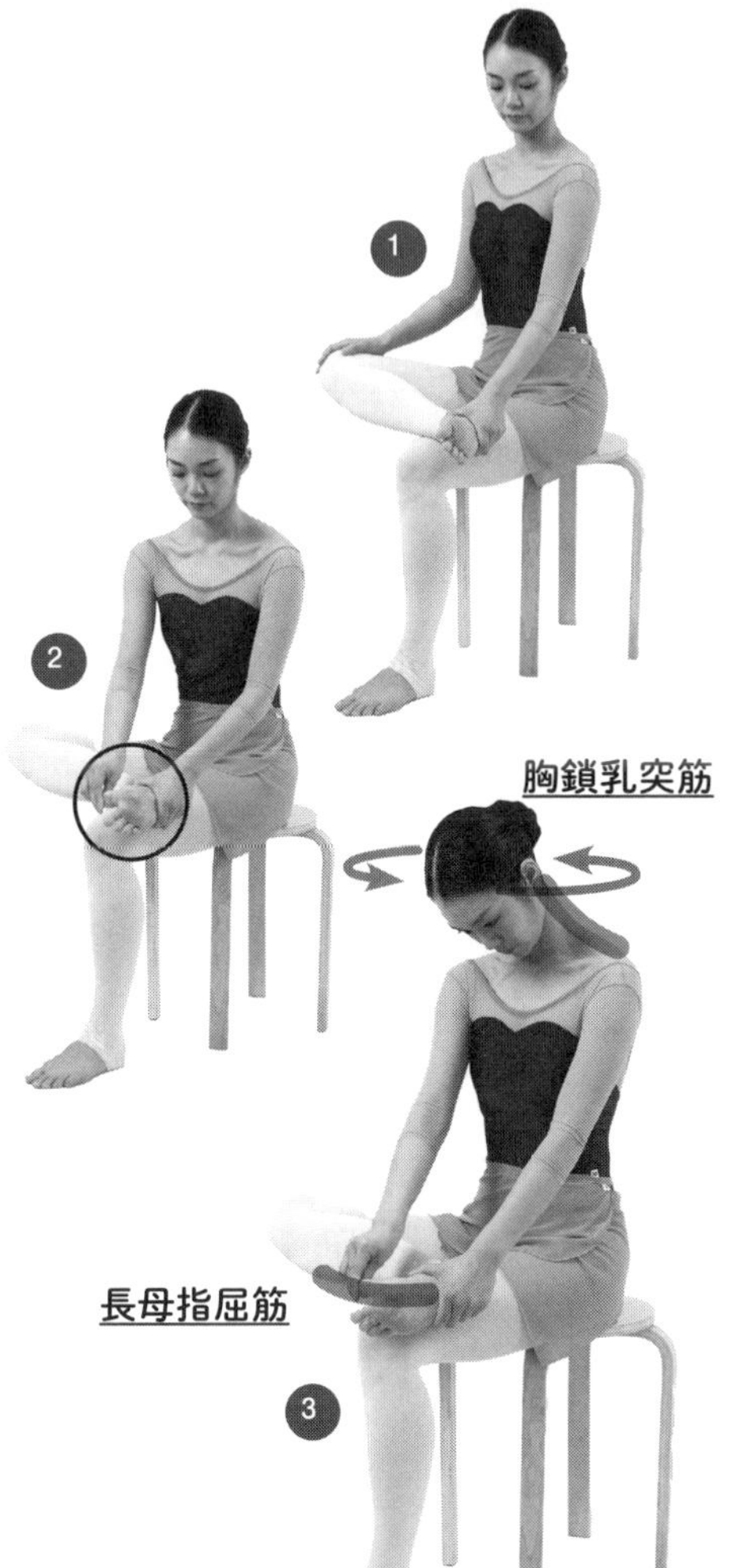

美咲　（**「首の付け根をほぐす」**を試して）わー！　首の位置が整ったのかな？　上にしっかり伸びて軽くなりました。肩の動きも軽くなって、全体に引き上がったからポアントが高いです！

扇谷　良いですね！　前にご紹介した**「首の前面を引き上げる」**（99頁）と合わせて行うとさらに効果的ですよ。頭の位置が修正されると、重心が変わるので、それに合わせて足首のバランスも修正されます。

美咲　肩を引き下ろして首を伸ばしていたときと比べると、本当に背骨が引き伸ばされた感じです。身体が軽くなって、動きやすいです（笑）。

扇谷　美咲さんのようにお仕事でのデスクワークだけでなく、スマホでネットの記事を読んだり動画を見たりと、現代人の生活習慣は首のバランスを崩す要素にあふれています。バレエの上達のためにも、日々のメンテナンスを大事にしてくださいね。

美咲　ここまでで、よくわかりました！

扇谷　それでは次はポール・ド・ブラです！

コラム「膝関節のSHM」

筋共鳴コンディショニングの「法則1・2」とは異なる関節の動きとして、、膝関節の屈伸にはスクリュー・ホーム・ムーブメント（以下SHM）と呼ばれる小さな動きが伴います。SHMは膝を曲げた状態（屈曲）から伸ばす（伸展）ときに、最終段階で太ももの骨（大腿骨）と脛の骨（脛骨）が互い違い（脛骨：外回し／大腿骨：内回し）に動くメカニズムです。プリエなどで完全に伸ばした状態から膝を曲げるときは、動きの初期に逆の現象（脛骨：内回し／大腿骨：外回し）が生じます。

SHMは膝の関節面の形状や靭帯・筋肉の働きによって生じ、この動きのおかげで膝関節の安定性が高まります。一方、雑巾絞りターンアウトでは、膝周辺の筋肉のバランスが崩れてしまいSHMの動きが失われがちです。その結果、プリエのときのニー・イン・トウ・アウト（つま先より膝が内側に入る）をはじめ、膝関節の機能障害を引き起こします。また、連鎖的に足首や股関節の動きを制限し、正しいターンアウトの妨げになります。膝の健康を保ち、ターンアウトを改善するためには、SHMを意識した練習をぜひ心がけてください。

プリエのときの膝の屈曲は、SHMによる大腿骨の外回し／脛骨の内回しを伴います。立ち上がるときの膝の伸展では回転が逆になります。

パート3

ポール・ド・ブラを見直す！

手からポール・ド・ブラを見直す

扇谷　美咲さんはポール・ド・ブラをするとき、どんなことを意識していますか？

美咲　（ポール・ド・ブラを試しながら）……やっぱり、**「肩を下げる」「首を伸ばす」「脇を開く」「肘が落ちないように」「手や腕の力を抜いて優雅にしなやかに」「鎖骨を水平に」**などですね。

扇谷　手の形はどうですか？

美咲　手の形はこう、ふわっとさせて、中指を下げて、人差し指と小指を上げて、親指を内側に入れて……って感じです。

扇谷　わかりました。ありがとうございます。

美咲　なにか間違ってますか（汗）？

扇谷　いえいえ、そんなことはないですよ。ただ、意図しているイメージに身体がついていけていないようですね。

美咲　身体がついていけていない？

指と手の形には全身の動きが表れます。

扇谷　たとえばア・ラ・スゴンドで上腕が外回してしまうために、肘先が下を向いて肘が落ちています。これは腕の軸が通っていない証拠です。まずははじめにお話しした「法則1・2」の通りに骨を動かせるようにしたいですね。

美咲　あ、関節ごとに逆に回るっていうのですね。

扇谷　それです！

ポール・ド・ブラとターンアウトの関係

美咲　でもなんでターンアウトに入る前にポール・ド・ブラなんですか？

扇谷　普通の人は、手や肘や肩に比べたら、足や膝や股関節を動かす方が苦手ですよね。ですから、ターンアウトを改善するにしても、腕でできないことを脚で行うというのは難しいのです。まずポール・ド・ブラをしっかり改善することで、共鳴によってターンアウトがスムーズになるんです。

美咲　なるほど。

扇谷　あと、「引き上げ」のときに肩のポジションを見直して、胸郭の上部を拡げられるようにしましたね。

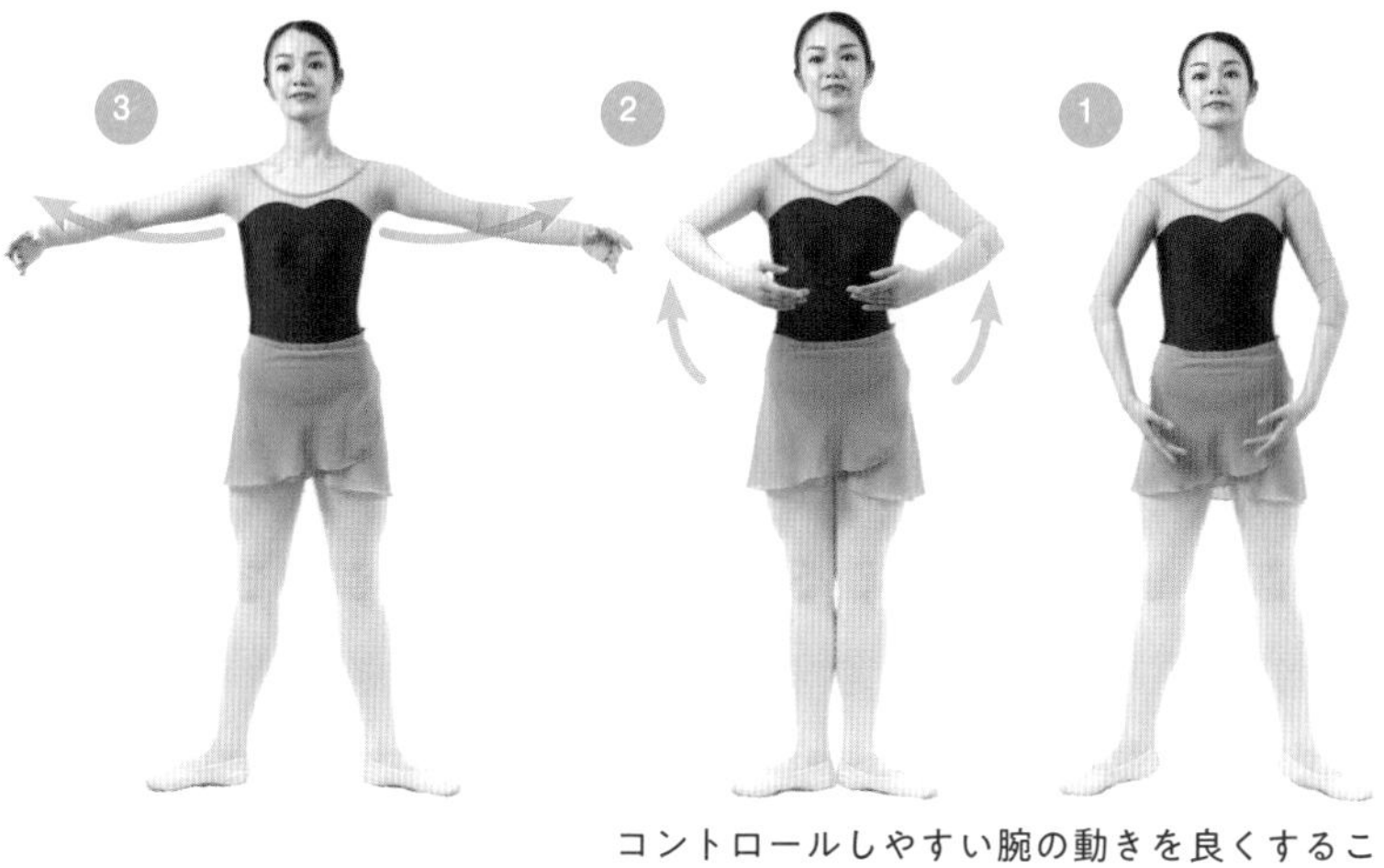

コントロールしやすい腕の動きを良くすることで、脚の動きを良くなります。

美咲　はい。

扇谷　肩の新しいポジションをしっかり定着させて胸郭の拡がりを保ちやすくした上で、肘や手の動きを良くしたいわけです。

美咲　闇雲に練習するんじゃなくて、それぞれの要素を整理して、ちゃんと関連付けていくんですね。

扇谷　各要素のつながりを意識せずに、バラバラに練習していると上達しにくいんです。建物に例えたら、建材を闇雲につなぎ合わせてもちゃんとした家は建ちませんよね。強くて高いビルにするには、引き上げ↓ポール・ド・ブラ↓ターンアウトとそれぞれがお互いの土台になっていることを実感する必要があります。そして、1度ターンアウトまで積み上がったら、それを土台にしてさらに高いレベルでの引き上げやポール・ド・ブラができるようになる……という繰り返しの構造なんです。

美咲　じゃあわたしも、ターンアウトの改善まで終わったら、また最初に戻って復習すると良いんですね。

扇谷　そうです！　繰り返す度に新しい発見があるはずです。

ポール・ド・ブラ、ターンアウト、引き上げはそれぞれが土台となり、全体のレベルを上げるのです。

ポール・ド・ブラでよくある問題

扇谷　ポール・ド・ブラがターンアウトの邪魔をしている代表的なケースは、次の通りです。

（1）手の指が動いていない　↓　指先が死んでいる／手に力が入る

（2）手から肩までの「軸」が通っていない　↓　肘が落ちる／ワキが開かない

（3）背中からの動きがない　↓　腕が伸びない／肩が下がる

（4）鎖骨が動いていない　↓　肩がこる／胸郭の上部がつぶれる

美咲　4つもあるんですか！　（1）の「手の指」がターンアウトに関係するんですか？

扇谷　そうです。前にご紹介したように、手の指の筋肉は、胸郭やお腹、足の指の筋肉とも共鳴していますからね。手の指がちゃんと動かないと、足の指がちゃんと床を踏めません。外反母趾などの足のトラブルとポール・ド・ブラは密接に関係しているんですよ。

美咲　そうなんですか⁉

扇谷　あと、指の筋肉が固まっていたり、動かす感覚が鈍い指があると、手首や肘、肩の骨の回転が制限を受けるので、腕の軸を通すのも難しくなります。そして「雑巾絞りターンアウト」の改善には脚の軸を通すことが重要なんですが、こちらもやはり筋共鳴®があるので、(2)の「腕の軸」が通らないと脚の軸を通すのが難しいんです。

美咲　そこまで指にこだわったことがなかったです。指って大事そうですね。(3)の「背中からの動き」や(4)の「鎖骨の動き」はターンアウトとどんな関係があるんですか?

扇谷　背中からの腕の動きは、腕を長く使うという見た目の理由もありますが、ターンアウトのための体幹の引き上げに、〈僧帽筋〉や〈広背筋〉、〈大殿筋〉などの背中側の筋肉が大きな影響を与えるからです。

美咲　先生に「背中から腕を動かして」って言われますけど、筋共鳴®的にもそうなんですね。

扇谷　鎖骨の動きがターンアウトに影響するのは、すでにご紹介してきた肩のポジションや胸郭の上部の拡がりに直接影響しているからです。また、鎖骨と肩甲骨はセットで動きますが、その動きは骨盤の仙腸関節〈左右の骨盤の骨〈寛骨〉と中央の〈仙骨〉の間の関節〉の動きと共鳴しています。仙腸関節のコントロールはターンアウトには欠かせないので、共鳴相手の鎖骨と肩甲骨の動きが重要になるんです。

美咲　「鎖骨を水平に」って言われるから、鎖骨は動かしちゃいけないと思ってました。

扇谷　いやいや、むしろしっかり動かせないと困りますよ。

美咲　肩と一緒に鎖骨を回してほぐせばいいんですか?

扇谷　そういう準備運動も大切ですが、バレエのフォームという点では、腕の動きをどの指の軸でリードするかが大切です。これは腕の軸を整えることとも関連します。

美咲　どの指かでそんなに違いがあるんですか？

扇谷　はい。鎖骨を付け根から動かすには中指のリードで動かします。軸を通す場合にも肩から中指までの軸をつくりますよ。

美咲　中指ですか。ちなみに他の指じゃダメなんですか？　人差し指とか？

扇谷　人差し指は肩関節からの動きをリードするので、むしろ鎖骨を動かさないように固定して腕を動かすときに使いますね。棒やつり革などを握ったときに人差し指と中指のどちらにより力が入っているかで、中指リードのポール・ド・ブラができているかがわかりますよ。

美咲　（試してみる）……あ、わたし人差し指リードです！（汗）

扇谷　じゃあこれからは中指を意識してみてください。そのうえで手の形を見直しましょう。

美咲　わかりました。

鎖骨の付け根から腕を使うには、中指を軸にして動く事が重要です。

手首の固定力が美しい動きを生む

扇谷　手の形を見直すことは、このあと肩からの軸をつなげて通していくために必要になります。バレエ的には、手の指先の動きは表現力に直結しますよね。

美咲　そうですね。「素晴らしい！」って感じるダンサーは、手の表情だけでドラマが生まれますよね！　わたしもあんな風にできたらなって思います。

扇谷　「引き上げ」のときにもお話ししましたが、手指の動きは足や体幹の筋肉と共鳴しているので、そういう意味では全身の動きを象徴しています。美しい手の表現のために、全身が協力しているわけですね。

美咲　手には骨がたくさんあるんですよね？

扇谷　そうです。手は27個の骨でできています。

美咲　そんなに！

扇谷　人間はお箸で食べ物を摘んだり、ハサミで切ったり、ペンで文字を書いたりと、多彩な道具を器用に操ります。そのかわりとても繊細

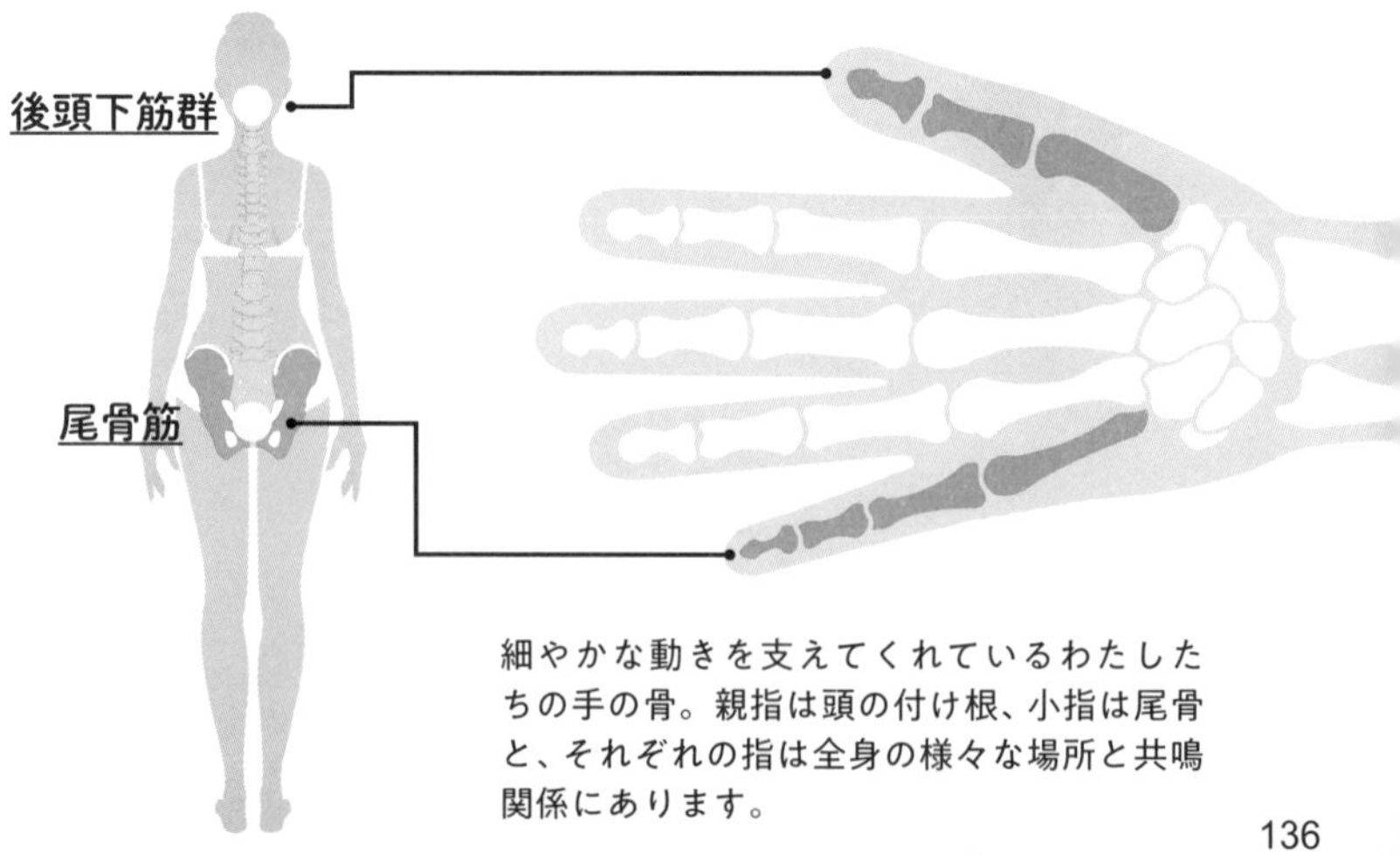

細やかな動きを支えてくれているわたしたちの手の骨。親指は頭の付け根、小指は尾骨と、それぞれの指は全身の様々な場所と共鳴関係にあります。

なバランスで動いていて、日常的な負荷でも骨の位置がズレたり筋肉が硬くなったりして、知らず知らずのうちに変形してしまっていることがよくあります。

美咲 たとえばどんなことで変形してしまうのですか？

扇谷 そうですね。多いのは、キーボードを毎日打ったり、学校の勉強でペンで文字を書き続けたりですね。また、偏った姿勢を長時間続けると、体幹からの筋共鳴®によって手の筋肉のバランスが崩れて変形するという場合もあります。

美咲 わたしも一日中会社で椅子に座ってキーボードを打ってます……。

扇谷 大丈夫、丁寧にケアすれば、ちゃんと良くなります！　それでは、まず親指と小指の付け根をほぐすところからはじめましょう。大人バレエの方は、とくにここが固まっている人がとても多いです。親指の筋肉は、頭の付け根の筋肉〔後頭下筋群〕と共鳴しています。また、小指の方は背骨の一番下の尾骨を安定させる筋肉〔尾骨筋〕と共鳴しています。つまり親指と小指は背骨の一番上と下のバランスを表しているので、ここをほどくことは自由な背骨を取り戻すことにつながります。

美咲 手の動きで背骨の動きが変わるんですか、楽しみです！

扇谷 指と手首の動かし方が複雑なので覚悟してくださいね（笑）。

美咲 わ、わかりました（汗）。

親指の付け根をほどく

小さく前にならえをしたところからはじめます。
❶親指を曲げて、指先を小指の付け根に当てます。触れられない場合はできるだけ近づけます。
❷手首を親指側に傾けて〔撓屈〕、
❸外回しして、人差し指のリードで反らします。手のひらが上を向きます
❹小指を付け根から曲げて、親指を付け根から反らします〔外転&伸展〕。
❺一度❶に戻り、手首を小指側に傾け(尺屈)、
❻内回しして、手のひらが下を向きます。
❼小指を付け根から反らし、親指を付け根から伸ばします〔掌側外転〕。
❽手首を反らしたら❶の姿勢に戻して、
❾❿5回グー・パーをします。

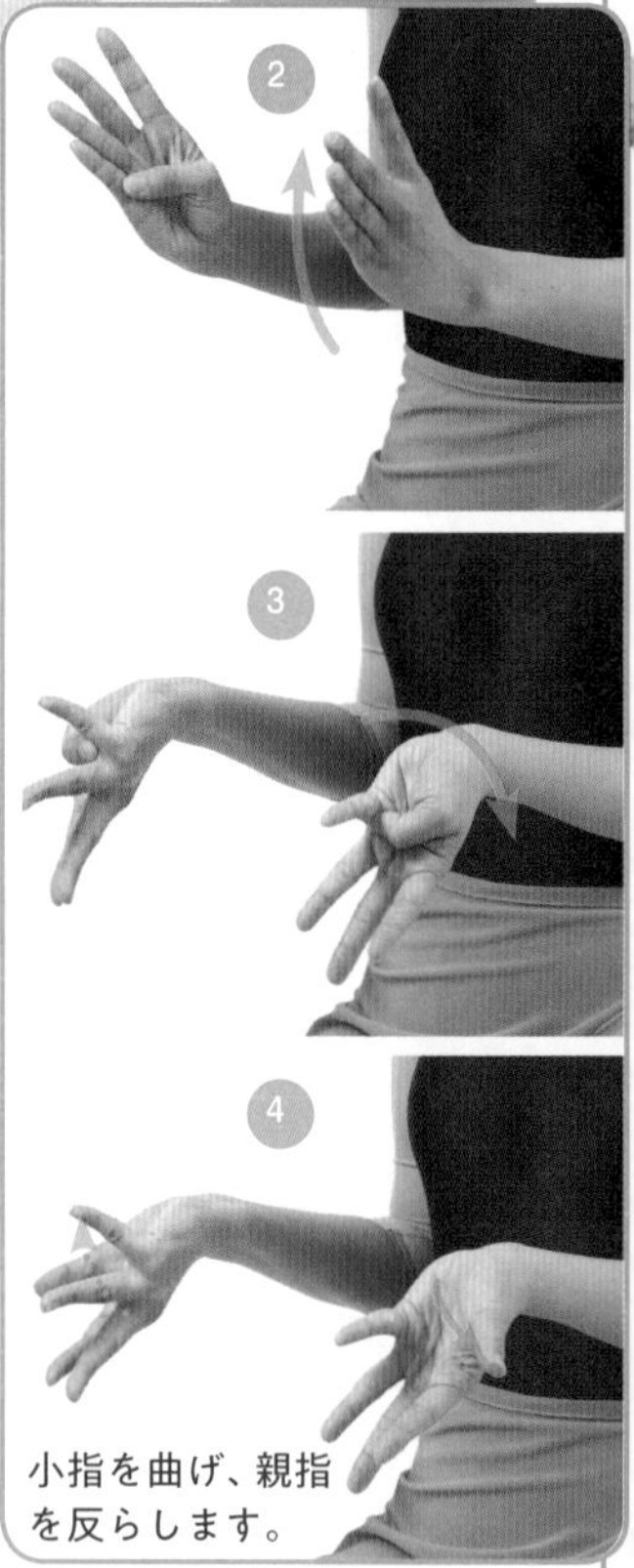

小指を曲げ、親指を反らします。

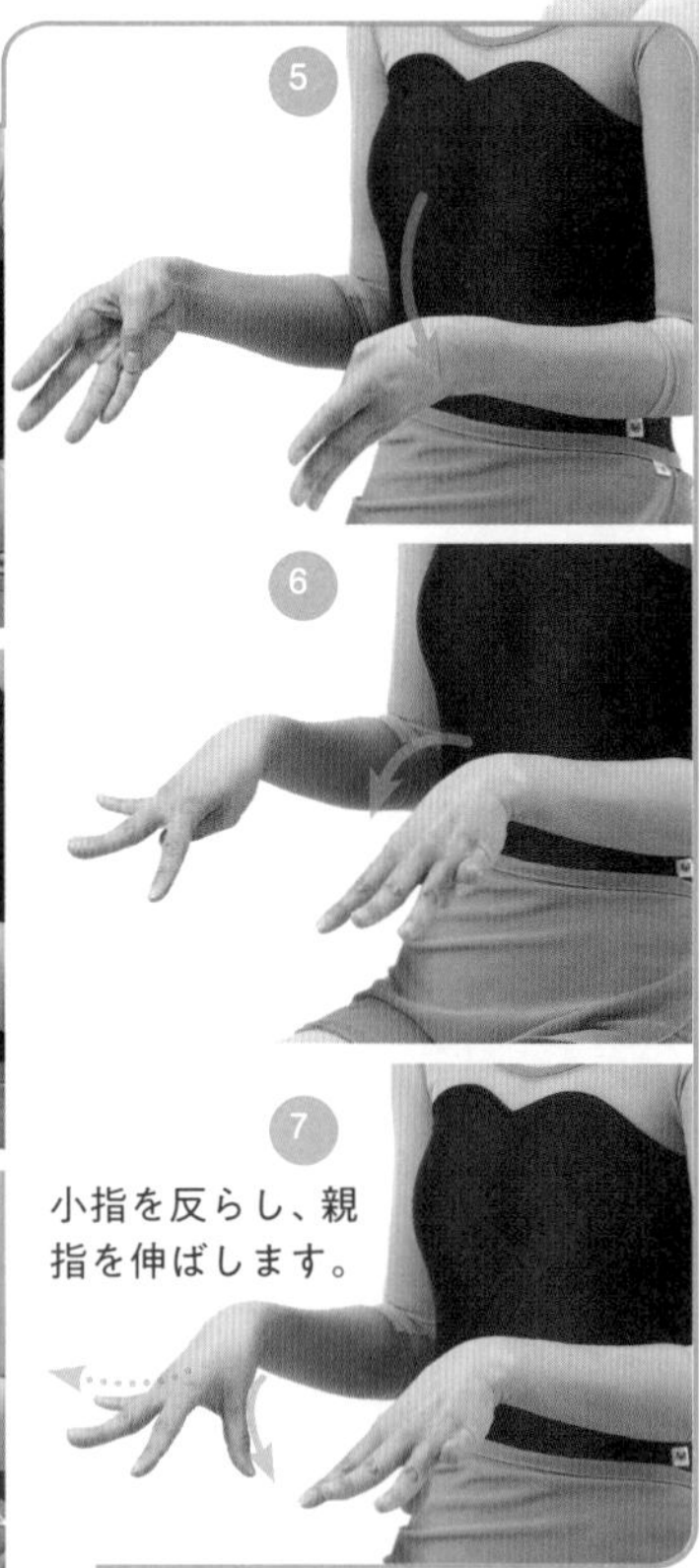

小指を反らし、親指を伸ばします。

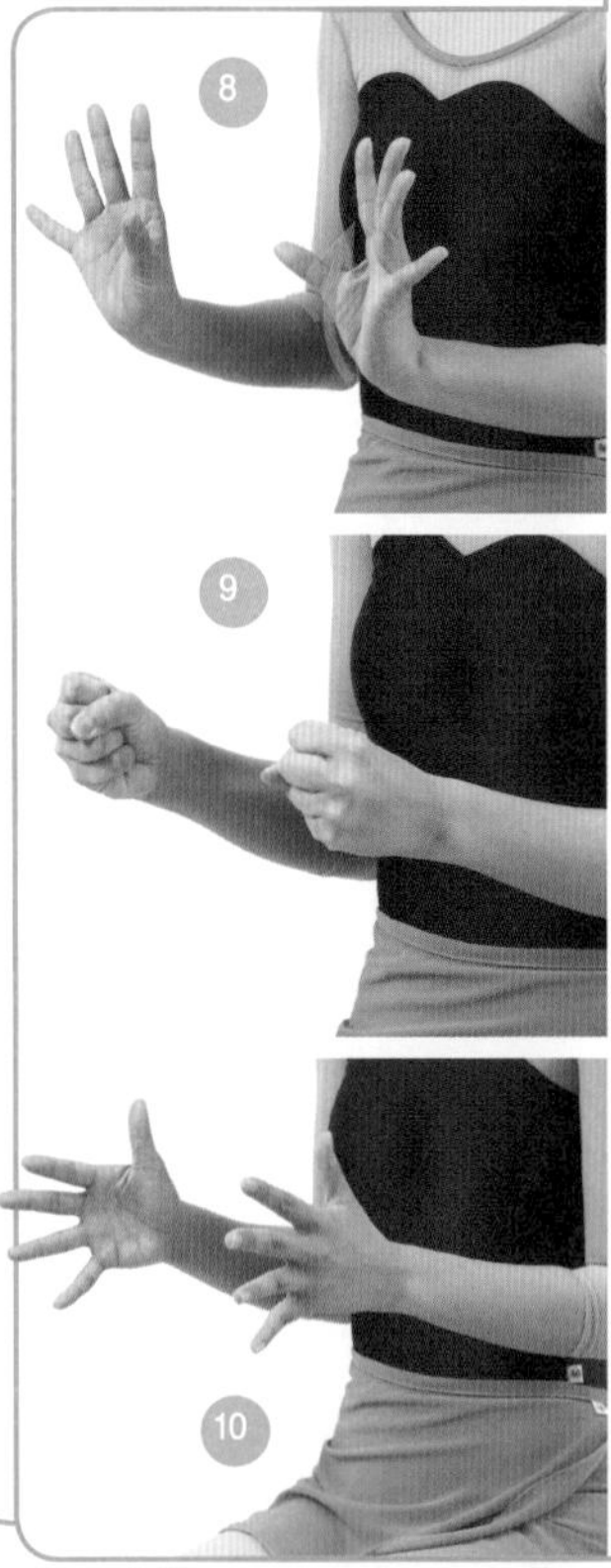

小指の付け根をほどく

小さく前にならえをしたところからはじめます。
❶小指を曲げて、指先を親指の付け根（母指球）に当てます。触れられない場合は近づけます。
❷手首を親指側に傾け〔撓屈〕て、
❸外回しして、人差し指のリードで反らします。手のひらが上を向きます。
❹親指を付け根から伸ばし〔掌側外転〕、小指を付け根から反らします。
❺一度❶に戻り、手首を小指側に傾け〔尺屈〕、
❻内回して、手のひらが下を向きます。
❼親指を付け根から曲げ、指先を薬指の付け根につけます。
❽小指を付け根から伸ばして反らします〔外転＆伸展〕。
❾❿❶の姿勢に戻してから、５回グー・パーをします。

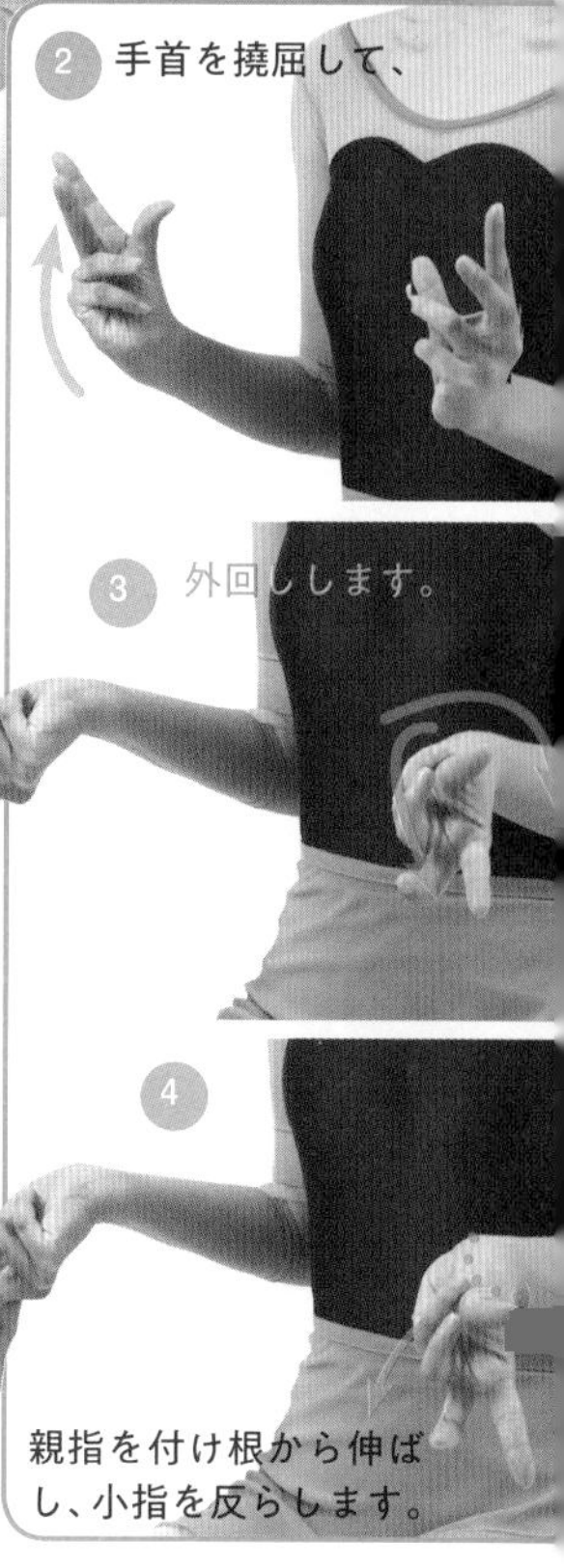

手首を撓屈して、
外回しします。
親指を付け根から伸ばし、小指を反らします。

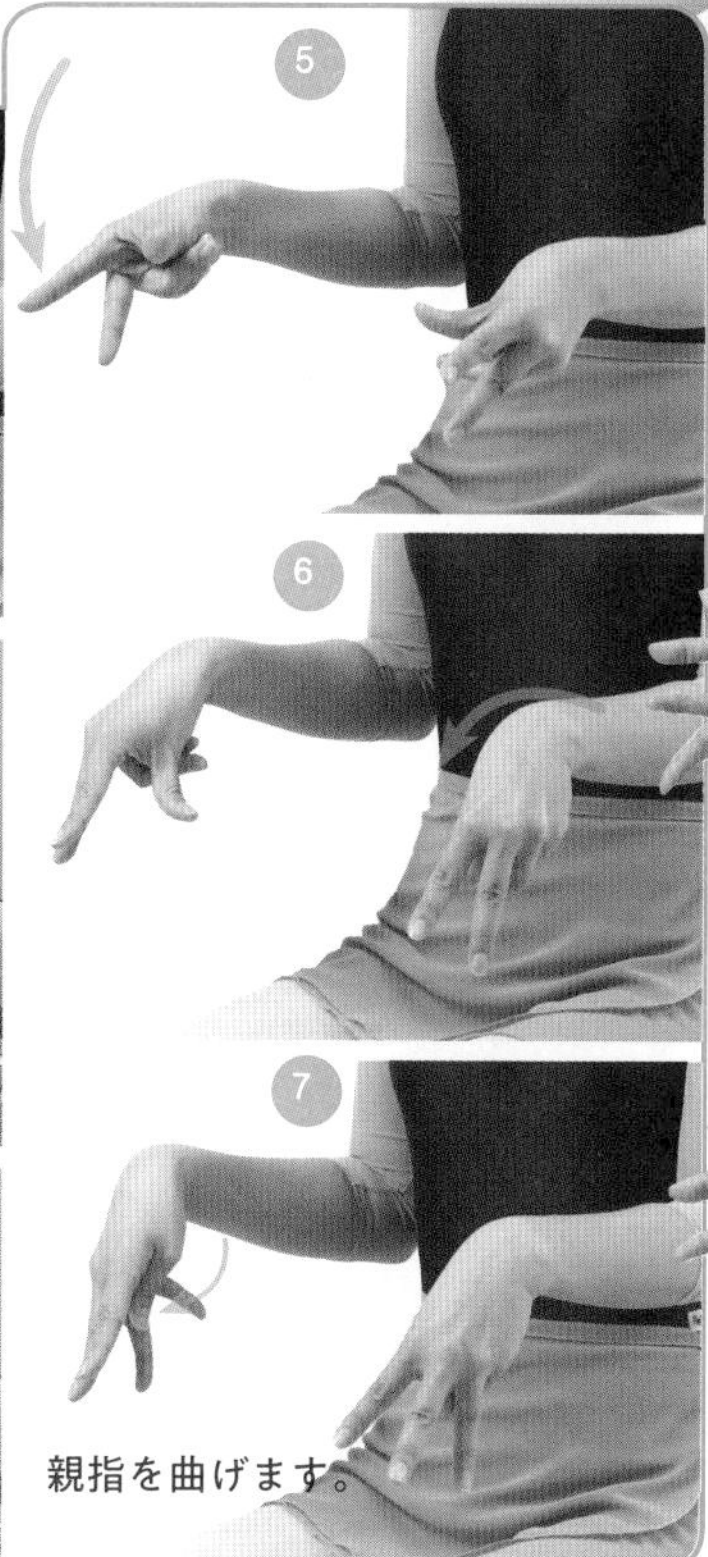

親指を曲げます。

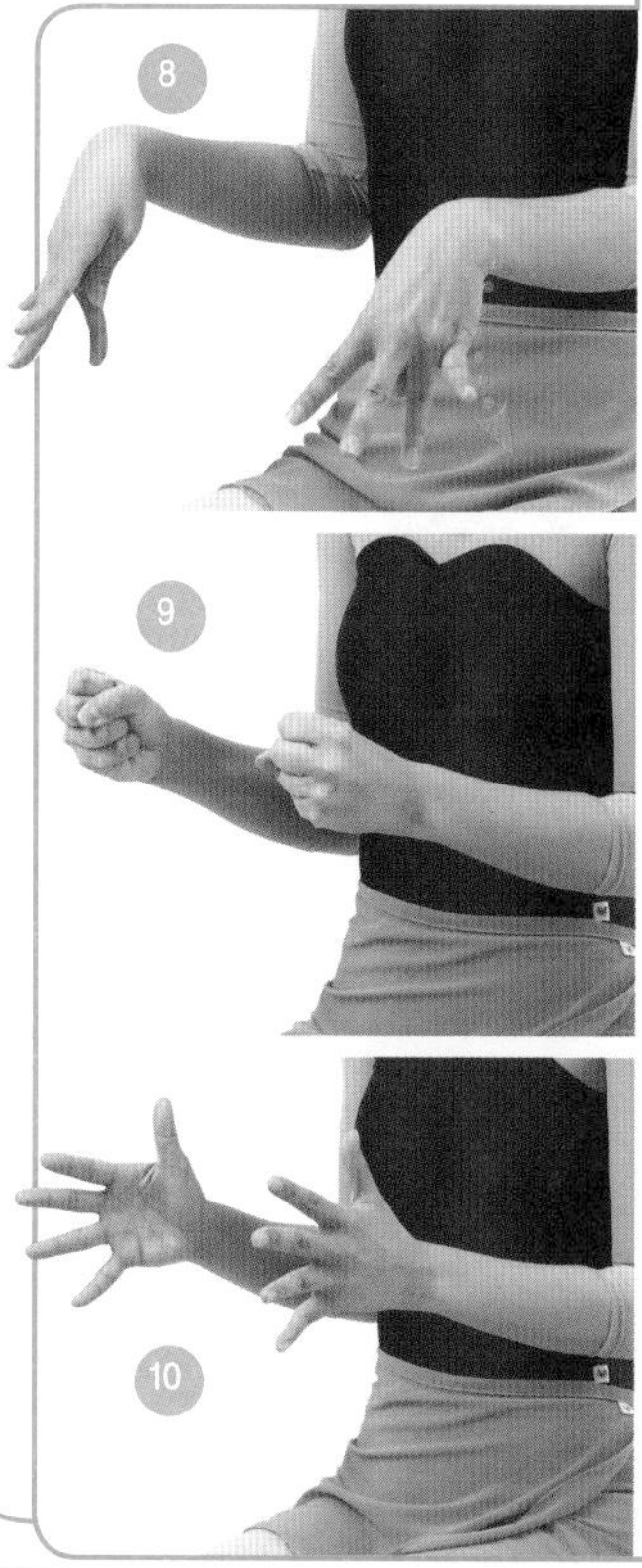

指を手首につなげる「パラパラ体操」

美咲　（「親指・小指の付け根をほどく」を試して）これはパズル難度が高めですね。でも親指と小指の付け根のつまりが取れました！　手のひら全体がゆるんだ感じです。

扇谷　背骨の動きはどうですか？

美咲　たしかに、しなやかになりますね！　後頭下筋がゆるんだからか、頭が軽くなって重心がストーンと足の裏に落ちた感じです。首が回しやすくなりました！

扇谷　「引き上げ」のところでご紹介した、「腹横筋を目覚めさせる」（58頁）の手指と足指を互い違いに動かすエクササイズや、「ロールダウン／ロールアップ」（120頁）などの背骨のエクササイズは、手のコンディショニングで背骨を動きやすくしてから行うとより効果的です。

美咲　なるほど～。

扇谷　それでは、次は緊張の取れた手の指の状態を手首につなげるエクササイズです。手と足のバランスは共鳴しているので、このエクササイズのあとは足首の動きもスムーズになります。ポール・ド・ブラの動きだけではなく、プリエ／ルルヴェやターンアウトでも前後を比べてみてくださいね。

指のパラパラ体操

❶顔の高さで手のひらが自分の方を向くように肘を90°に曲げて、手をパーにします。
❷❸親指から順番に曲げてグーに。
❹手首を内回しして手の甲を自分の方に向けます。
❺❻肘を伸ばして、再び曲げます。
❼❽小指から順番に伸ばしてパーにします。
❾手首を外回しして手のひらを自分の方に向けます。(❶の状態)。
❶～❽を5～10回繰り返します。

美咲　（「指のパラパラ体操」を試す）……なんだか手の無駄な力がさらに抜けた感じです。あと、前腕とのつながりが良くなったというか、手首のひっかかりとか、ストレスがかなり減りました。

扇谷　足はどうですか？

美咲　足首のバランスが良くなったみたいです。足首が骨に乗っている感じというか……動きもスムーズですね。

扇谷　良いですね！　じつはバレエに限らず、手の動きの綺麗な人というのは、指先以上に手首の操作が上手なんですよ。ちゃんと**指の動きと手首の動きが分離できているんです。**

美咲　え？　どういうことですか？　指と手首の分離？

扇谷　指先を動かす筋肉は、一部を除いて、肘や前腕から指先へつながっています。

美咲　「体幹の安定（パート1　45頁）」や「引き上げ（パート2　69頁）」で出てきましたね。ウエストを絞る筋肉とか、ふくらはぎを引き上げる筋肉とか？

扇谷　そうそう、それです。これらの筋肉は指も動かすけれど、指を動かすついでに手首の関節も動かすことができるんです。

美咲　あー、そうか！　指を動かす筋肉でついでに手首の筋肉を動かしている状態は、指と

扇谷 手首が分離できていないってことですか？

美咲 ご名答です（笑）！　手首には手首を動かすための専用の筋肉〔手根伸筋群・手根屈筋群〕があります。これらの筋肉をちゃんと使って手首を安定させながら指を動かせると、美しい動きになるんです。さらにこれらの筋肉は肘の関節をまたいでいるので、手首の動きと肘の動きをつなげてしなやかに見せてくれます。

扇谷 確かどちらも「引き上げ」のときに、首や足首の筋肉との筋共鳴®で紹介してくれましたよね？

美咲 はい、そうです。

扇谷 ……ということは、首や足首の筋肉をしっかり使えていると、自然に手首を上手に使えるようになるということでしょうか？

美咲 冴えてますね！　そのとおりです。筋共鳴®があるので、手首の動きが上手だと首の「引き上げ」がうまくできるとも言えるし、首の「引き上げ」ができていると手首が上手に動かせる

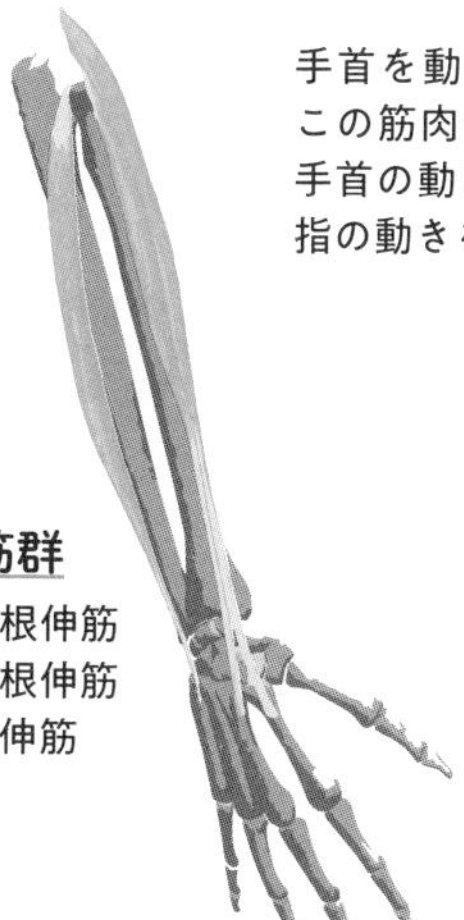

手首を動かすための専用の筋肉。この筋肉をしっかり動かし、指と手首の動き分離することが美しい指の動きをつくります。

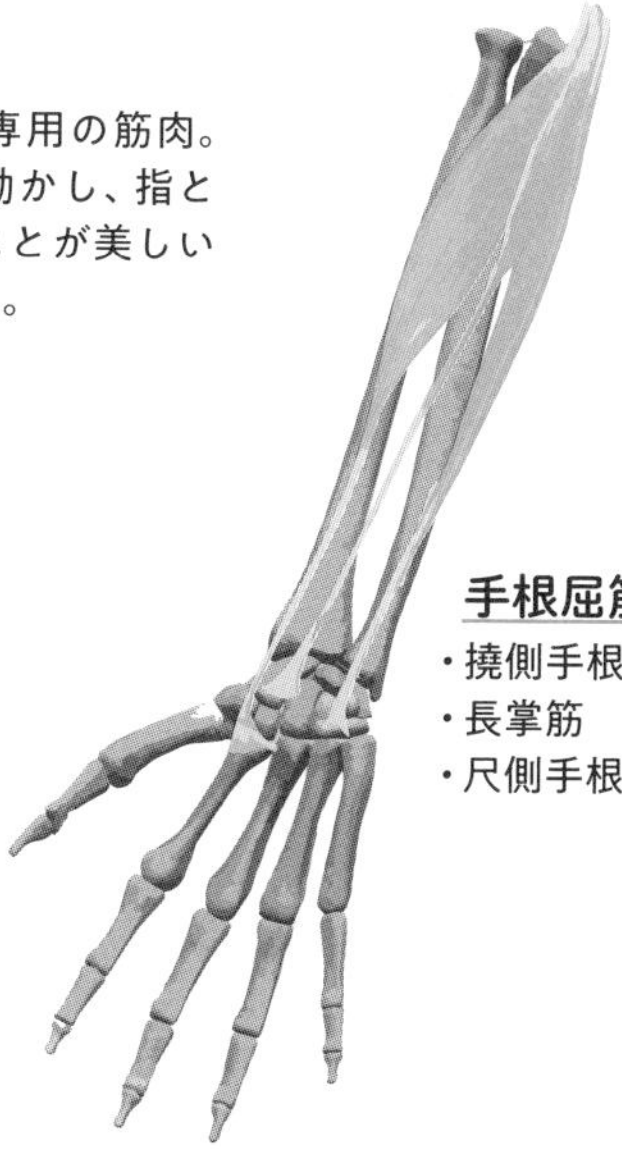

とも言えます。

美咲 ふむふむ。わたしにも、だんだん全身のつながりがわかってきた気がします（笑）。でも、手首をうまく使う感覚をつかむのって難しそうですね。

扇谷 あまり力感がないので、つかみづらい感覚ではあります。そこで足首の感覚で、手首が指と分離して安定しているかどうかを確認する方法をご紹介しておきますね。

美咲 どんなことをするんですか？

扇谷 簡単です。先にプリエやルルヴェで足首の柔らかさを確認したあと、手首を「トントン」と軽く叩くだけです。

美咲 それだけですか？　（下のエクササイズを試してみる）トントン……プリエ、ルルヴェ……。

扇谷 どうですか？

美咲 はい、トントンしたあとの方が足首が安定してスムーズに動く感じです！　首も回しやすいですね！

扇谷 それが手根伸筋群・手根屈筋群で手首を安定させている

指と手首の分離の確認法

プリエやルルヴェで足首の柔らかさや、安定感を確認します。

❶両手の指をふわっとリラックスさせた状態で、肘を90°に曲げます。

❷両手首をトントンと軽くぶつけます。この間も指はリラックス。ただし手首はぐにゃぐにゃにならないように。

❸手首と肘はそのまま、ルルヴェやプリエを試して、違いを確認します。

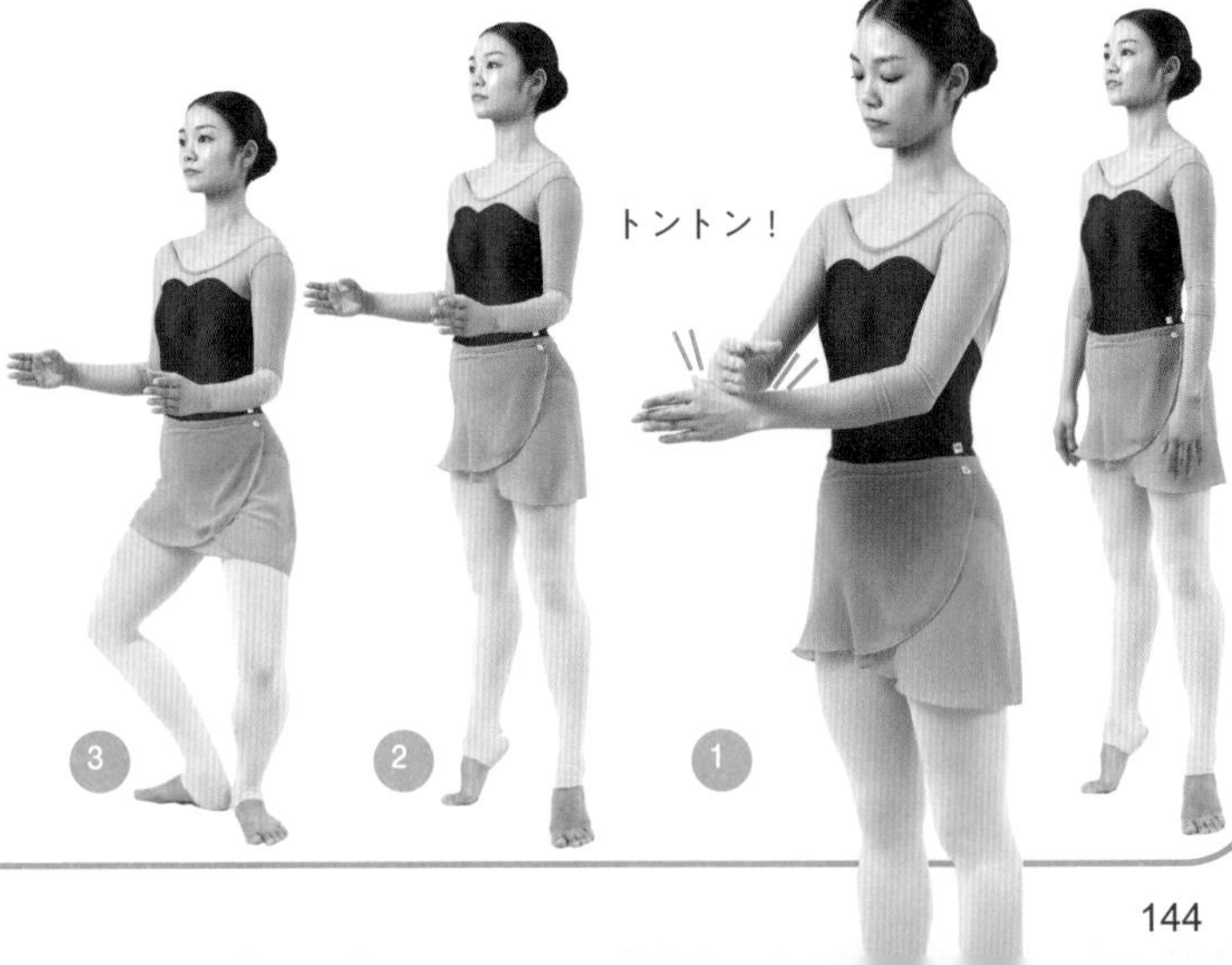

状態です。

美咲 はー、これが〜。不思議な感覚ですね。

扇谷 そうですね。狙ったところにボールを投げるとか、竹刀を振るとか、雲梯のようにぶら下がって移動するとか、スポーツや武術、遊びの中で指先に負荷をかけたときに無意識に使っているはずなんですよ。ただバレエは、とくに女性の場合、指先に負荷をかける動作がほぼないので気づきにくいのでしょうね。

美咲 なるほど〜。竹刀でも振ってみようかな……。

扇谷 軽めのダンベルで手首の動きを鍛えるのは、すごくオススメです。ダンベルがなければ、水の入ったペットボトルなどでも代用できますね。肘を伸ばして動かないようにしっかり安定させた状態で、ダンベルなどを手首の動きだけで上下左右に万遍なく動かしてください。筋トレのあとはストレッチも忘れずに。

美咲 それならすぐできそうです。試してみますね！

ペットボトルを使った
エクササイズ。

手首が回らないと、足首がねじれる

扇谷　ところで、手首の動きの中でも回旋の動きはちょっと特殊で、前腕の2本の骨（**橈骨と尺骨**）が平行になったりクロスしたりする動きによって生み出されているんです。前腕を軽く握って、手首を回してみればわかるでしょう？

美咲　本当だ。手首から先がくるくる回っているんじゃないんですね。

扇谷　そうなんです。それで、この2本の骨の動き方（**回旋**）は何通りもあって、とても複雑なんです。

美咲　そんなこと考えたことなかったな。

扇谷　この動きをほぐしておくことが、カマ足などの足首のねじれを改善する上でも大事です。

美咲　手首のねじれが足首のねじれに共鳴しているからですね？

扇谷　そのとおりです。このあとの軸を通していくための準備として、丁寧にほぐしていきましょう。

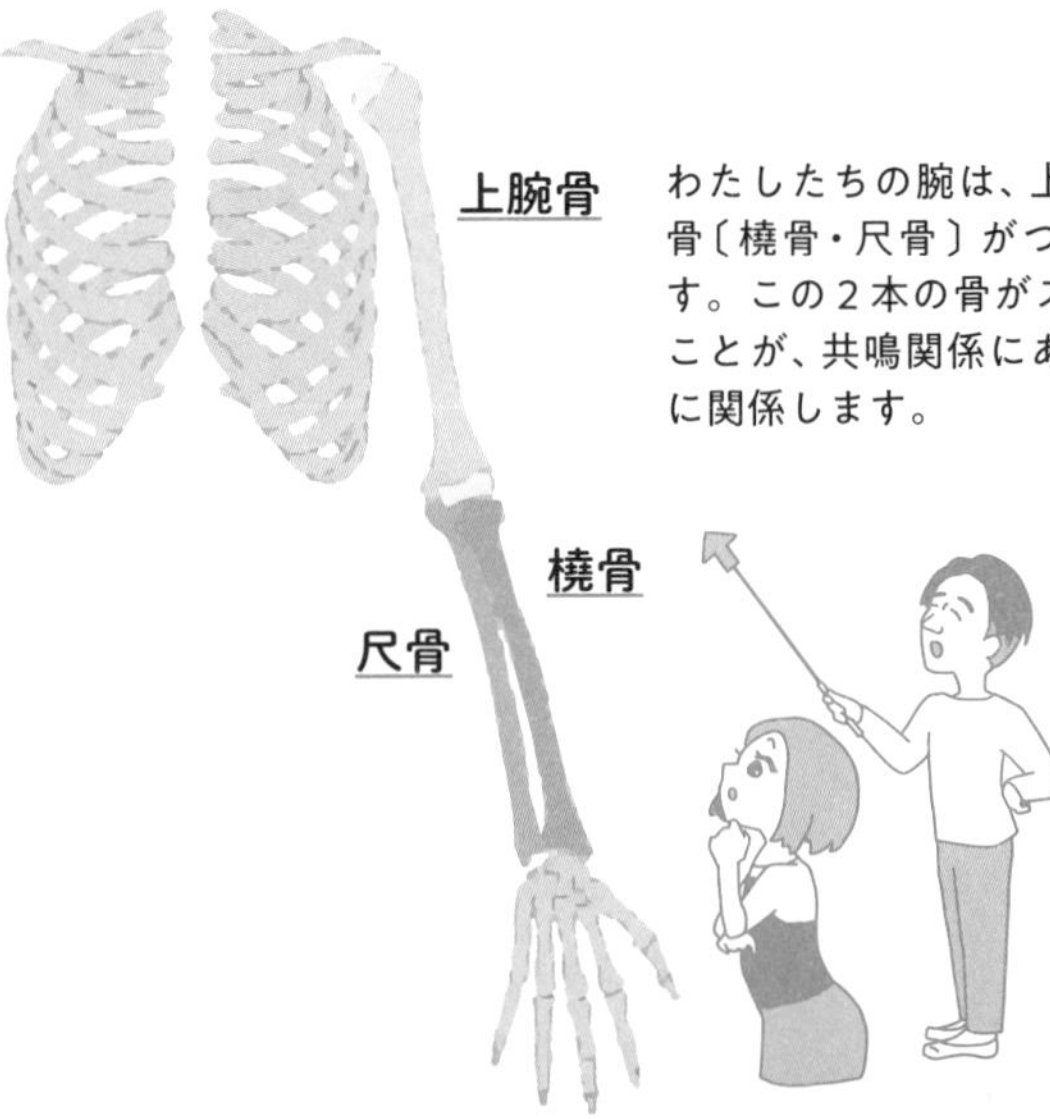

わたしたちの腕は、上腕骨に2本の骨〔橈骨・尺骨〕がつながっています。この2本の骨がスムーズに動くことが、共鳴関係にある足首の動きに関係します。

手首をほぐす（回旋運動）

隣り合った指を逆方向に曲げ・反らして、手首の外回し・内回しを10往復ずつ。

親指と人差し指の間から順番に、薬指と小指まで4パターン（A～D）行い、最後に小指と親指のペア（E）で行います。
❶❷最初は肘を曲げた状態からはじめます。回すときは橈骨と尺骨の動きを肘から手首までイメージします。
❸❹慣れてきたら、肘を伸ばして上腕も一緒に回しましょう。
❺❻たとえば親指を反らす＆人差し指を曲げると、撓屈（親指側に傾ける動き）しながら外回しの動きを誘導します。

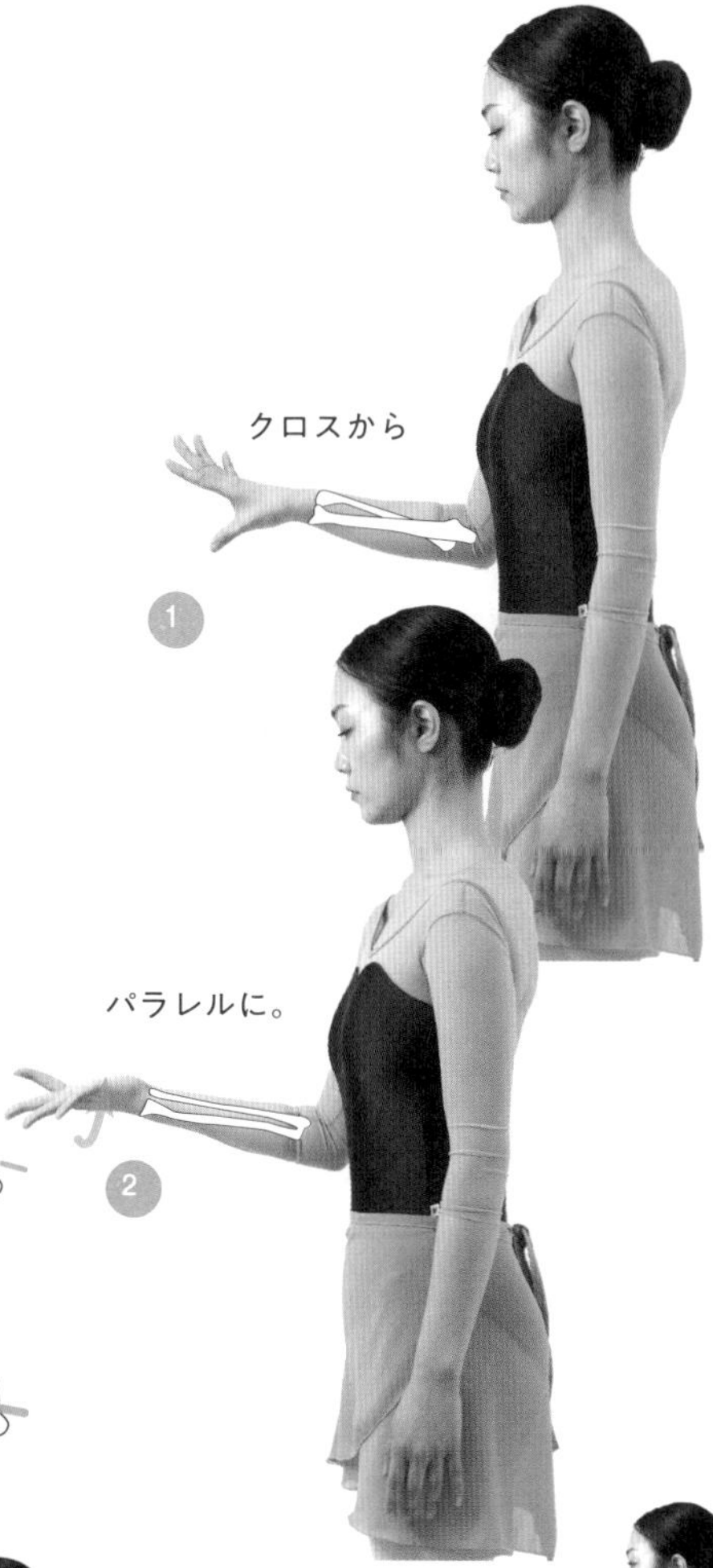

クロスから

パラレルに。

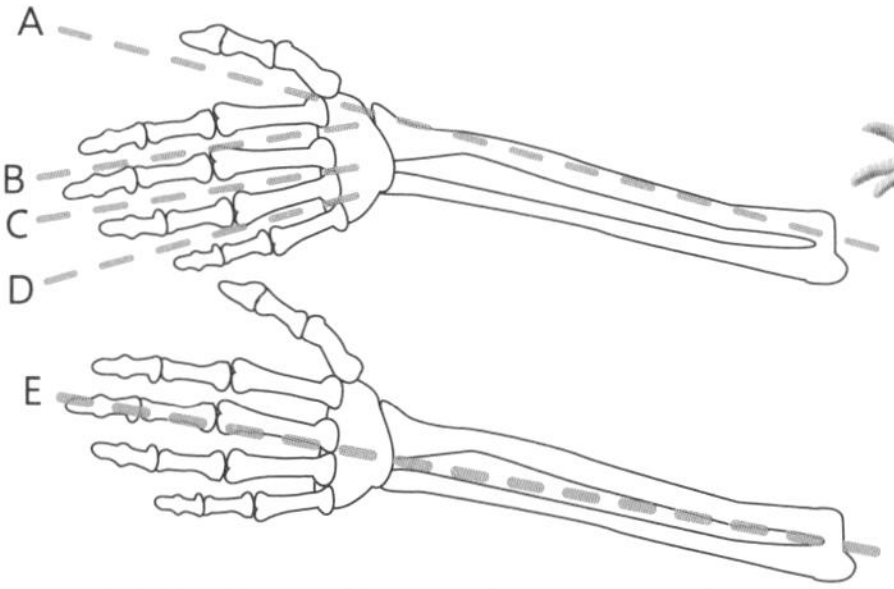

A～Eで誘導される骨と動きについては次の頁の下段の表にまとめています。

親指側に傾けながら、外回しします。

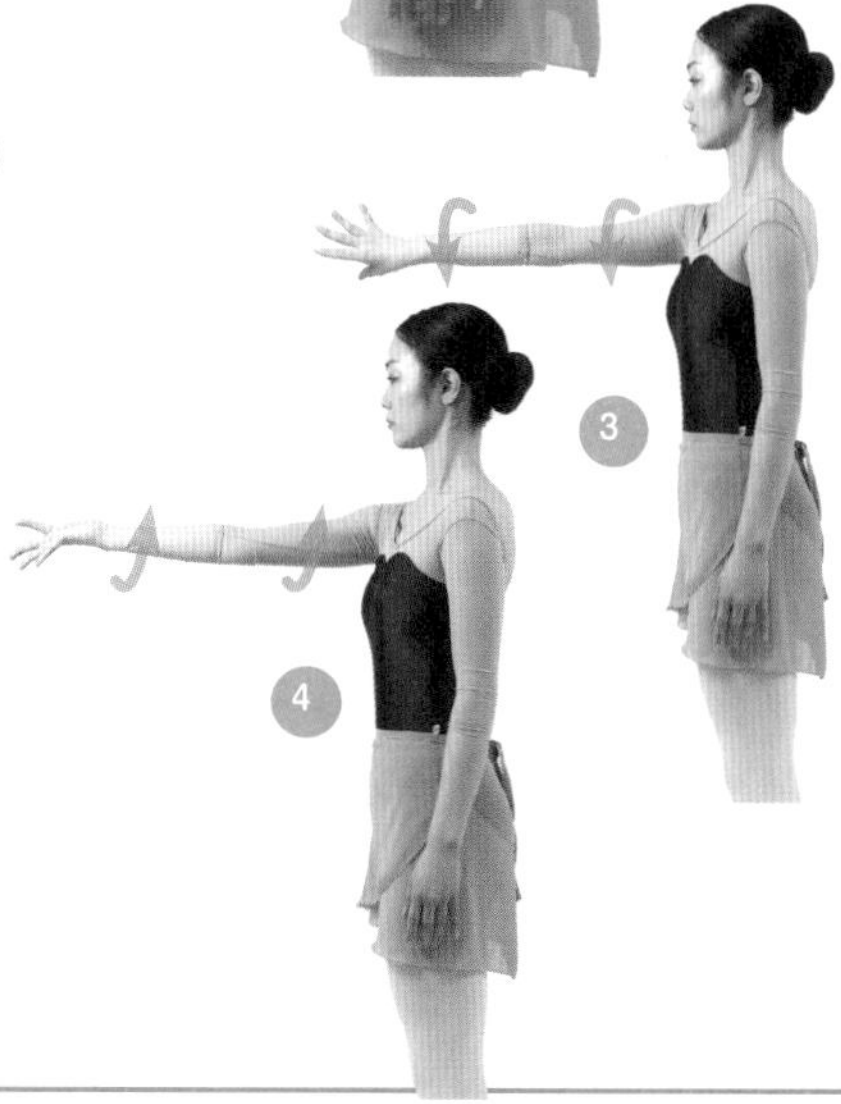

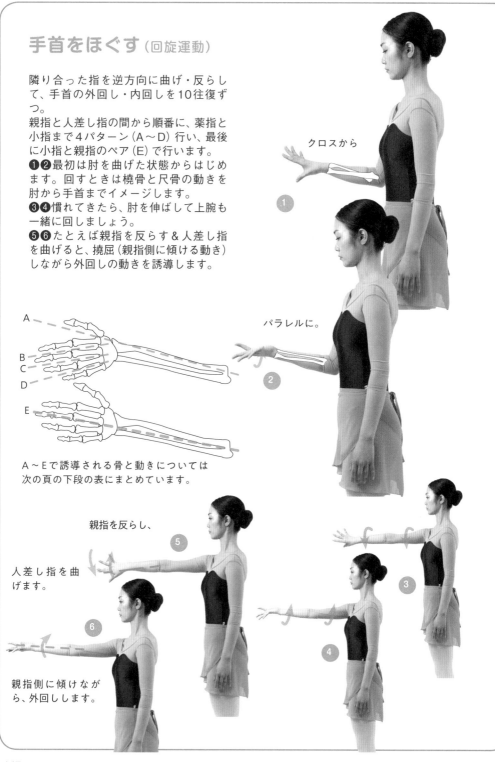

美咲　（「手首をほぐす」を試して）こんなに多彩な動きがあったんですね。無意識に使い分けていたのか。

扇谷　そうですね。人間の身体って賢いですよね。その場その場に合わせて、自動的に使い分けているんですから。だけどこうして確認していくと、苦手な指の組み合わせとか左右差とかがわかってくると思います。（下表参照）これらの回旋が十分でないと、肘をまっすぐ伸ばせなかったり、肩こりや肘を痛めたりします。バレエの場合で言えば、「肘が落ちる」「肩が上がる」「脇が開かない」などの原因になります。動きの悪い指のペアは丁寧に練習してくださいね。

美咲　はい。わたしは薬指と小指とか、薬指と中指の動きが左右とも苦手みたいです。

扇谷　そうですか。では、毎日地道に動きの感覚を開発していくと良いですよ。

美咲　わかりました。でも難しいですね。

扇谷　最初はそうかもしれません。動きの回路を脳にインプットし

指の組み合わせと誘導される骨の動き

指の組み合わせ	誘導される骨	複合する動き
A.親指と人差し指	橈骨からの回旋を誘導	回外で撓屈、回内で尺屈を伴う
B.人差し指と中指	橈骨からの回旋を誘導	なし
C.中指と薬指	尺骨からの回旋を誘導	なし
D.薬指と小指	尺骨からの回旋を誘導	回外で撓屈、回内で尺屈を伴う。
E.親指と小指	中指を軸にして、橈骨と尺骨の回旋を誘導	なし

この表は肘を伸ばした状態の時のものです。
※回外＝外回し、回内＝内回し
※撓屈＝親指側に傾ける、尺屈＝小指側に傾ける

ていくトレーニングなので反復が大切です。その反復が溜まっていくと、ある日コップの水があふれるみたいに、急にスムーズにできるようになりますよ。

腕を長く使うために　腕の「軸」の感覚をつくろう！

美咲　「軸」って、身体の中心軸は意識しますけど、手や腕にもあるんですか？

扇谷　以前の説明の繰り返しになりますが、**ここで言う「軸」は、手から肩までの骨同士が関節でうまく噛み合って、力がスムーズに伝わる状態だと思ってください。**イメージとしては、ほら、手のひらを正面に向けて腕を前に伸ばしたときに、肘をまっすぐにした状態だと、手のひらを前から押されても楽に支えられるでしょう？　でも、肘が曲がっていると、余計な力をたくさん使わないと支えられなくなりますよね？

美咲　骨と骨のつながり具合ってことですね。それがそんなに大事なんですか？

扇谷　超〜大事ですっ！

美咲　そ、そんなに力むほど……？

扇谷　じつは「引き上げ」も、この「軸」を体幹につくるために必要なんです。

美咲　あ、それがよく言われる「中心軸」ですか？

扇谷　そうです。バレエってすごく優雅に踊っているから、力を抜くことが大切に見えるけれど、それは軸によって力の伝達がスムーズになっているから、無駄な力が抜きやすいってことなんです。

美咲　たしかに引き上げた状態だとバランスがとりやすいし、余計な力が抜けますね。

扇谷　そういうことです。では、腕の軸を通していきましょう。ここでは骨同士の動きの組み合わせ方を練習します。ちゃんと組み合わせると、自然に肩から手までの余計な力が抜けて、ポール・ド・ブラがしなやかになりますよ。

美咲　楽しみです（笑）。

扇谷　骨の動きを脳に再教育することで、各関節の本来の筋肉の動きも自然に思い出していきます。そして、それが筋共鳴®を介して、下半身の骨の動きを改善してくれます。最初に言ったように**ポール・ド・ブラを改善することでターンアウトもしやすくなります。**

美咲　それが全身のつながりってことですね？

扇谷　そうです！

腕の「軸」を通す

扇谷　ポール・ド・ブラの手の形は、「美しい手の形」という視点で紹介されることが多いと思います。しかし、あの手の形は骨と筋肉の仕組みの必然から生まれた形なんです。共鳴によってターンアウトのときの足の骨の状態を反映しているのです。

美咲　手の形と足の形は共鳴し合っているんですね？

扇谷　そうです。ですから**手から肩まで腕の軸が通ると、足から骨盤までの脚の軸も共鳴によって自然に通ります。**

美咲　便利ですね！

扇谷　はい。そして、肩関節の内回し（ターンイン）は股関節のターンアウトと対になっています。

美咲　あっ！　**法則1の「上半身と下半身の関節の回転方向が逆向きになる」**ですね。ちなみに回転が逆向きになることで、どんな効果があるんですか？

扇谷　美咲さんはブレーキの利く自動車と、ブレーキの利かない自動車だったら、どちらでアクセルを全開にしたいですか？

腕の軸が通ると、自然に
脚の軸も通ります。

美咲　え？　もちろんブレーキの利く自動車です！

扇谷　そうですよね。それと同じです。**上半身の関節と下半身の関節はお互いに共鳴によって逆向きの力＝ブレーキをいつでも利かせられる状態をつくることで、安心してアクセルを踏み込める＝可動域を最大にできる**、ということです。

美咲　ちゃんと止まれるからスピードが出せる。バレエなら思い切り動けるわけですね！

内回しと外回しの「手」をつくる

扇谷　これからはじめるエクササイズの説明を少ししておくと、軸を通すためには腕や肩を内回し（内旋）したり外回し（外旋）したりします。そのときに指先の動きが大事になります。まずエクササイズをはじめる前のセットアップとして、腕の内回しと外回しを誘導するための「手の形」を覚えてください。その上で、肩から指までの各関節の回転の組み合わせを紹介しますね。

美咲　準備が必要なんですか？　なんだか大変そうですね。

扇谷　パズルで言えば高難度ですが、それだけに効果はありますよ！

美咲　わかりました！

「内回しの手」をつくる

先に親指と小指をほどいておくと効果的です。指は付け根（MP関節）から、できるだけ指をまっすぐにしたまま動かします。

❶❷中指を付け根から曲げ、❸薬指と小指を反らします。小指は薬指を超えるようにしてください。
❹人差し指を反らし、親指を人差し指から離して開きます。中指から小指までが、綺麗な段々になります。
❹’親指は人差し指の高さに、水平方向に開きます。★のあたりから動かすとスムーズです。

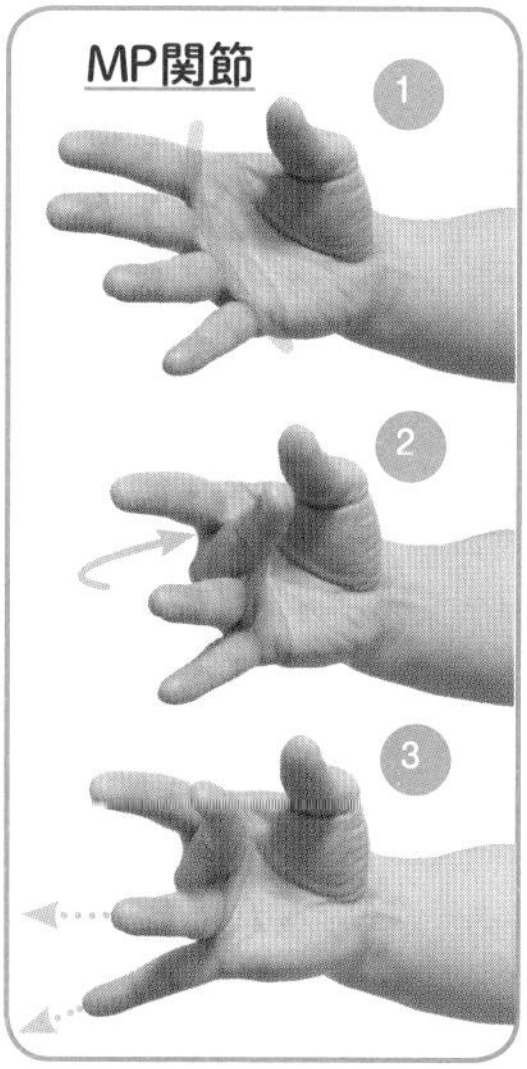

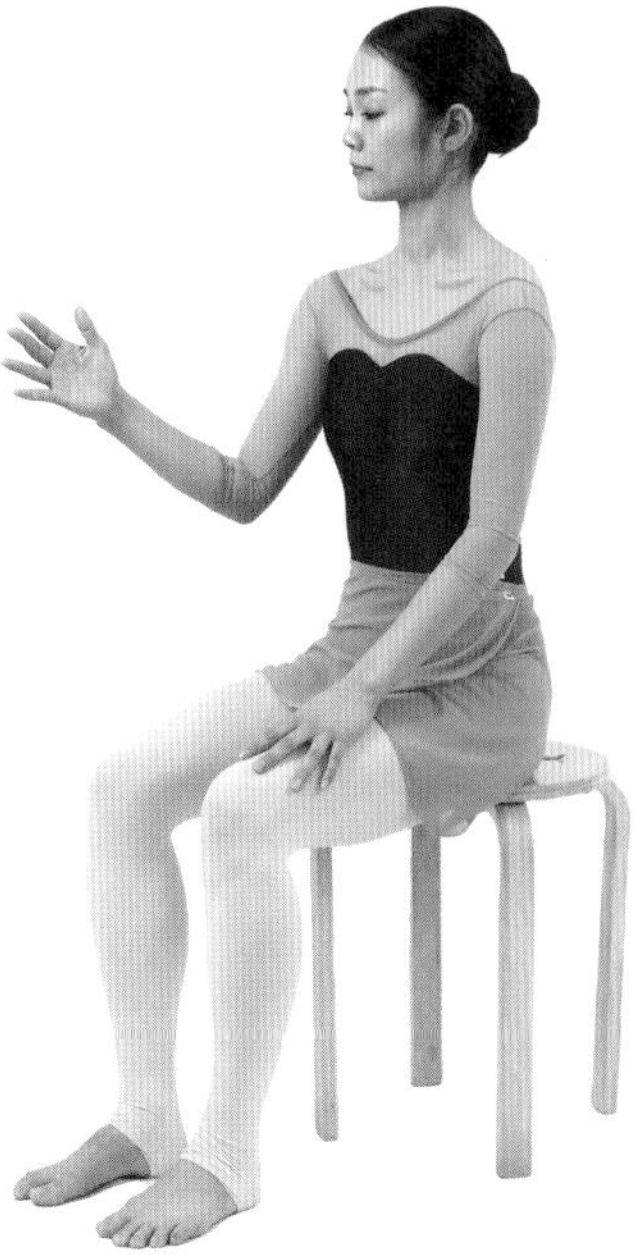

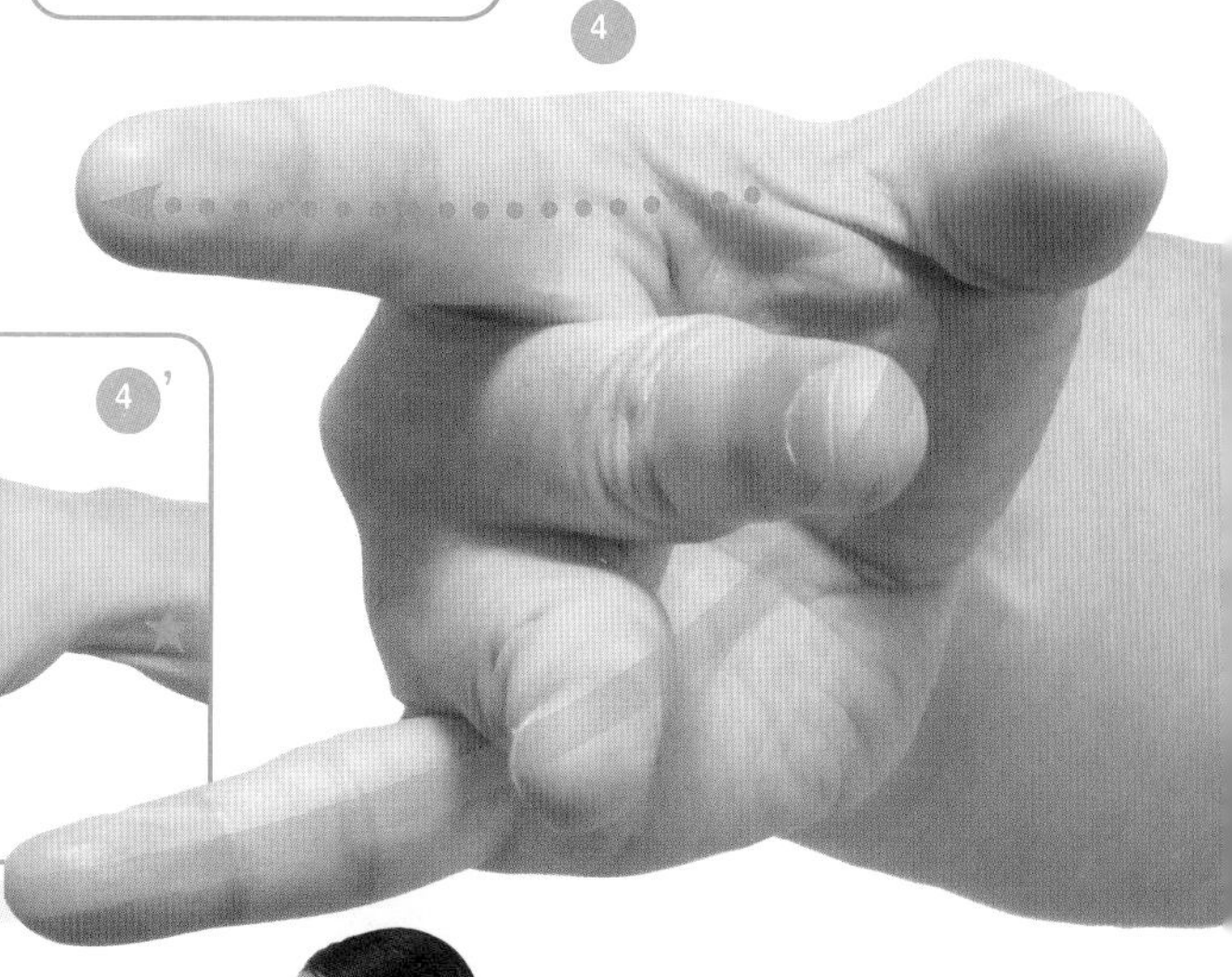

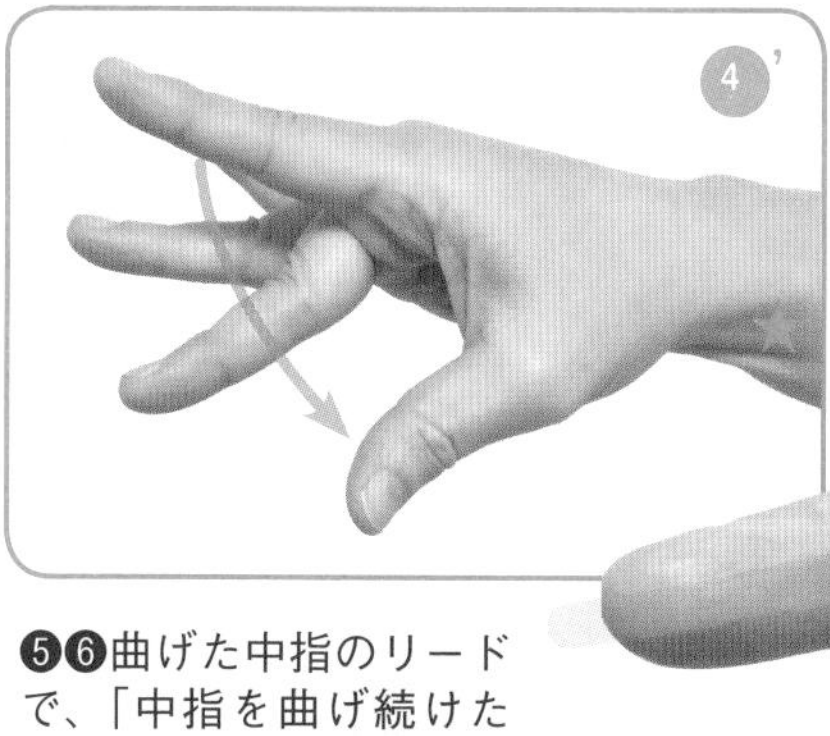

❺❻曲げた中指のリードで、「中指を曲げ続けた結果」前腕が自然に内回ししていくイメージです。

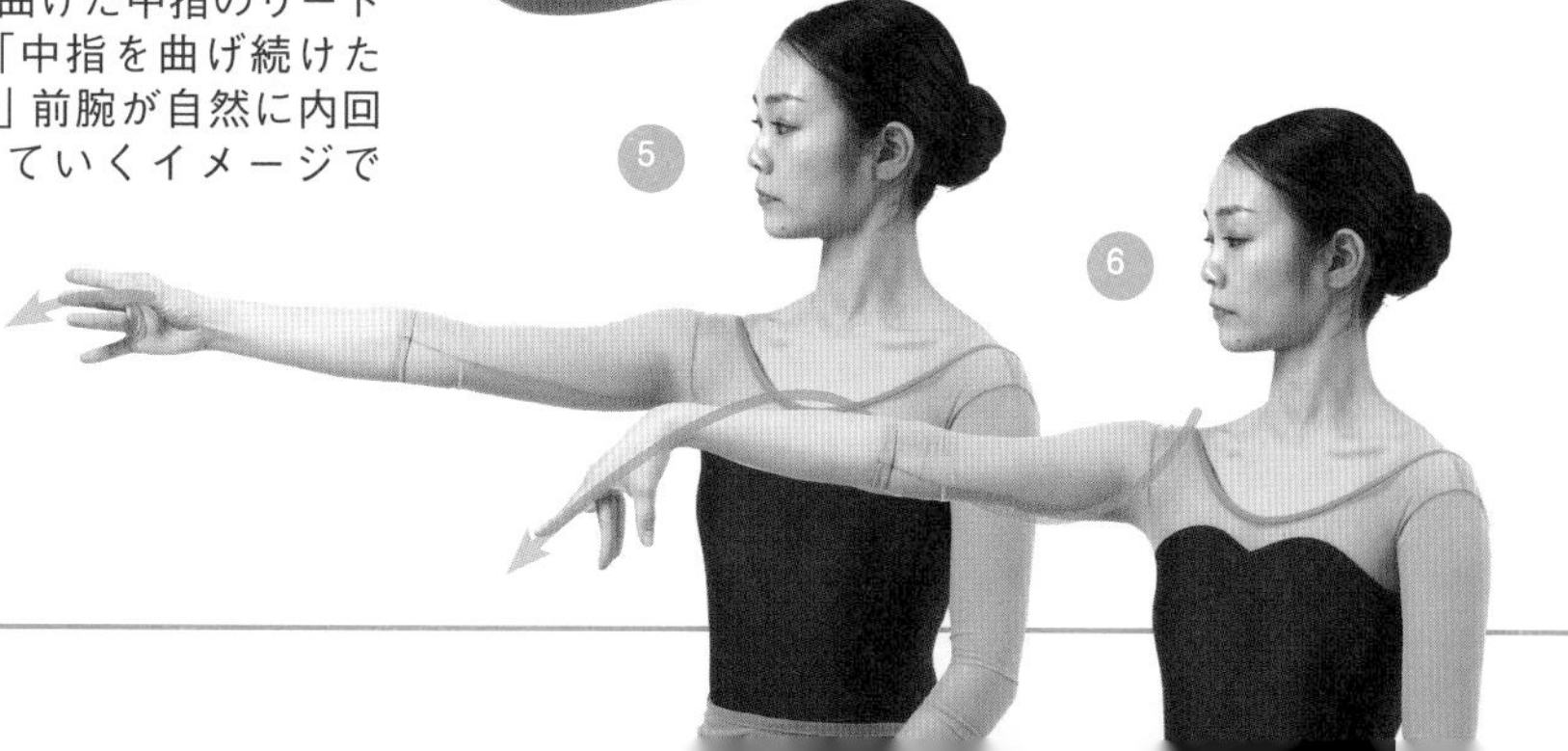

「外回しの手」をつくる

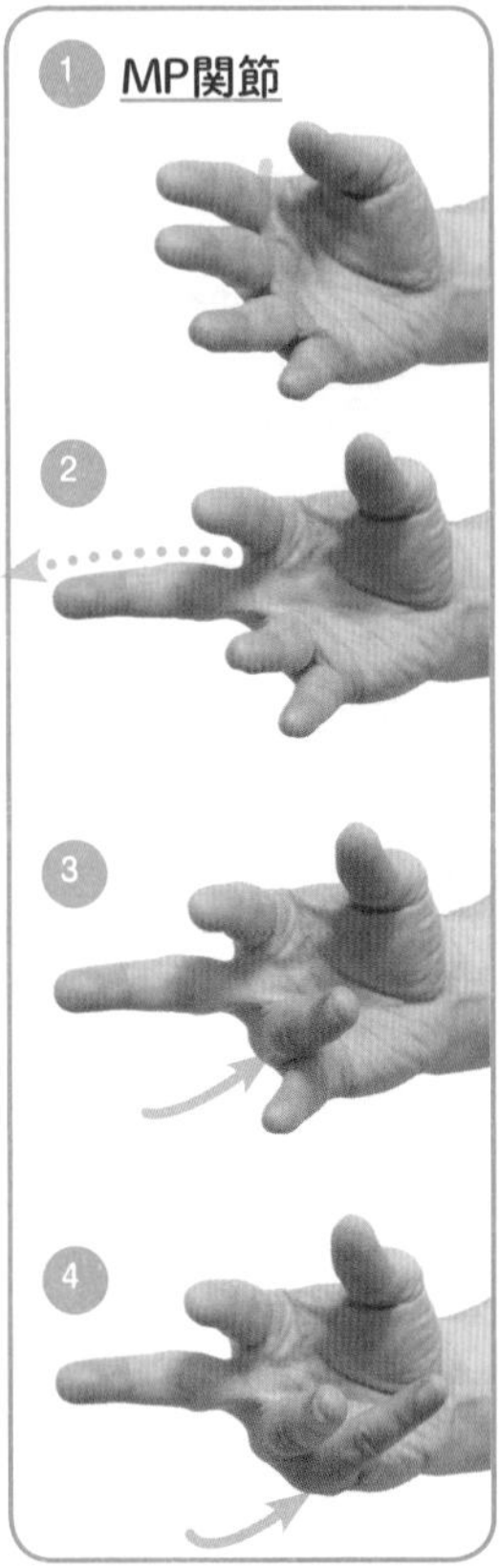

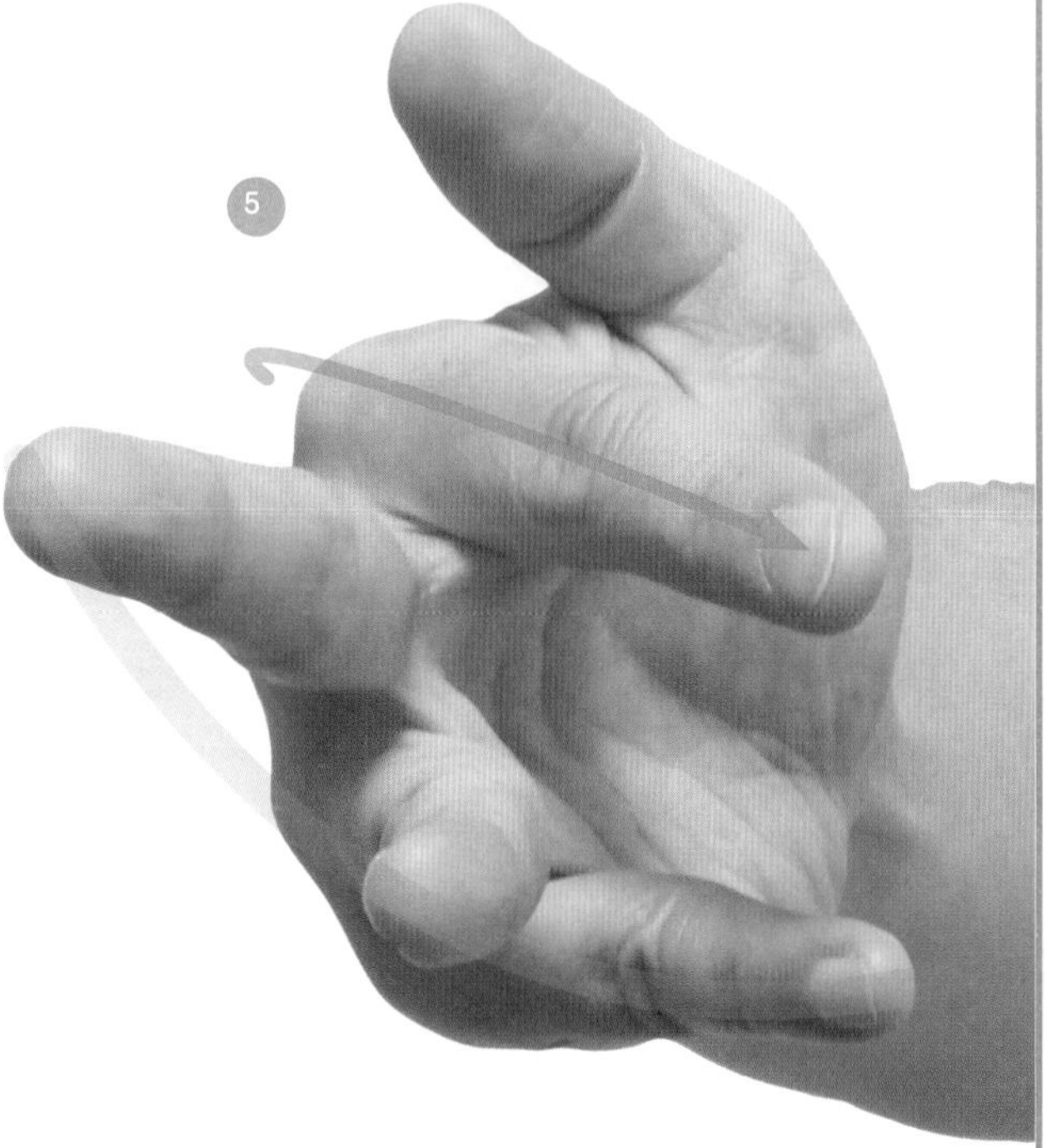

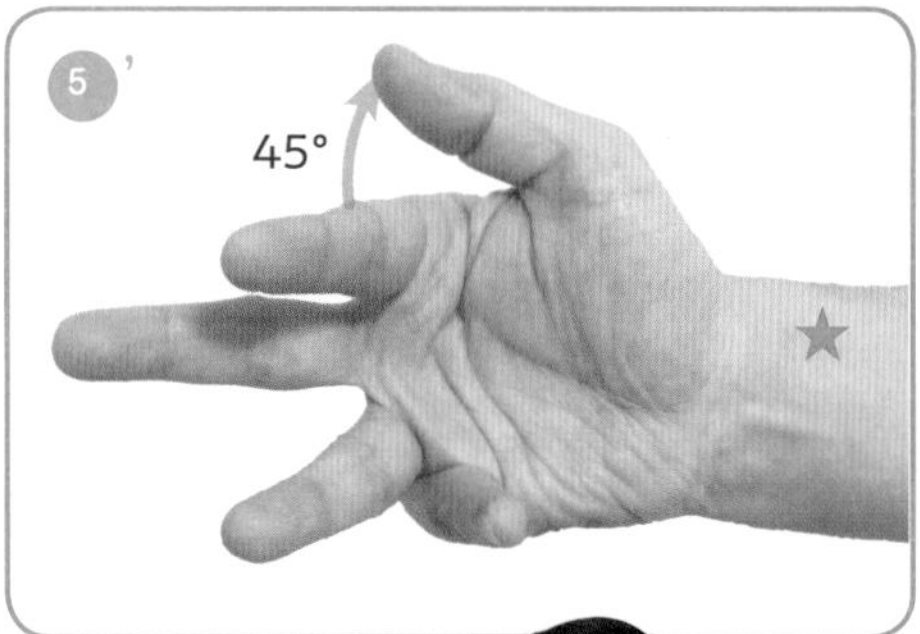

❶❷中指を反らし、
❸薬指を付け根から曲げます。
❹小指を薬指より深く曲げます。
❺人差し指を付け根からしっかり曲げ、
❺' 親指を垂直方向に人差し指から45°に開きます。★のあたりから動かすとスムーズです。

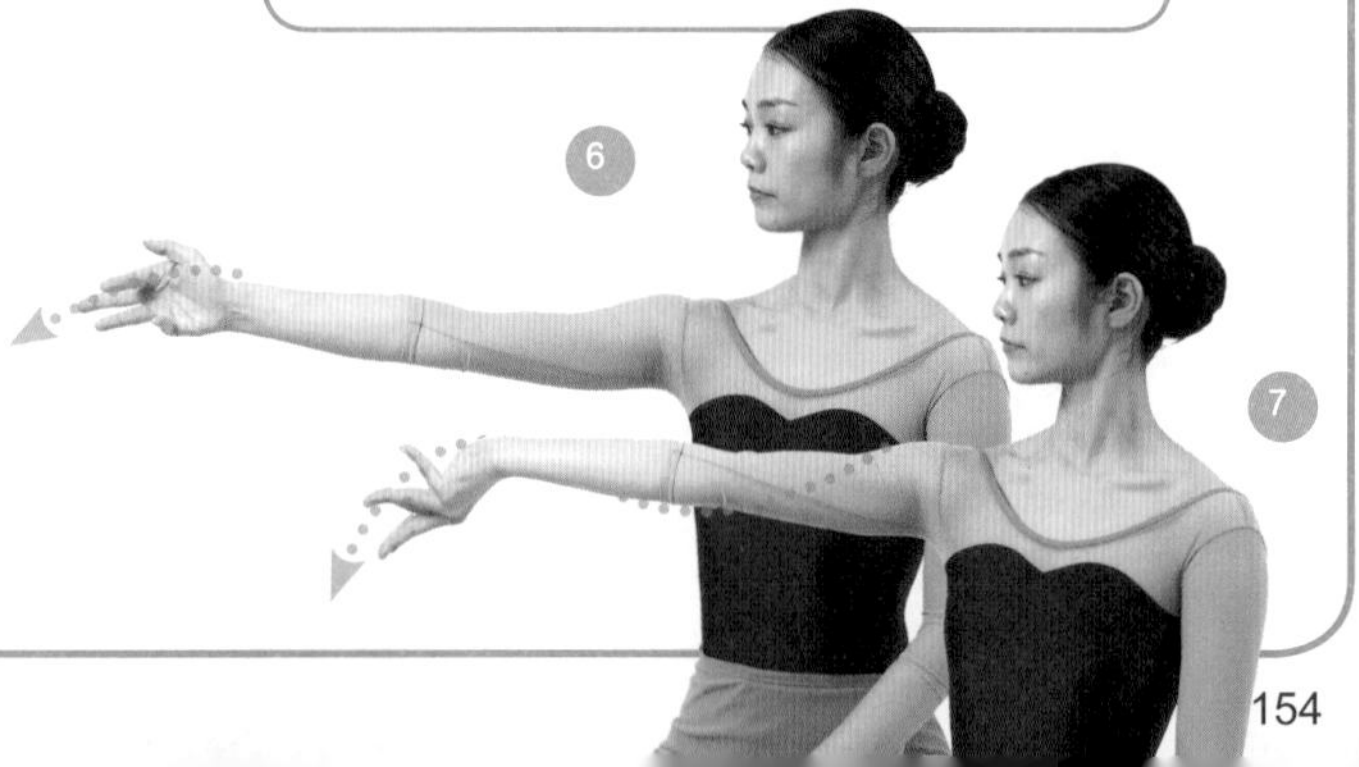

❻❼反らした中指のリードで、「中指を反らし続けた結果」前腕が自然に外回りしていくイメージです。

手は身体のロックを外す鍵

美咲　小指と薬指を動かすのが難しいです！　すぐ指先が曲がってうまく動かせません。

扇谷　動きの制限があるときは、もう片方の手で動きを補助しても良いです。また、制限を感じるちょっと手前で止めて、鼻で吸って、鼻から息を2回に分けて吐ききる深呼吸を3〜5回してみてください。筋肉がゆるんで動きやすくなりますよ。

美咲　（試してみる）……あ、ホントですね！

扇谷　動きの悪いところを動かすときに、この深呼吸が役立ちますよ。

美咲　それにしても、こんなに指を複雑に動かす必要があるんですか？

扇谷　あります。わたしたちの身体にはたくさんの筋肉があるのですが、普段の生活ではあまり使われず、脳からの司令が届きにくくなっている筋肉がたくさんあります。

美咲　わたしがターンアウトがうまくできない理由もそれですよね。

扇谷　美咲さんに限らずほとんどの人はそうだと思います。理由はいろいろですけど、普段の生活でサボっている筋肉は衰えますし、感覚も鈍くなりますので。

美咲　そうなんですか？

扇谷　イメージとしては、通い慣れた道ばかり使っていると、使われなくなった道が

動かしづらい指をもう一方の手で補助してもOKです。
また、鼻で息を吐ききる深呼吸をしてから行うと筋肉がゆるみます。

荒れ放題になるみたいなのものですね。普段の生活なら少々遠回りでも慣れている道が楽ですが、バレエのように高度なバランスや瞬発力が必要な動きをするには、いつでもどの道でも通れるように整備されている＝筋肉が目覚めている必要があります。近年注目されるようになった〔深層筋〕がその代表例ですね。

美咲　あ、「深層筋トレーニング」ですね。わたしも試しました！　でもあまり実感がわかなくてあまり続かなかったです。

扇谷　〔深層筋〕は身体の奥の方にあるので、触ったり意識したりが難しいんですよね。その〔深層筋〕を含めた、普段使っていない筋肉にアプローチするために必要なのが、ここで紹介している手や指を細かく動かすことなんです。

美咲　どうして手や指なんですか？

扇谷　手や指には細かな動きのための小さな筋肉がたくさん集まっていて、その1つひとつが〔深層筋〕を含む全身の重要な筋肉と共鳴しているからです。足も同様なのですが、手の方が自由に動かしやすいですよね。細かい指の動きや手の形は、眠ってしまって固くロックの掛かっている筋肉を目覚めさせるための鍵のようなものなんです。

美咲　手や指が鍵……。

指先の鍵で身体のロックを外すイメージです。

美咲　そうです。だから鍵となる手や指の形を正確につくった上で、腕や肩の関節を互い違いに動かすとロックが外れ、目覚めた筋肉同士が連動して軸ができるんです。

扇谷　なかなかうまく指を動かしたり手の形をつくったりできないんですけど……。

美咲　それは最初は当たり前なので気にしないでください。これは筋力というより脳のトレーニングですから、まずはできる範囲で大丈夫です。続けるうちに手や指の筋肉も、共鳴相手の筋肉も活性化してきて、スムーズに動かせるようになりますよ。

扇谷　それを聞いたらやる気が出ました！

美咲　内回し・外回しの覚え方は、「中指の曲げる・反る」を起点に、**①中指～小指の3本は階段状に動く。②人差し指は中指と逆に動く。③親指は人差し指の曲げる・反るに応じて水平か垂直方向に開く。**と考えると覚えやすいと思います。

扇谷　（試してみる）……あ、これがわかっていると覚えやすいかも！

腕のターンインの軸を通そう！

美咲　それでは、この手の形を活用して、軸を通していきましょう。まずは腕のターンインから、肩↓腕↓手と指へと進めて、最後に統合します。順番にセットアップをしていくと効果的なので、少し複雑なのですが焦らずに試してみてください。

実際の内回し・外回しの手の形を動画（youtube）で確認できます。

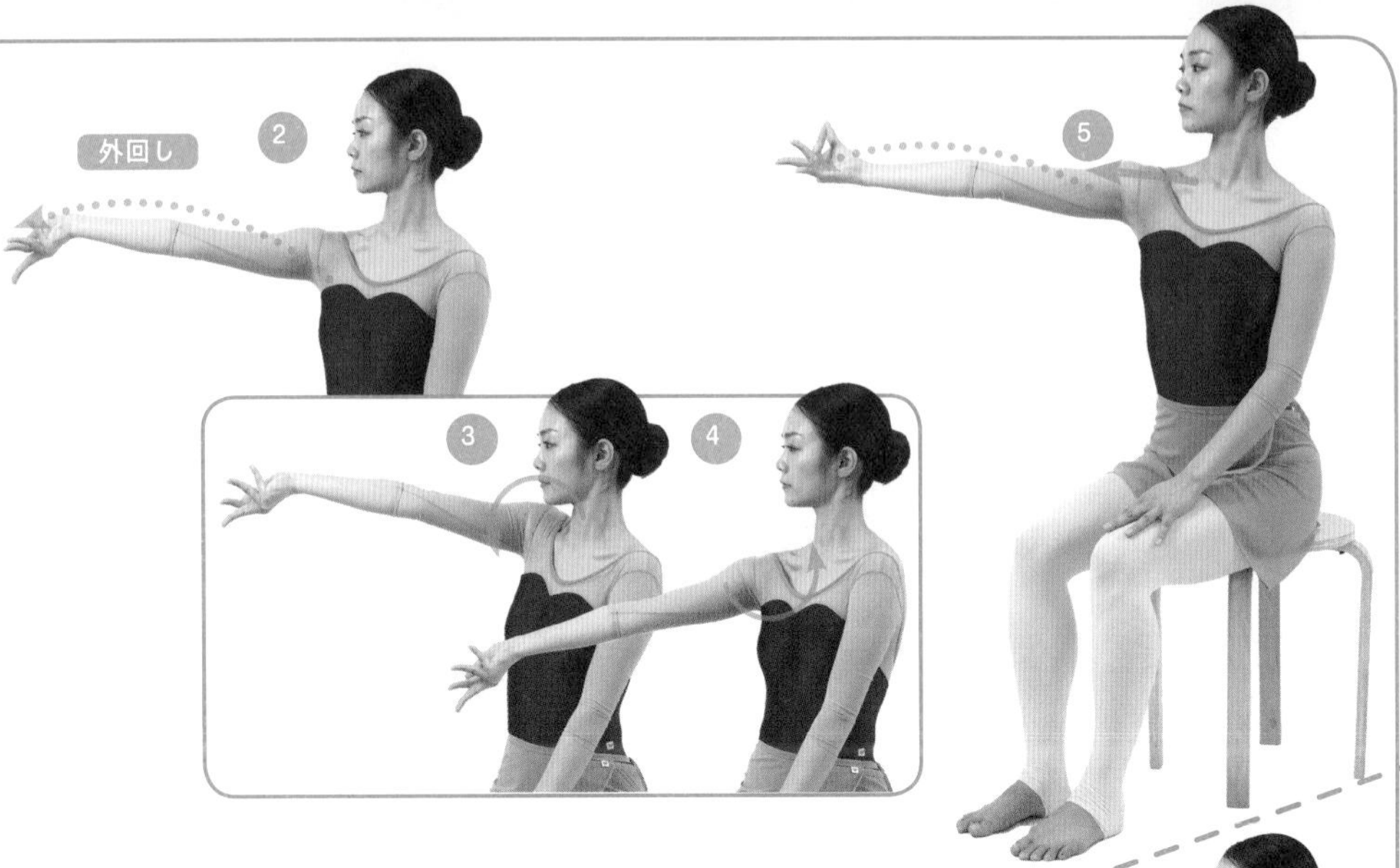

(B 肩関節を内回し)
❶「内回しの手の形」をつくり、中指のリードで手首を小指側に傾け〔尺屈〕し、
❷❸手首から肩までをねじるように腕を内回しします。

(C 肘関節を外回し)
❶「外回しの手の形」をつくり、中指のリードで手首を親指側に傾け〔撓屈〕し、
❷前腕を外回しします。上腕は内回しのまま動かさないように注意します。

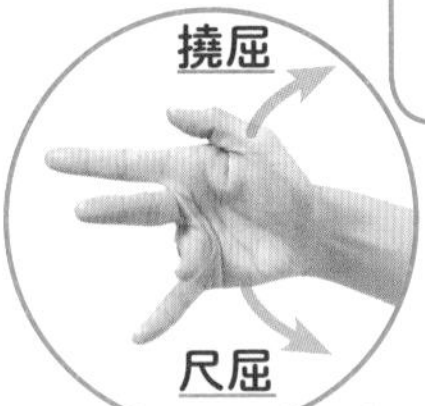

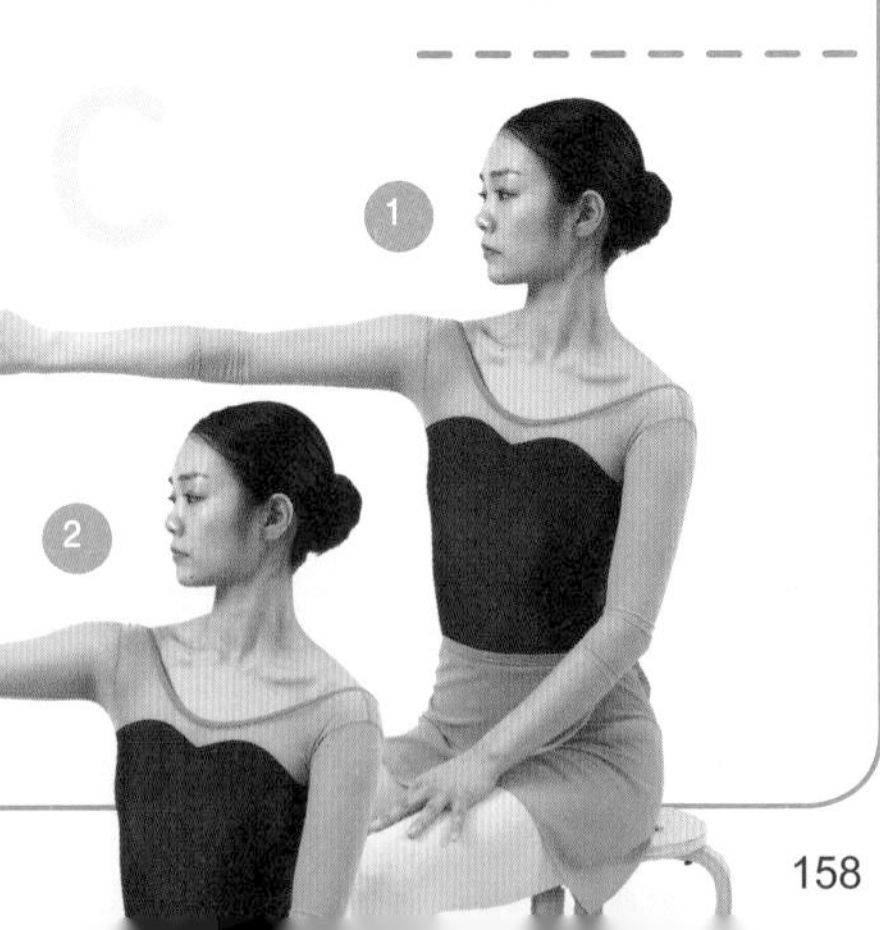

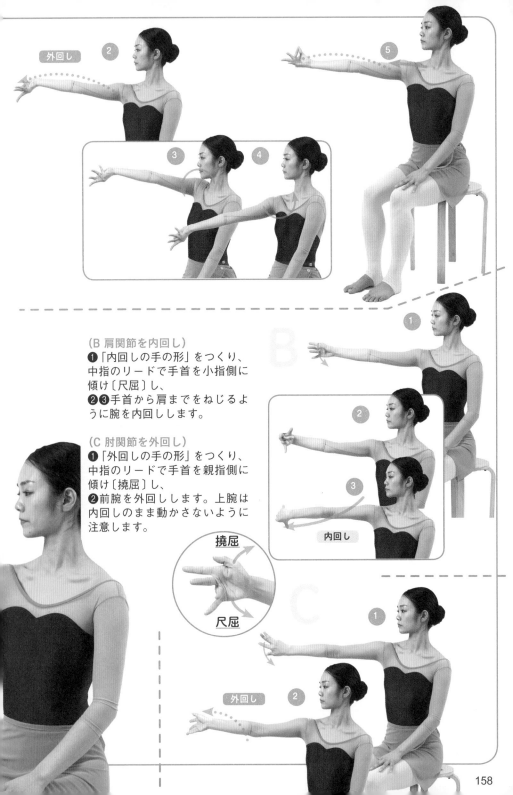

腕の軸を通す〔ターンイン〕

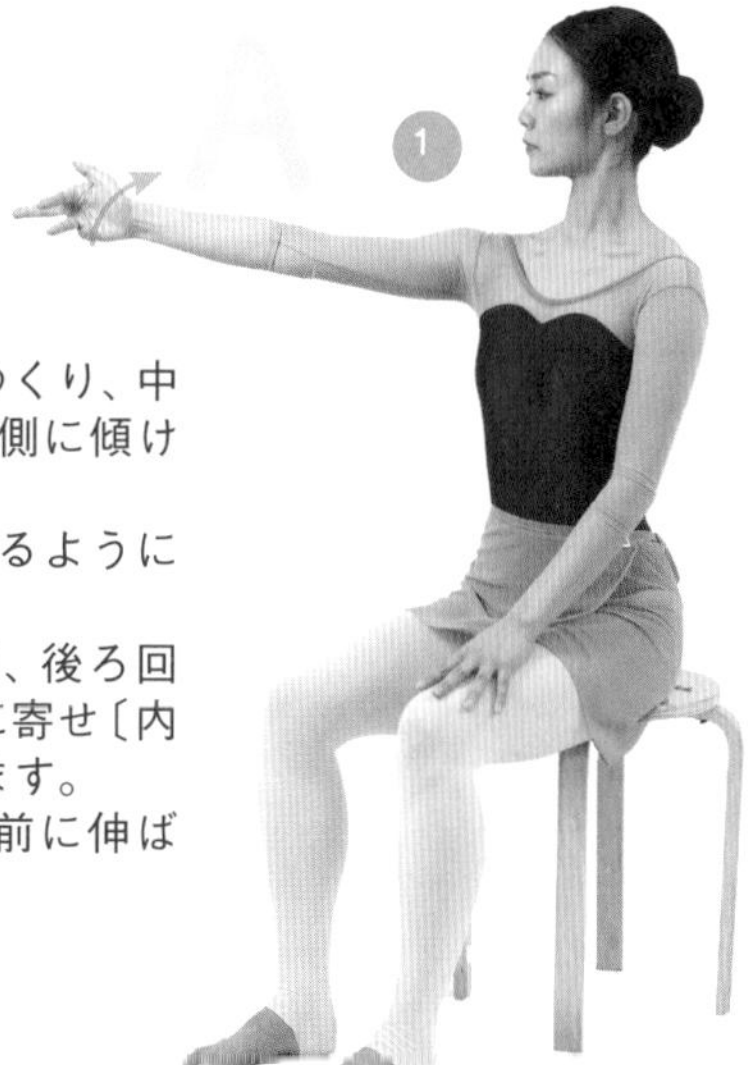

(A 肩鎖関節を外回し)
❶「外回しの手の形」をつくり、中指のリードで手首を親指側に傾け〔撓屈〕します。
❷手首から肩までをねじるように腕を外回しします。
❸❹肩全体を大きく5回、後ろ回しに回し、肩甲骨を背骨に寄せ〔内転〕鎖骨の後退を誘導します。
❺腕を外に回したまま、前に伸ばし、鎖骨を前に出します。

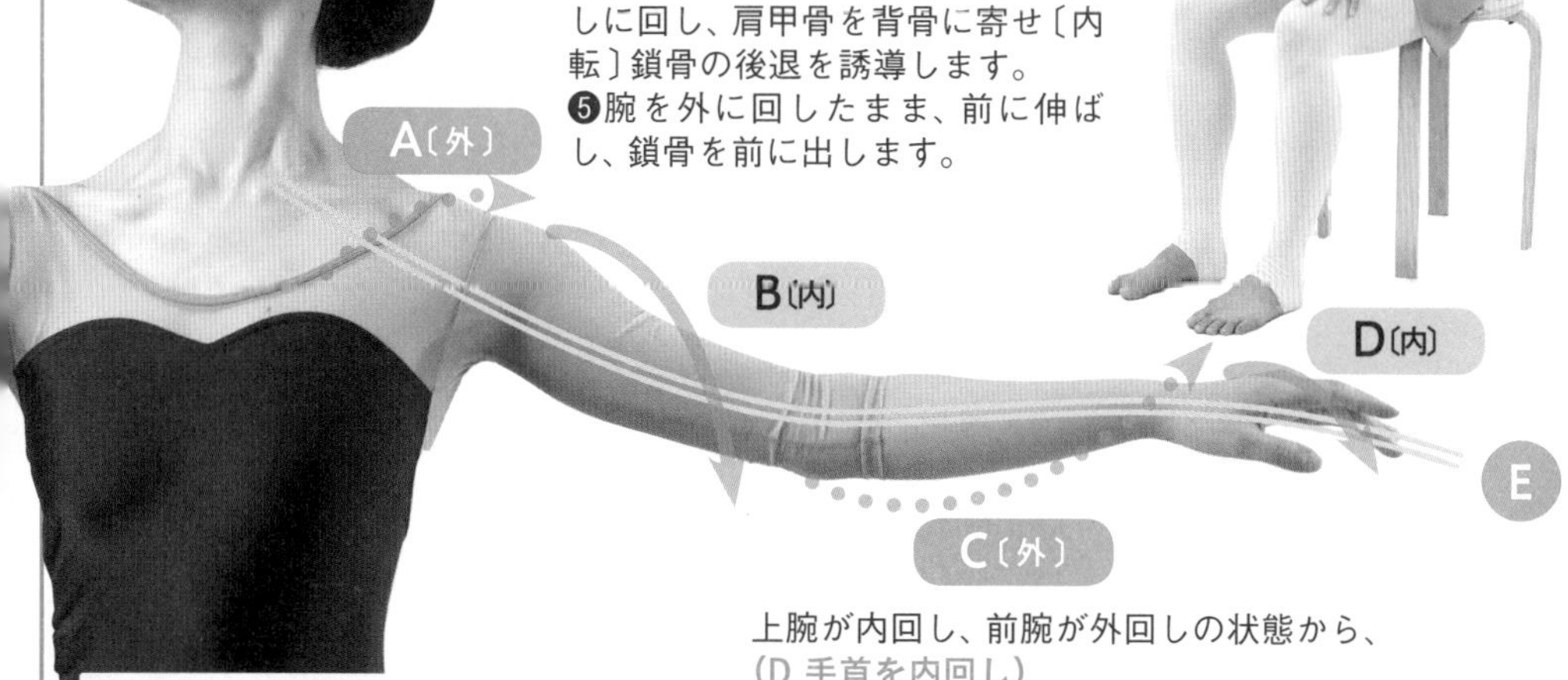

上腕が内回し、前腕が外回しの状態から、
(D 手首を内回し)
❶「内回しの手の形」をつくり、中指のリードで手首を曲げます。
❷人差し指を曲げ、中指と親指を反らします。
❸手首を親指側に傾け〔撓屈〕・反らします。(薬指と小指はそのまま)
❹人差し指を反らし、中指と親指を曲げて、「内回しの手」に戻ります。そのあと、改めて「外回しの手」「内回しの手」を1回ずつつくります。

(E 肩から指先までの軸を通す)
❶手の形、前腕、上腕はそのまま、肩甲骨から腕を前に伸ばし大きな弧を描くように腕を上げます。
そのまま眉間から息を吸うイメージで、腹→胸→首の付け根→肩とふくらませてから、深く吐きます。
❷❸大きな弧を描くように横から腕を下げます。これで腕の軸が通りました。
このエクササイズを2～3回繰り返しましょう。

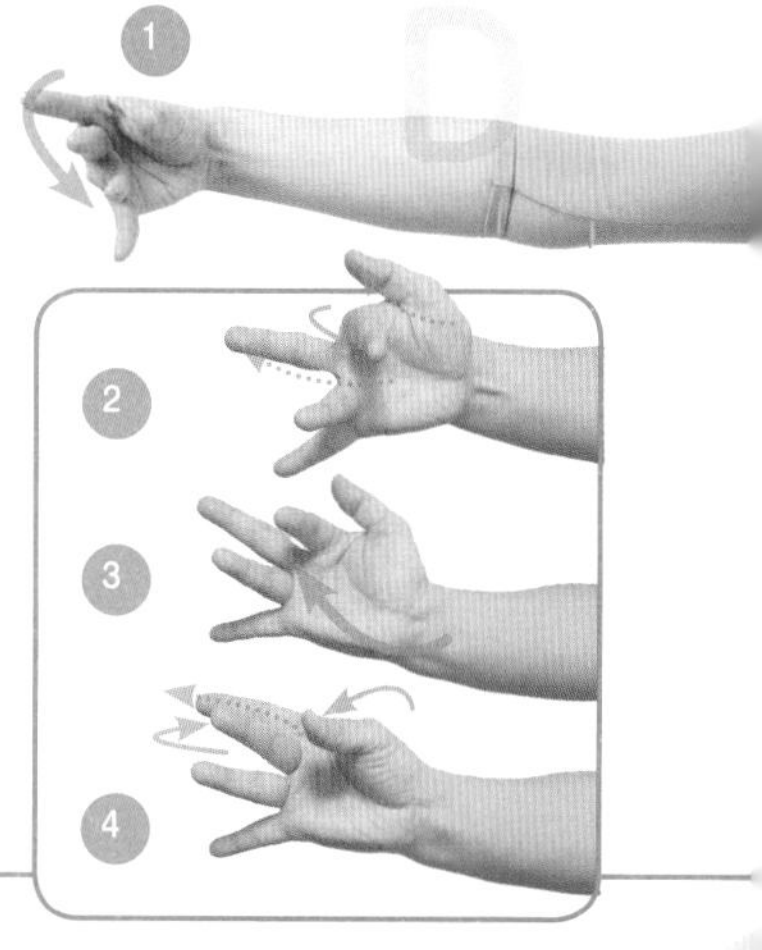

腕のターンアウトの軸を通そう！

扇谷　どうですか？

美咲　（「腕の軸を通す（ターンイン）」を試して）指の動きで頭がこんがらがりそうになりましたけど、最後にスーッと肩から手までがつながった感じになりました。

扇谷　脚のターンアウトはどうですか？

美咲　（試してみる）……あれ？　いま股関節から動かしたわけじゃないのに、自然にターンアウトが開きやすくなりました！　上半身と下半身の共鳴ってこれですね⁉

扇谷　良い感じですね。この軸を通す動きの精度を上げていくと、もっとスムーズに開くようになりますよ。

美咲　無理やり開いたときより、お尻の力も抜けるし、面白いですね。これを続けたらもっと開きそう。

扇谷　雑巾絞りターンアウト100回よりも、正しく軸を1回通すことをおすすめします。軸を通してポール・ド・ブラをすれば、それだけでバーレッスンの効果が倍増ですよ。

美咲　その方がお得ですね（笑）。

扇谷　では、次に腕のターンアウトの軸を通しましょう。

腕の軸を通す〔ターンアウト〕

(A 肩鎖関節を内回し)
❶「内回しの手の形」をつくり、中指のリードで手首を小指側に傾け〔尺屈〕ます。
❷手の形を保って、手首から肩までをねじるように腕を内回しします。
❸肩全体を大きく5回、後ろ回しに回し、肩甲骨を背骨から離し〔外転〕、鎖骨の前進を誘導します。
❹腕を内回ししたまま、後ろに伸ばし、鎖骨を後ろに引き、背中で肩甲骨同士を近づけます。

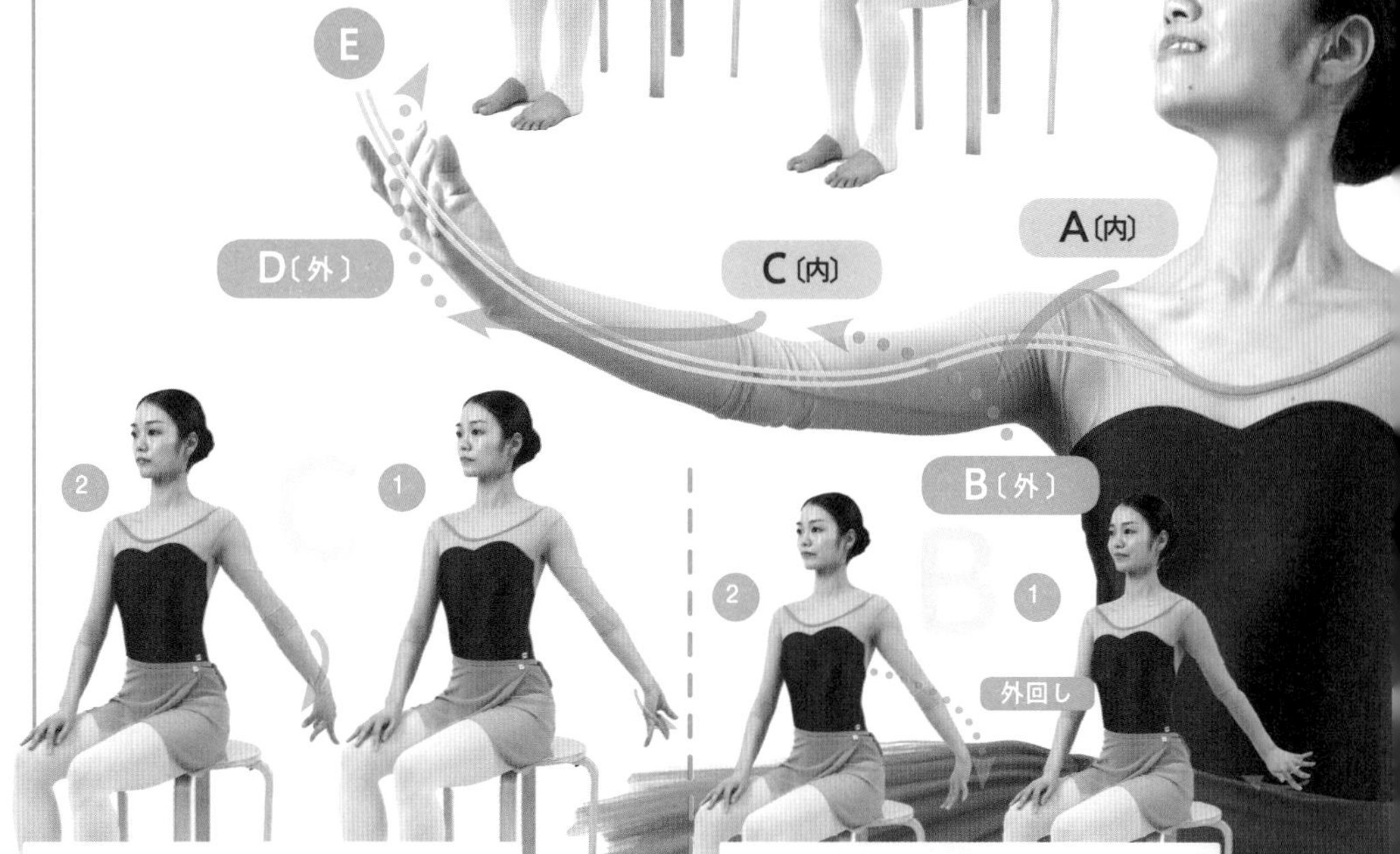

(C 肘関節を内回し)
❶「内旋の手の形」をつくり、中指のリードで手首を小指側に傾け〔尺屈〕・曲げ、
❷上腕を動かさずに、前腕を内回しします。

(B 肩関節を外回し)
❶「外旋の手の形」をつくり、中指のリードで手首を親指側に傾け〔撓屈〕・反らし、
❷手首から肩までをねじるように腕を外回しします。

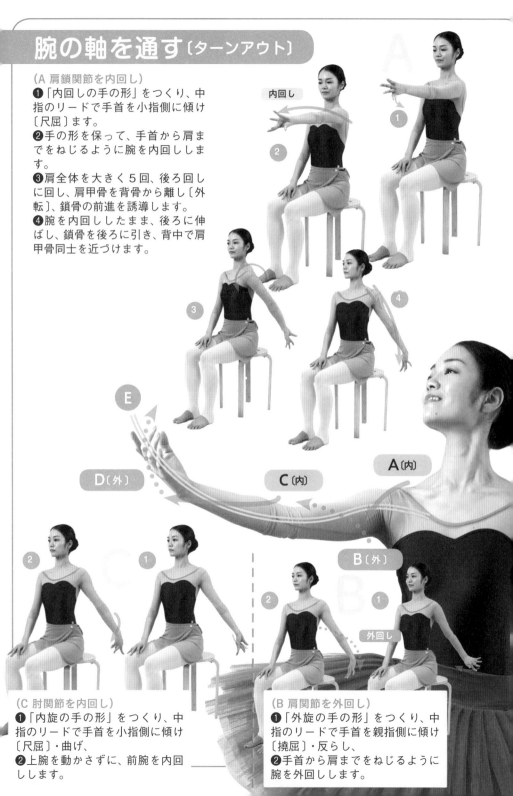

(D 手首を外回し)
❶「外回しの手の形」をつくり、中指のリードで手首を反らします。
❷人差し指を反らし、中指と親指を曲げ、
❸指はそのまま、手首を曲げます。
❹人差し指を曲げ、中指と親指を反らし、「外回しの手」にもどります。その後、改めて「内回しの手」「外回しの手」を1回ずつつくります。

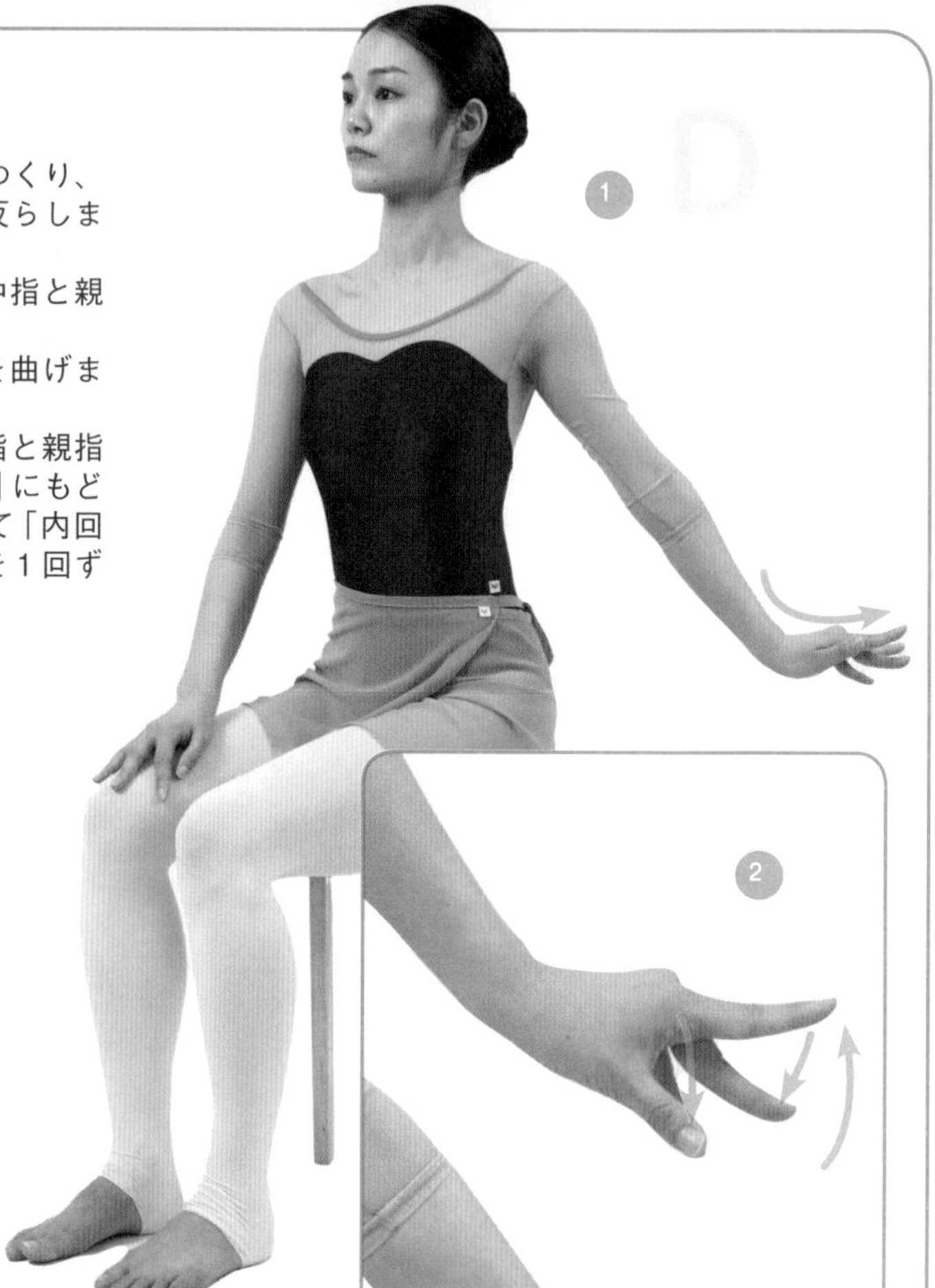

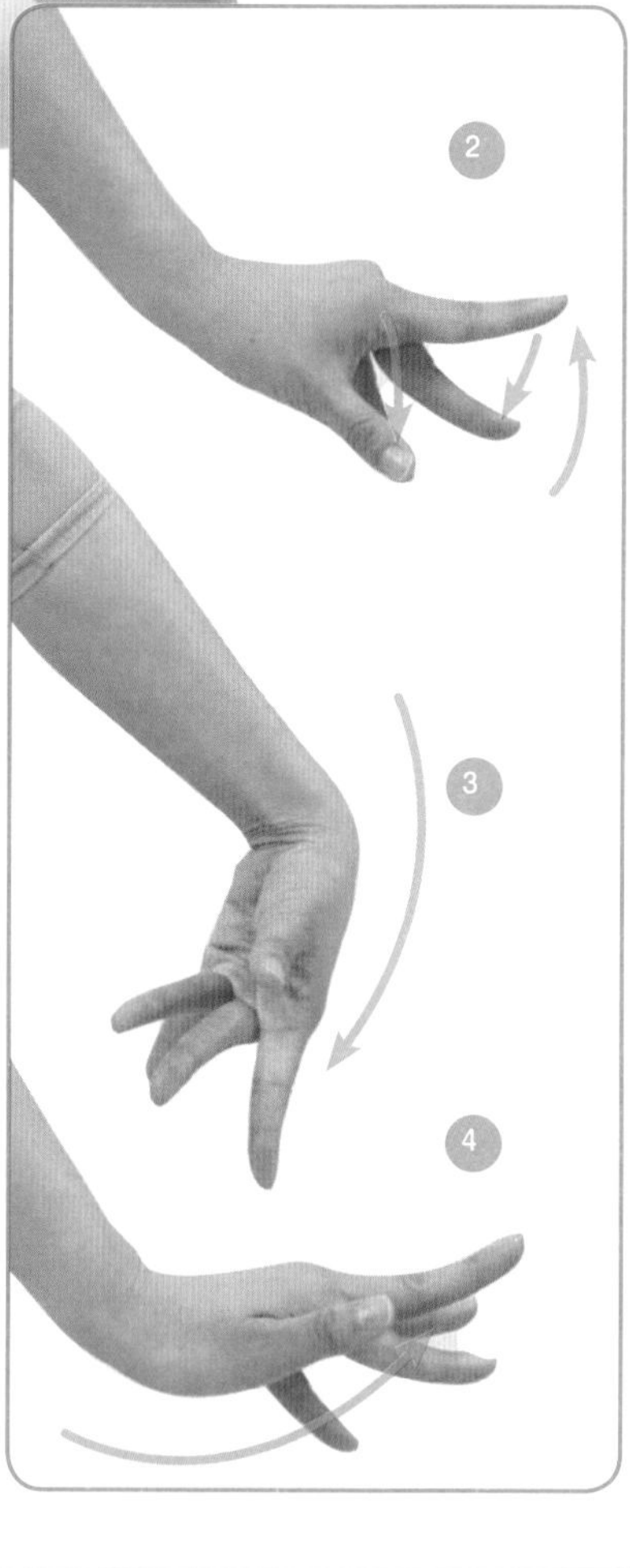

(E 肩から指先まで軸を通す)
❶手の形、前腕、上腕はそのまま、肩甲骨から腕を伸ばし、横から大きな弧を描くように上げます。
そのまま眉間から息を吸うイメージで、腹→胸→首の付け根→肩とふくらませてから、深く吐きます。
❷❸大きな弧を描くように前から腕を下げます。これで腕の軸が通りました。
このエクササイズを2〜3回繰り返しましょう。

美咲　（**「腕の軸を通す（ターンアウト）」**を試して）……ふ〜。やっぱりすぐには覚えられそうにないけど、ターンアウトとターンインを両方すると、すごく力が抜けますね。

扇谷　お疲れ様でした。一発で覚えられるくらい単純化できたらいいんですけどね。いまはこれが精一杯なので許してください。

美咲　わかりました。効果は感じるので許します（笑）。

扇谷　ありがとうございます（笑）。まずは身体の感覚に集中しましょう。ポール・ド・ブラの動きを試してみてください。どうですか？

美咲　（アロンジェを試してみる）わ！　自分の肩じゃないみたいです！　すっごい軽いです。

扇谷　順調ですね（笑）。これが指の骨→手のひらの骨→前腕の骨（橈骨・尺骨）→二の腕の骨（上腕骨）→肩（肩甲骨&鎖骨）まで、それぞれの骨が互い違いに回って、指から肩まで

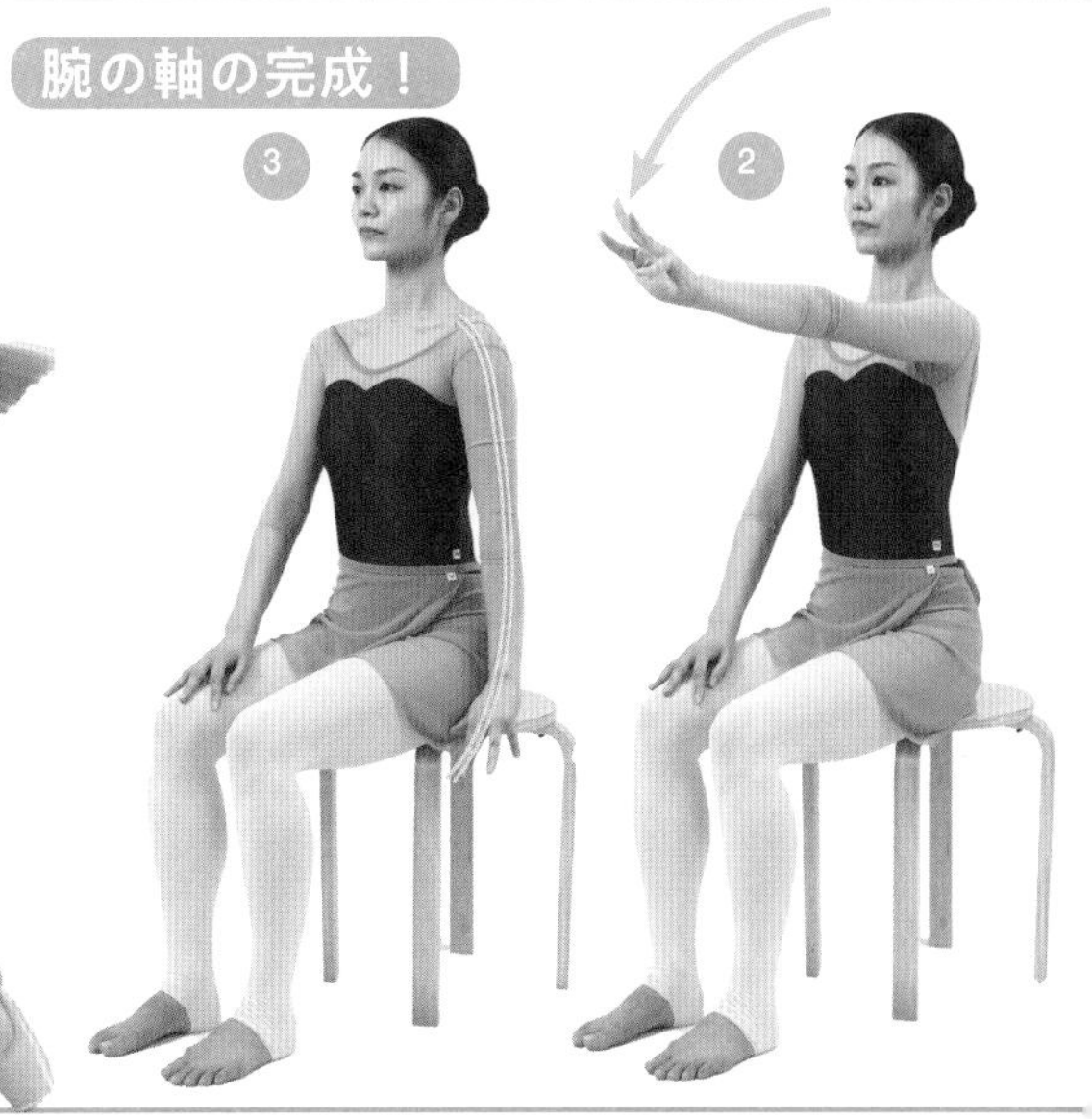

軸が通っている状態です。

美咲　たしかになんだか腕に柔らかい芯があって、自然に腕が浮いているような感じです。不思議な感じです。

扇谷　その感じを覚えておいてください。後で登場する下半身のターンアウトのところでも出てきますから。

美咲　わかりました。……ところでこの「腕のターンイン」のときの手の形、バレエの手に似てますね。こう肘を曲げると……、アン・ナヴァン？

扇谷　ピンポーン！　正解です！

美咲　正解⁉　やった！

扇谷　軸が通ると自然にその手の形に行き着くんです。「必然」だって言ったでしょう？

美咲　すごい！　ちゃんと意味があったんですね〜！

扇谷　そうなんですよ。わたしもこのことに気づいたときは感動しました（笑）。では、そのままターンアウトをしてみましょう。

美咲　はい！　（ターンアウトする）……あれ？　さっきよりさらに開いているような。

扇谷　そこからプリエをすると、さらに股関節を開きやすくなりますから、プリエをしたら床につく足の位置を調整してみてください。

美咲　（プリエをする）……あ、たしかに、開きやすくなります！　……こうかな？

扇谷　はい、そこから内ももを寄せる気持ちで、膝を伸ばしてきて……そうです。

美咲　わ、開いてる!?　えー、こんなに開いたの久しぶりっていうか……昔より楽に開けているかも？

扇谷　うんうん。定期的に身体を動かしているだけあって、反応が良いですね！

美咲　そうなんですか？　嬉しいです！　まだ180度にはならないけど、かなり楽になりましたよ。骨盤の角度も良くなったかも？

扇谷　はい。最初より出っ尻が改善しましたね。

美咲　今までのお尻の感覚と違います。新しいターンアウトの感覚です。

扇谷　ね？　ターンアウトがスムーズにできるっていうことは、つまりそのポール・ド・ブラのポジションが正しいっ

プリエでさらに股関節が開きやすくなります。

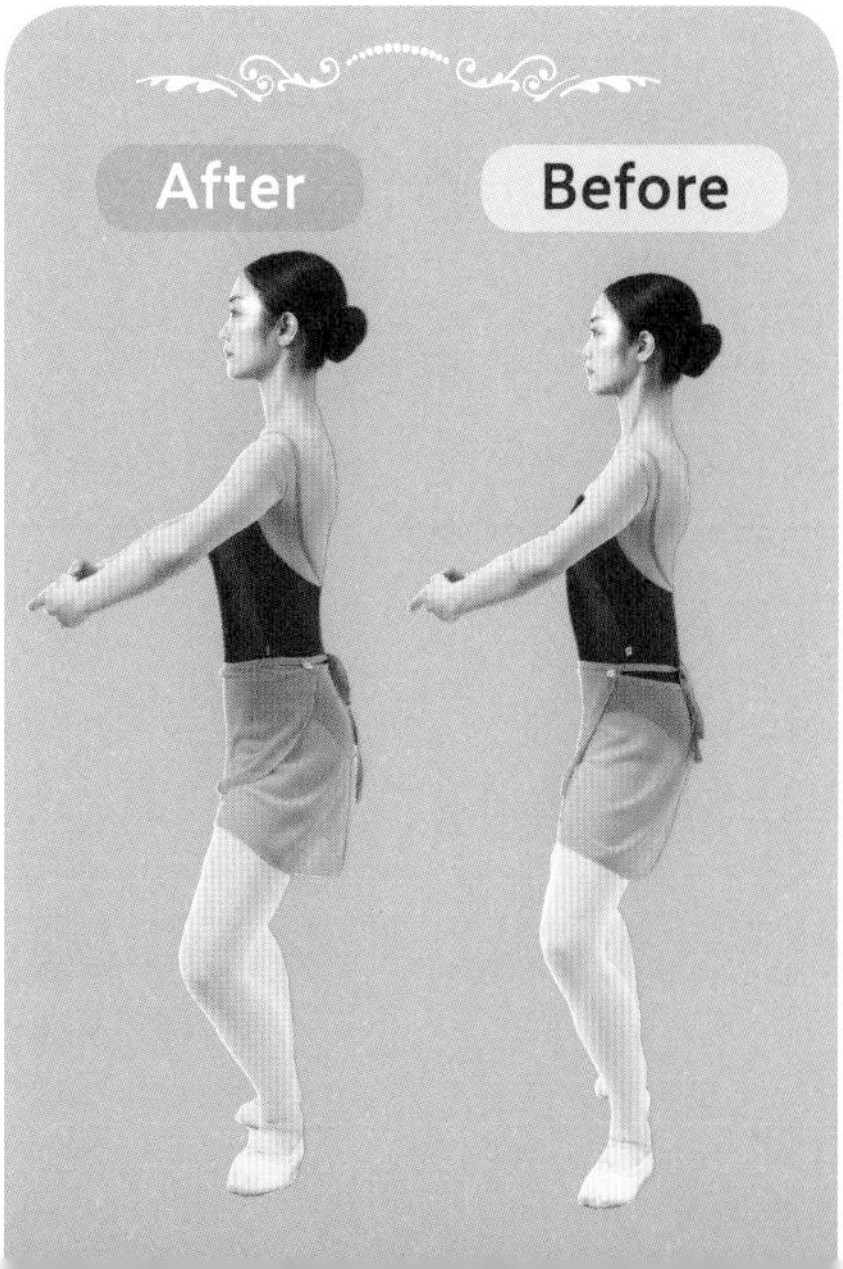

てことです。

美咲　そ、そうか！　全然今までの感覚と違うけど、これで練習しないといけなかったんですね。ポール・ド・ブラがこんなに奥深かったとは……。

扇谷　はい。なんとなく手の形やポール・ド・ブラのポジションをつくっていても、軸が通っていないと本来の効果を発揮できません。ぜひ身につけていってくださいね。

美咲　はいっ！（笑）。

背中を目覚めさせて、腕を伸びやかに！

美咲　わたしのバレエの先生は「ポール・ド・ブラは背中から動かして」ってよく言うんですけど、ちゃんとできているのかよくわからないんですよね。バレエの公演を観に行くと、やっぱりプロの人たちの肩甲骨や背中の動きが綺麗で。あんな風に、背中から腕を動かすようにするにはどうしたらいいんでしょうか？

扇谷　ポイントは背中を広く覆っている筋肉（広背筋）を伸びやかに使うことです。広背筋は腕を動かす大きな筋肉なので、これが縮こまっていると腕の動きが邪魔されてしま

背中を上手に使うことが、伸びやかな腕と綺麗な動きにつながっています。

います。美咲さんのようにグッと肩を下げるとこの広背筋が縮こまってしまうので、十分にストレッチしてあげる必要があります。

美咲 広背筋は肩を引き下ろすための筋肉なんですか？

扇谷 そうです。解剖学の本には「広背筋は腕を後方・下方に引く動作に使われる」と書かれています。ただ、バレエダンサーにとってはそれだけでは終わりません。胸郭の背面を引き上げる重要な働きがあります。広背筋を伸びやかに使うということは、「引き上げ」とセットなんです。

美咲 どういう仕組みなんですか？

扇谷 ふだんの使い方と逆なので、感覚的にわかりづらいかもしれません。ちょっと広背筋の位置を確かめましょう。広背筋は上腕の付け根と胸郭の背面をつないでいます。広背筋を覆う筋膜は腰の腰背腱膜につながり、さらにお尻の〈大臀筋〉の筋膜へと続いています。ここまで大丈夫ですか？

美咲 えーと、広背筋が収縮すると、上腕を引き下げるってことですよね？

扇谷 正解です！　ということは、逆に腕が固定されている状態で広背筋が収縮するとどうなるでしょう？　たとえば懸垂をするときです。

腕を伸びやかに使うために必要なのが広背筋です。大殿筋と筋膜でつながっていて、うまく使うとお尻を引き締め、後ろに脚を上げやすくなります。

美咲　あ、身体が持ち上がります。

扇谷　その通りです！　バレエの場合は棒につかまっているかわりに、脇を開いて肩を適切な高さに保っている状態で広背筋を使うわけです。これだと普通の動きとは逆に胸郭の背面を引っ張り上げられるので、息を吸うのを補助するとともに、ターンアウトのための胸郭のポジションを作ることにつながります。

美咲　あ、「引き上げ」のときに出てきた、タオルのエクササイズですね！

扇谷　よく覚えていましたね！　じつはあのエクササイズでも広背筋が参加していたんです。

美咲　全部つながっているんですね。

扇谷　そうです。さらに広背筋の筋膜は腕とお尻をつないでいるので、腕の動きによって、腰背腱膜を介してお尻の大きな筋肉（大臀筋）の筋膜に張りを与えて、大臀筋が働きやすくするという役割もあります。つまり、アラベスクのときに広背筋をうまく使うことで、お尻が引き締まって脚を後ろに上げやすくなるんです。

美咲　広背筋って働き者ですね！

扇谷　さらにさらに！　広背筋の筋共鳴®に目を向けると、広背筋には重要な仕事がもう1

懸垂をするイメージで腕を
上げるのがポイントです。

つあります。「引き上げ」のところで〈僧帽筋〉と〈骨盤底筋〉の共鳴についてご説明しましたね？

美咲　そうでした！　……っけ？

扇谷　じつは広背筋は僧帽筋や骨盤底筋とも共鳴しているんです。ですから、広背筋を伸びやかに使うということは、僧帽筋による肩のポジションの調整や骨盤底筋の「引き上げ」にも影響しているし、逆にこの2つの「引き上げ」ができると広背筋がスムーズに動かせるようになるんです。

美咲　なんかわたしの中で、広背筋のウンチクがすごいことになって、キャパが……（笑）。

扇谷　あ、つい暴走しました（笑）。詳しいことは下の表を見てもらうことにして、実験をかねて手足の親指から僧帽筋と広背筋をゆるめてみましょう。

部位	頭・肩	胸部（背面）	手	骨盤部	足
筋共鳴	僧帽筋	広背筋	長母指伸筋	骨盤底筋（肛門挙筋群）	長母趾伸筋
筋の主な働き	肩甲骨の挙上（上部）・内転（中部）・下制（下部）・上方回旋（全体）	肩関節の内転・伸展・内旋	親指の伸展・撓側外転	腹圧の上昇への抵抗、骨盤内臓器の支持	膝関節の屈曲、足首の底屈
バレエでの役割	肩を安定させる。身体を引き上げる	身体を引き上げる	ポール・ド・ブラの手の形をつくる	インナーユニットを構成する。骨盤を安定させる。	ポアントでつま先を安定させる

背中〔広背筋〕をゆるめる

美咲　（「親指から背中をゆるめる」を試してみる）
……あ、手足の親指を立てるとなんだか脇の下や肩から首にかけてがつっぱって伸ばしにくいです。

扇谷　手の親指の付け根を直角に立てるのは、〔長母指伸筋〕の仕事で、足の親指を反らせるのは〔長母趾伸筋〕です。これらが緊張していると、僧帽筋や広背筋が緊張するので腕を伸ばしにくくなるんです。逆に手足の親指を曲げるとリラックスして伸ばしやすくなります。

美咲　そんな仕組みだったんですか！　だから、バレエの手では親指を内側にするんですね。

扇谷　そうです！　次は「広背筋からの引き上げ」をしてみましょう。

〈手の親指〉と〈背中〉の筋共鳴

親指から背中をゆるめる

椅子に座って、片腕を水平に横に伸ばします。手のひらは正面に向け、体幹が横に傾かないように、背すじをまっすぐに保ちます。次の２つで違いを感じてみてください。

❶親指を上向きに立てて、足の親指を反らします。できるだけ遠くに腕を伸ばします。
❷親指を手のひら側に折り曲げ、足の親指も曲げて、できるだけ遠くに腕を伸ばします。

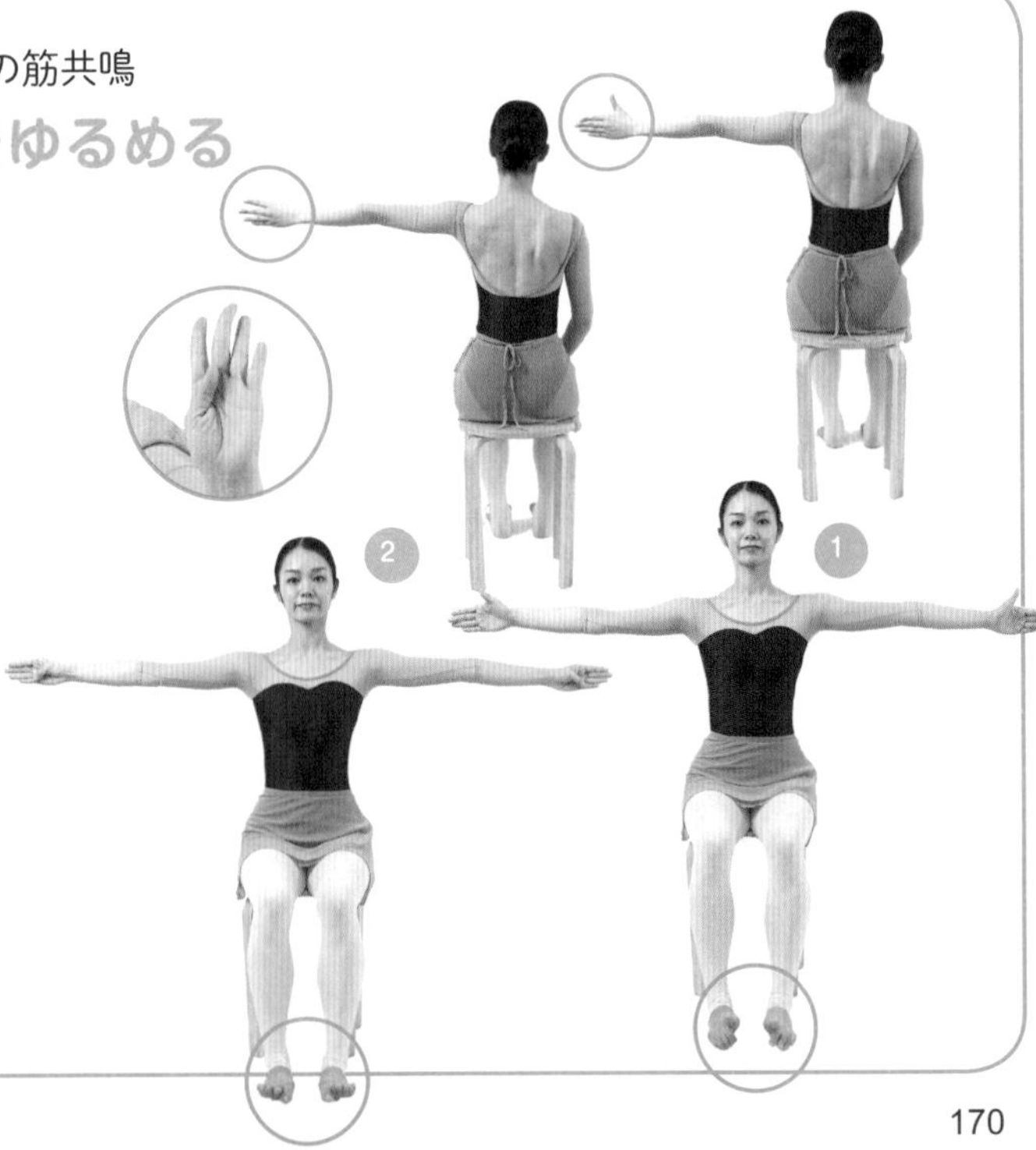

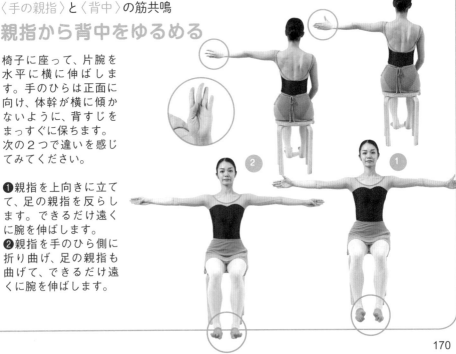

〈手の親指〉と〈背中〉の筋共鳴

広背筋のからの引き上げ

❶舌を上顎につけて足を肩幅に開いて立ちます。
❷首を左に回し、お腹から左に側屈します。左足の裏の踵、母趾球、小趾球に体重をかけます。右足が床から浮かないように注意。
❸右腕を床と水平に上げ、上腕を外回し前腕を内回しにし、親指を手のひら側に折って、指先を中指の付け根に当てます。
❹右腕を伸ばしたまま、右肩をしっかり持ち上げます。
❺脇腹～脇の下を伸ばすように、右腕を上げ、さらに頭を超えて左に伸ばしていきます。眉間から息を吸うイメージで、お腹→胸・背中→肩、とふくらませて3回、深呼吸します。息を吐くときは、2回（7：3）に分けて吐き切ります。
❻そのまま、右足の親指を反らし、足首を反らします。同じように3回、深呼吸をします。
❼姿勢を戻し、左右の違いを比較します。左右を入れ替えて、❷～❻を繰り返します。

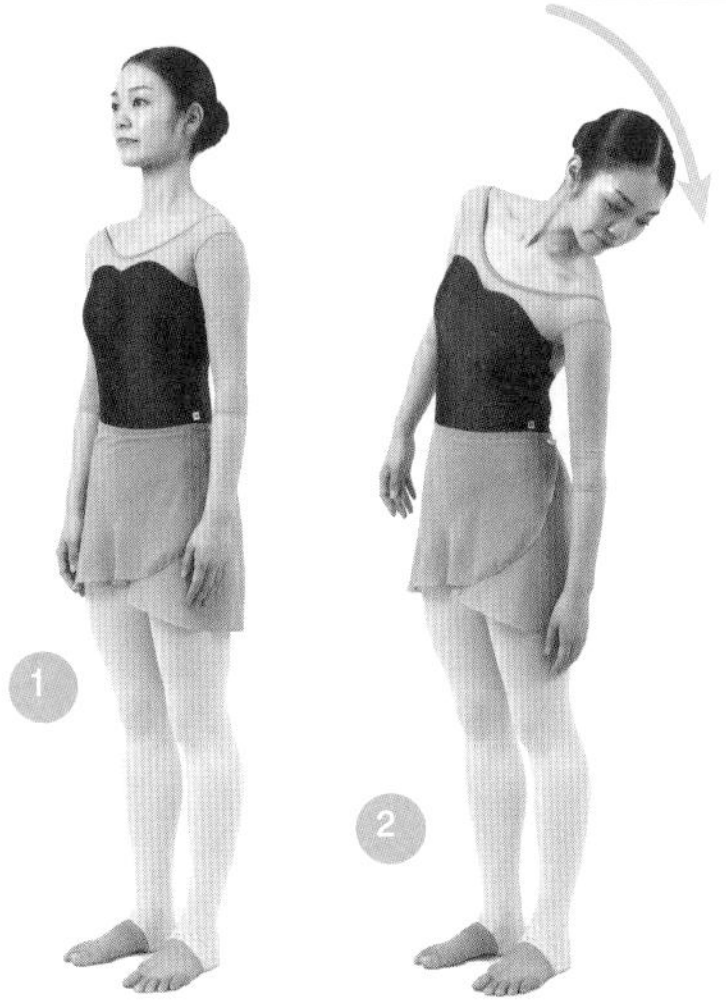

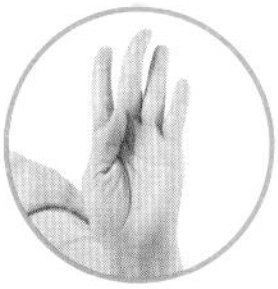

中指の付け根に指先が触れるぐらい

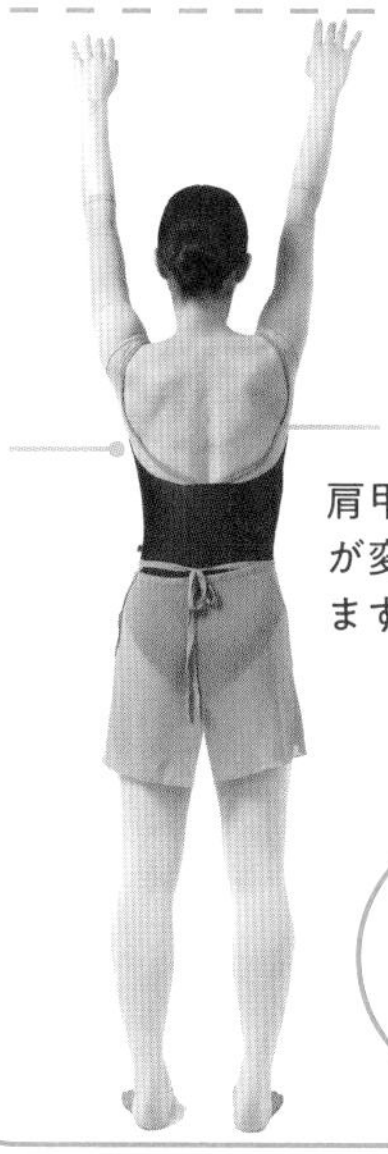

肩甲骨の位置が変わっています

美咲　わっ、脇が開くようになりました！　そして、胸郭の背面が拡がったというか、ふくらんだというか。そのおかげで反り腰も改善できた気がします。

扇谷　これ、カンブレの練習のときにも、使えそうですね。

美咲　そうですね。最初に広背筋を伸びやかにしておけば、効果的にカンブレの練習ができると思います。

扇谷　練習してみます！　なんだか広背筋が引き上がったからか、身体が軽くなった感じです～。

肩の三角筋から指先を伸ばす

扇谷　ポール・ド・ブラで、指が綺麗に伸びていくためには指先を反らせるための筋肉（総指伸筋）がしっかり働く必要があります。美咲さんのようにデスクワークでキーボードと格闘されている人は、この筋肉がオーバーワークで弱くなっていることがよくあります。また、「肘を張って」「脇を開いて」「二の腕から伸ばして」「背中から腕を使って」などの注意を受ける人は、この総指伸筋の活性化を試してみると良いでしょう。

美咲　それって指が伸びていないってことですか？　あまり自分では気にしたことがなかっ

たです。

扇谷　肩から手までの腕の軸が通っていないと、この総指伸筋はちゃんと働かなくなりますね。あと、手の指だけではなく、足の指も力が入らなくなるのでポアントが不安定になりますし、肩やお尻の筋肉とも関係があります。

美咲　それも筋共鳴®ってことですか？

扇谷　そうです。総指伸筋は腕を上げるときに使う肩の筋肉〈三角筋〉と共鳴しています。三角筋はお尻の大きな筋肉群〈大臀筋・中殿筋・大腿筋膜張筋〉と共鳴していて、さらにそれらは足の指先を反らすための筋肉〈長趾伸筋〉と共鳴している……という形になっています。

美咲　三角筋って、この肩パッドみたいな筋肉ですよね？　これとお尻の筋肉が共鳴しているんですか？　さらにそれが足の指先と？

扇谷　そうなんですよ。ですから、美咲さんのように「出っ尻」で大臀筋がゆるんでいるタイプの人は、ポール・ド・ブラで指先が伸ばしきれていないことがよくあります。また、指先を伸ば

三角筋は、指先を綺麗に伸ばすとともに、大殿筋を経由して足先を伸ばす長趾伸筋との共鳴関係にあります。

すには、手のひら側にある小さな筋肉（虫様筋）との協力が必要なのですが、虫様筋が縮こまっていることがよくあるんです。

美咲　虫様筋って、肩甲骨を動かす脇の下の前鋸筋と共鳴しているんでしたよね？　前にキツネの手のエクササイズで動かしました。

扇谷　そうです。ですから、ポール・ド・ブラをするときに、肩甲骨がしっかり動いて脇が開いていることも指先を綺麗に動かす条件になります。

美咲　この前の親指もそうですけど、指先って大切なんですね。この筋肉が使えるようになると、出っ尻も改善できるってことですか？

扇谷　もちろんです。引き上げやターンアウトの見直しと合わせて行うと効果的です。

美咲　指先をキレイに伸ばしたいって話が、いつの間にか肩の話になって、お尻の話に（笑）。

扇谷　ははは、本当にそうですね（笑）。要するに、身体の中のつながりを意識することで、効果的に練習ができるってことです。

美咲　ポール・ド・ブラで指先をしっかり使えるとお尻に効果があるし、ターンアウトやプリエやルルヴェなどなどで、お尻がしっかり使えると指先が伸びるってことですね。

扇谷　その通りです！　ではエクササイズをはじめましょう。

〈手の指〉と〈三角筋〉の筋共鳴

三角筋から指を伸ばす

❶椅子に浅く腰掛け、右手の人差し指～小指をパーの形にして、指と指の間を開いたまま第２関節から曲げます。親指はリラックスさせておきます。
❷右肘を伸ばし、左手で右手の指〔中節骨〕を押さえます。その状態で右手の指を伸ばすように力を入れ、左手でこれを押さえます。
❸右足の指を曲げ伸ばします。５～10回。
❹❺手をほどいて腕を下に垂らし、上腕を内回し、外回しします。３～５往復。
❻立ち上がり、プリエ、ルルヴェ、ポール・ド・ブラなどの動きを試しましょう。
左右を入れ替えて、❶～❺を行います。

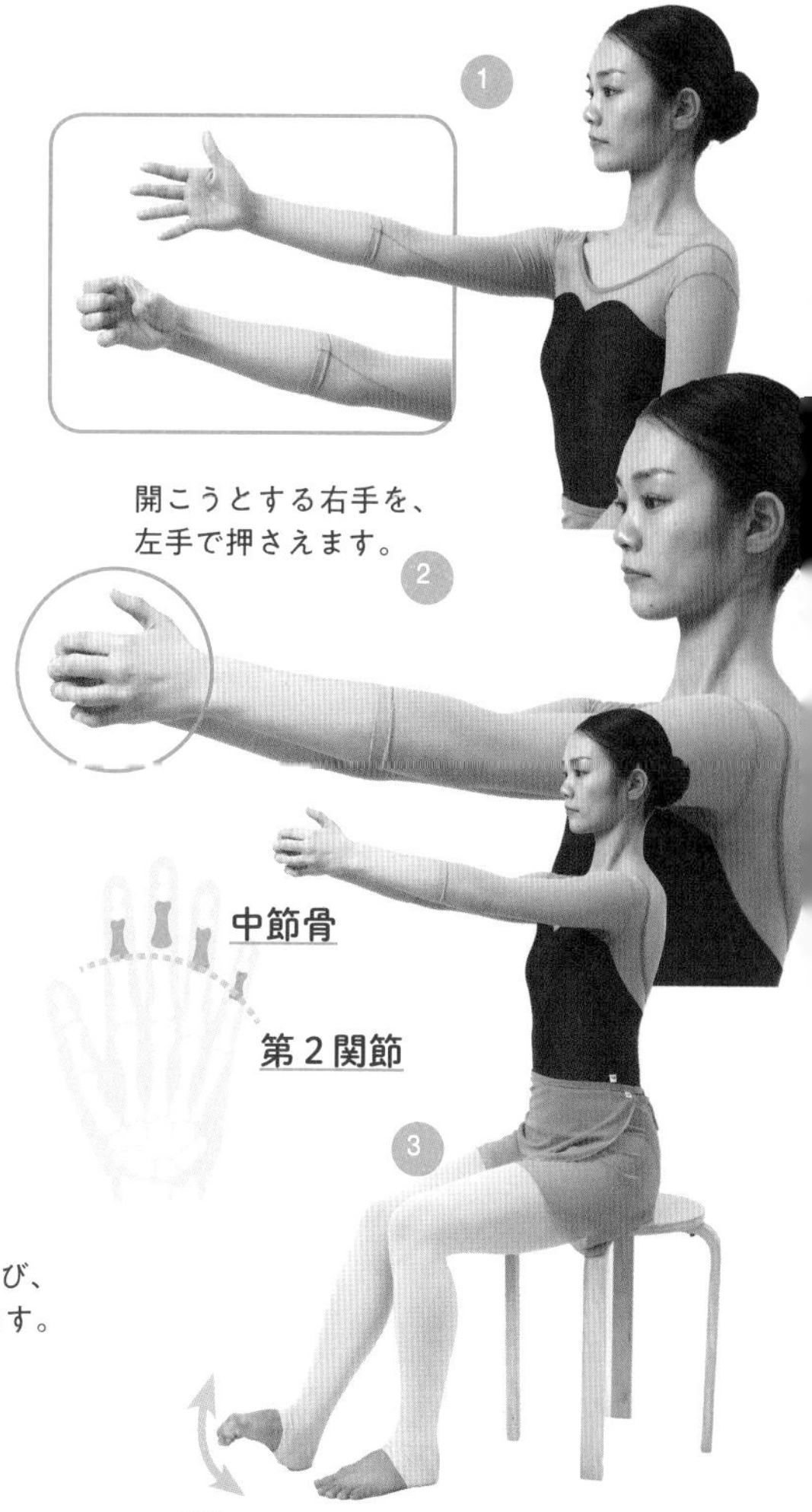

開こうとする右手を、
左手で押さえます。

手首・肩・足指が伸び、
腰が高くなっています。

指のストレッチが大事！

美咲　（「三角筋を指から伸ばす」試して）あ、エクササイズをした腕と肩の動きが軽くなりました。これが指先まで伸びているってことなんですね。たしかに自然に伸びて、腰もしっかりした感じ。

扇谷　肩が安定して、お尻も安定していますからね。

美咲　ルルヴェもしやすいです！　脛の前側にも効いてます？

扇谷　〔長趾伸筋〕ですね。そこが働くと足の指がしっかり伸ばせて安定します。その状態でバーレッスンをした方が、お尻のエクササイズとしての効果があります。

美咲　これは、たしかにそうですね！

扇谷　ちょっと注意事項なのですが、指の〔総指伸筋〕はふだん意識して鍛えていないと縮こまっていることが多いです。急に鍛えて痛めないように、負荷をかける回数は少なめからはじめてくださいね。前腕がパンパンで見るからに縮こまっている人はこの「総指伸筋のストレッチ」（次頁下段写真）からはじめてみてください。

美咲　（ストレッチを試して）これも良いですね。腕が肩から長くなった気がします。

バーレッスンの前に三角筋を指から伸ばすのがおすすめです。

扇谷 〔三角筋〕や〔大殿筋〕が硬い人は、まずこちらのストレッチからはじめるのも良いですね。

美咲 わかりました！

扇谷 三角筋や臀筋群は、〔僧帽筋〕や〔広背筋〕の下に隠れている〔深層筋：上後鋸筋・下後鋸筋〕と共鳴関係にあります。これらの筋肉はターンアウトしたときに胸郭の背面を安定させてくれる働きがあります。とくに広背筋を伸びやかに使うために大事です。

美咲 腕を背中から使うための広背筋ですね？　その広背筋を助けてくれているんですか。

扇谷 そうです。こうした〔深層筋〕は直接鍛えるのが難しい筋肉なので、この指や肩、お尻の筋肉からの共鳴で目覚めさせておきたいところなんです

〈指〉と〈肩〉の筋共鳴

総指伸筋のストレッチ

椅子に浅く腰掛け、
❶「三角筋から指を伸ばす」の❶の形をつくり、
❷手首を深く曲げ、左手で指の真ん中（中節骨）を押さえて、深く曲げます。（前腕の背面をストレッチ）
❸右手の指を伸ばすように力を入れ（全力の２割ぐらいの力）、その態勢を10秒保持します。その後、力を抜いてさらに曲げ、３回深呼吸します。
❶～❸を３回、繰り返します。左右を入れ替えて同じことを行います。

胸を開きたい！ 鎖骨を水平にして大胸筋を使う

扇谷　ポール・ド・ブラと背面側の筋肉のつながりの次は、前側に移ります。胸郭の上部が拡がっていないと鎖骨が下がって、ポール・ド・ブラで胸のセンターからの動きがうまく使えません。

美咲　胸のセンターって、ここですか？（ミゾオチのすぐ上を指す）

扇谷　そこだと下に行き過ぎです。鎖骨の付け根の出っ張りと、胸骨の下端との中間くらい。第３&第４肋骨の付け根付近です。

美咲　あれ？　ずいぶん上に感じます。

扇谷　自分の思っていた胸のセンターと、新しいセンターと、それぞれに手を触れてジャンプしてみてください。どちらが軽く跳べますか？

美咲　（ジャンプしてみる）あれ？　新しい中心の方が楽に跳べますね！

扇谷　ね？　鎖骨が下がっていると、胸の筋肉（大胸筋）の上部が眠ってしまって、無意識にこの胸の中心の感覚が下がってしまうんです。そうするとポール・ド・ブラの表現力だけではなく、「引き上げ」にも影

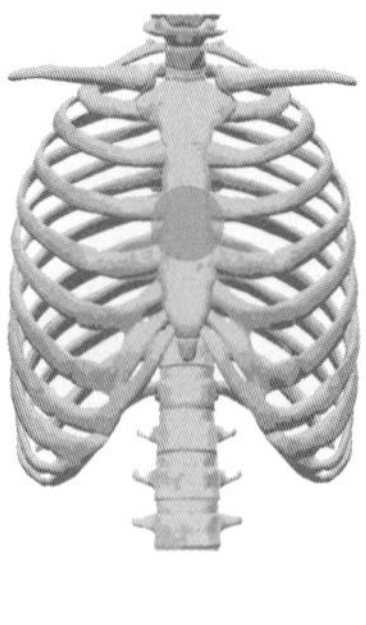

胸のセンターは、イメージよりも上にあります。

響して、ジャンプを高く跳べなかったり、ピルエットで上がりにくくなったりします。あと、大胸筋は脚を動かすための〈大腰筋〉とも共鳴しているので、胸をセンターから開くことがタンデュなどで脚を長くして動かすためにも必要なんですね。

美咲　どうすれば大胸筋を使えるようになるんですか？

扇谷　プッシュアップ（腕立て伏せ）が簡単ですが、ここでは筋肉を鍛えて増やすことより感覚を目覚めさせることが重要なので、苦手な人は立って壁に手をつく方法でもOKです。大切なことは、鎖骨を引き上げたポジションで大胸筋の上部に効かせて感覚を感じることです。手をつく位置がポイントになります。

大胸筋で胸を開く

大胸筋の上部を目覚めさせます。
❶壁に向かい合って立ち、
❷肩を上げて鎖骨を持ち上げてから、両腕を上げます。
❸息を吸って胸をふくらませ、腕は上げたまま肩を下げます。
❹その肩の位置のまま、耳の高さで肩幅より広めに壁に手をつきます。
❺足を後ろに引き、軽く上を見上げつつ腕立て伏せ3～5回。
❻❼手をつく高さを肩、肩の下と変えて、❷～❺を繰り返します。
呼吸を止めず、腰が反ったり丸まったりしないように注意して行います。

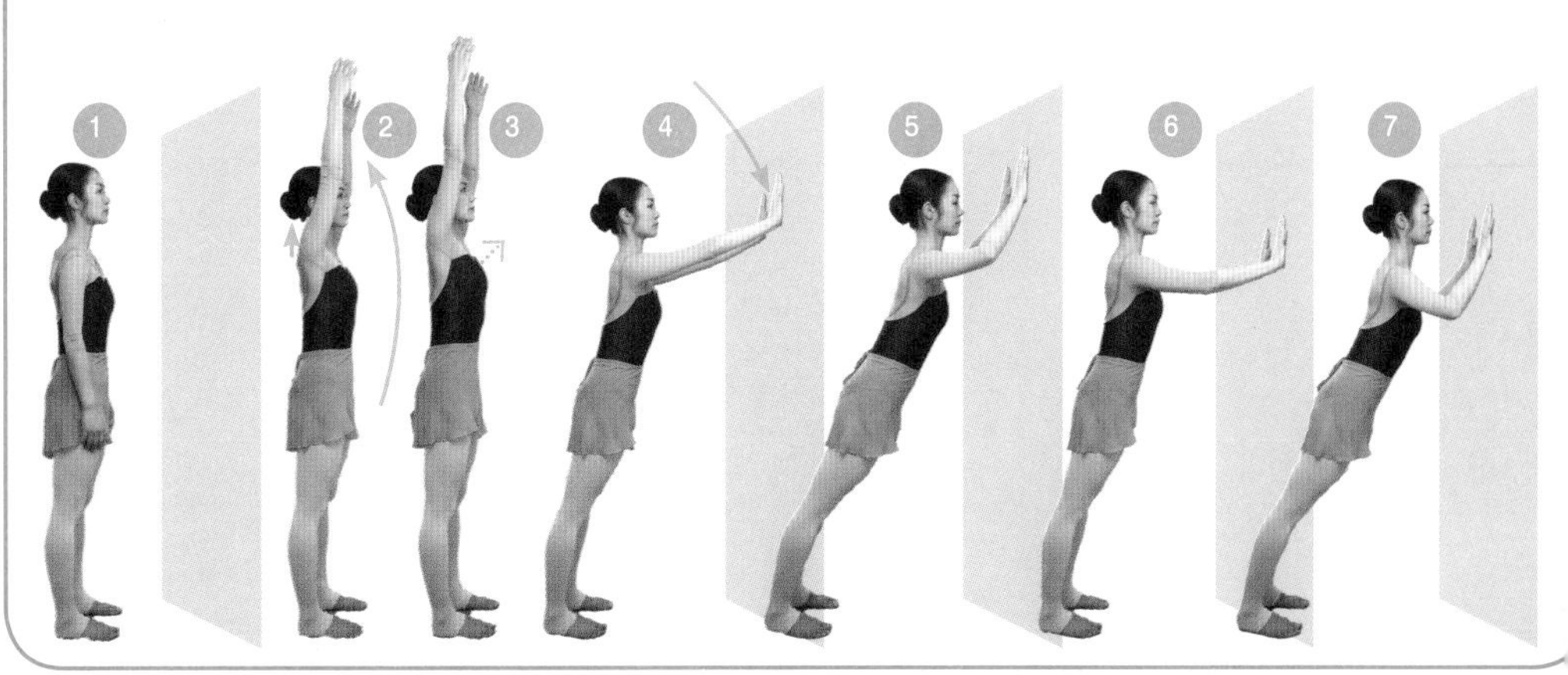

美咲　（「大胸筋で胸を開く」をする）ふ〜。腕立て伏せは苦手だけど、壁でならなんとかできますね。あ、胸の上の方に息が入りやいです！

扇谷　良かったです。手から肩の軸を通したあとなら、比較的スムーズにできるはずです。胸の感じはいかがですか？

美咲　はい。いつもより胸が拡がって、持ち上がっている感じがします。反対に肩は下がったような感じです。

扇谷　プリエ／ルルヴェやターンアウト、タンデュなどを試してみてください。

美咲　（試してみる）……プリエ／ルルヴェが軽いです。ターンアウトも股関節が回る感じがします。

扇谷　良いですね！　では、いよいよ本命のターンアウトの見直しに入りましょう！

美咲　はい！

大胸筋がしっかり働くと、自然に胸が開くとともに、股関節の動きも良くなります。

パート4

ターンアウトを見直す！

股関節からターンアウト！

扇谷　ここまで「引き上げ」とポール・ド・ブラという、ターンアウトのために必要な要素を見直してきました。ここからはいよいよターンアウトそのものの方法を見直していきましょう。

美咲　長い道のりでした……（笑）。でも体幹から「引き上げ」、ポール・ド・ブラの見直しをしたおかげで、ターンアウトがやりやすくなってきたのを感じています。

扇谷　良かった！　ここまで積み重ねてきたことを踏まえて、ターンアウトのポイントは、

（1）骨盤～足の軸を通す／仙腸関節の動きを引き出す
（2）お尻の奥の深層外旋六筋を働かせる
（3）内ももの筋肉（内転筋群）を働かせる
（4）（縫工筋）をゆるめて膝下の内回しをスムーズにする
（5）裏ももの筋肉（ハムストリング）を働かせる
（6）足指を働かせる

です。

美咲 まだ結構ありますね（笑）。基本的にはポール・ド・ブラと同じように、軸を通して、筋肉の動きを整えていくという感じですか。

扇谷 はい。そうです。ところで、美咲さんはターンアウトをするときにどんなことを意識していますか？

美咲 えーと、「雑巾絞り」にならないようにすることと、あとは、「足裏の3点で床を押す」「体幹を引き上げる」「股関節から回す」「つま先と膝の向きをそろえる」「骨盤を立てる」とかですかね。できているかと聞かれるとちょっと曖昧で自信がないけど……。

扇谷 どれも意識の持ち方としては正しいですよ。その中でも明確にしておきたいのは、「股関節から回す」という点についてです。美咲さんがいまひとつ自信が持てないのは、股関節自体への意識がまだ曖昧だからかもしれません。つまり、

①股関節はどこか？
②何を目印に、どこからどこまで動かしているのか？
③そもそも股関節から動かせばいいのか？

といったことではないでしょうか？

美咲　あー、そうですね。曖昧な感じがするのは、こういうことが自分の中で明確じゃないからかもしれません。

股関節には「感覚がない」？

扇谷　では、①「股関節はどこか？」ですが、美咲さんは股関節の前後の位置はどんな風にとらえていますか？

美咲　えっと、前はしゃがんだときに脚が折れて、後ろはお尻の筋肉に力を入れたときの「エクボ」のあたりですね。

扇谷　うんうん。大体、そんな感じでOKです。問題は、股関節の関節面自体の感覚というのは、普通感じられないってことですね。だから、どうしても周囲の靭帯とか筋肉の感覚で大まかに判断することになります。

美咲　あ、そうなんですね。「股関節から動いて」って言われると、「股関節を感じよう」って思うんだけど、なかなか「コレだ！」って感じがしなくて。

扇谷　股関節の感覚って、筋肉のような収縮感を探してもダメなんです。強いて言えば、先ほど挙げていただいたあたりの一番感覚が「ない」ところでしょうか。

美咲　逆転の発想ですね！　なるほど〜。そう思うと、なんだか股関節の周りの緊張がほどける気がします。

ターンアウトのときの「目印」はある？

扇谷　良かったです（笑）。ではターンアウトのときに②「**何を目印に、どこからどこまで動かしているか？**」という点はどうですか？

美咲　それ、すごく曖昧でした。正解ってあるんですか？

扇谷　感覚の問題なので「正解」があるわけではないのですが、わたしのオススメはこんな感じです。

1）骨盤の前後の腰骨（前：上前腸骨棘／後：上後腸骨棘）に手で触れておく。

2）大腿骨の（大転子）を尾骨の付け根（仙尾関節）に向けて動かす。

美咲　うっ、これは解剖学を知らないとわからないかも……。

扇谷　そうですね（笑）。名前はともかく、これらの目印の位置は覚えておくと便利です。

〔仙尾関節〕は仙骨と尾骨の間にある小さな関節です。探し方は、まず骨盤の前後にある出っ張り〔上前腸骨棘・上後腸骨棘〕に触り、（次に頁に続きます）

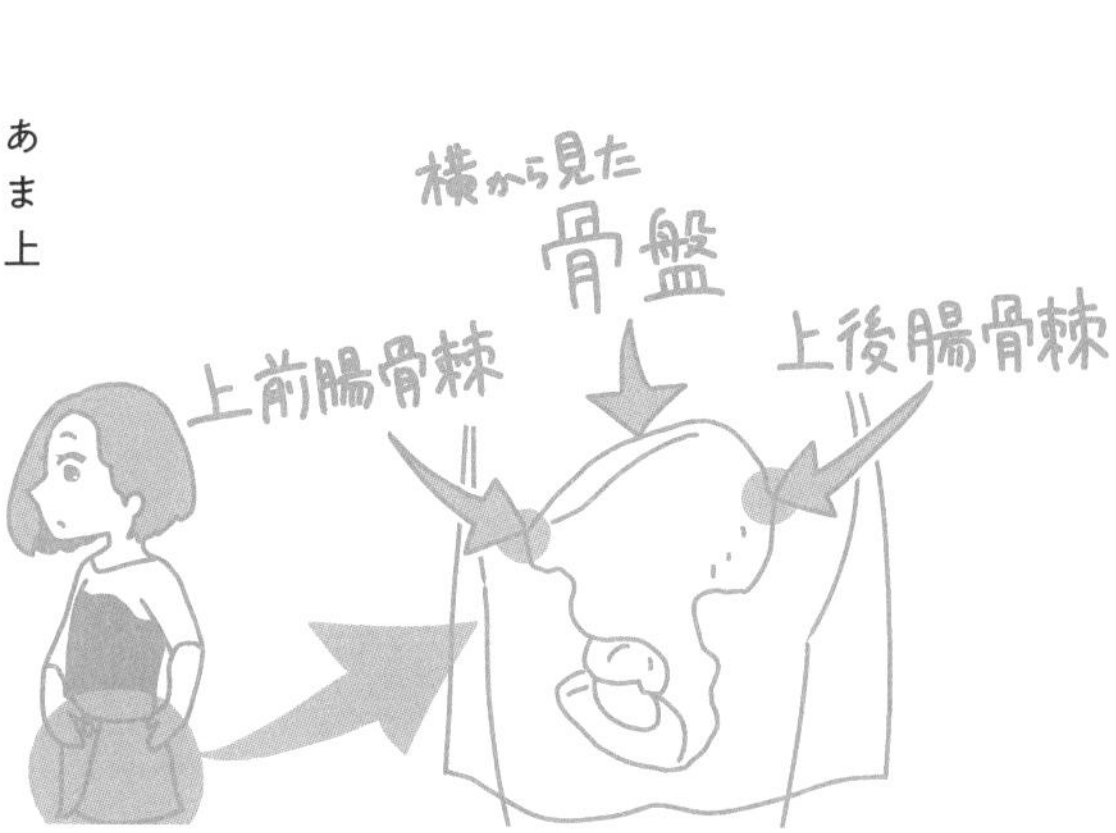

美咲　……尾骨の付け根がよくわからないですね。

扇谷　左右の大転子を結んだ線ぐらいの高さで、仙骨の中心線を下に指でたどるとカーブが深くなるあたりです。「大体このあたり？」って感じで大丈夫です。

美咲　尾骨の先端じゃ駄目なんですね？

扇谷　尾骨の先端に向けて動かすと、尾骨を前方に丸めて固めてしまい骨盤がタックインしてしまうんです。だから尾骨の先端は自由に動かせるようにリラックスさせることが大事なんです。その上で「引き上げ」で背骨を上下に引き伸ばすために、地面に向かって伸ばすイメージを持つと良いでしょう。

美咲　（探してみる）ん……と。これかな？

扇谷　はい。そのあたりですね。では、この位置感覚でターンアウトしてみてください。

美咲　（試してみる）あ、今までよりも骨盤が立ってきて、引き上がる感じがします！　でも、腰が伸びるというか丸まるというか……。

（前の頁からの続きです）
左右の大転子を結んだ線の真ん中くらいをイメージして探すと良いでしょう。

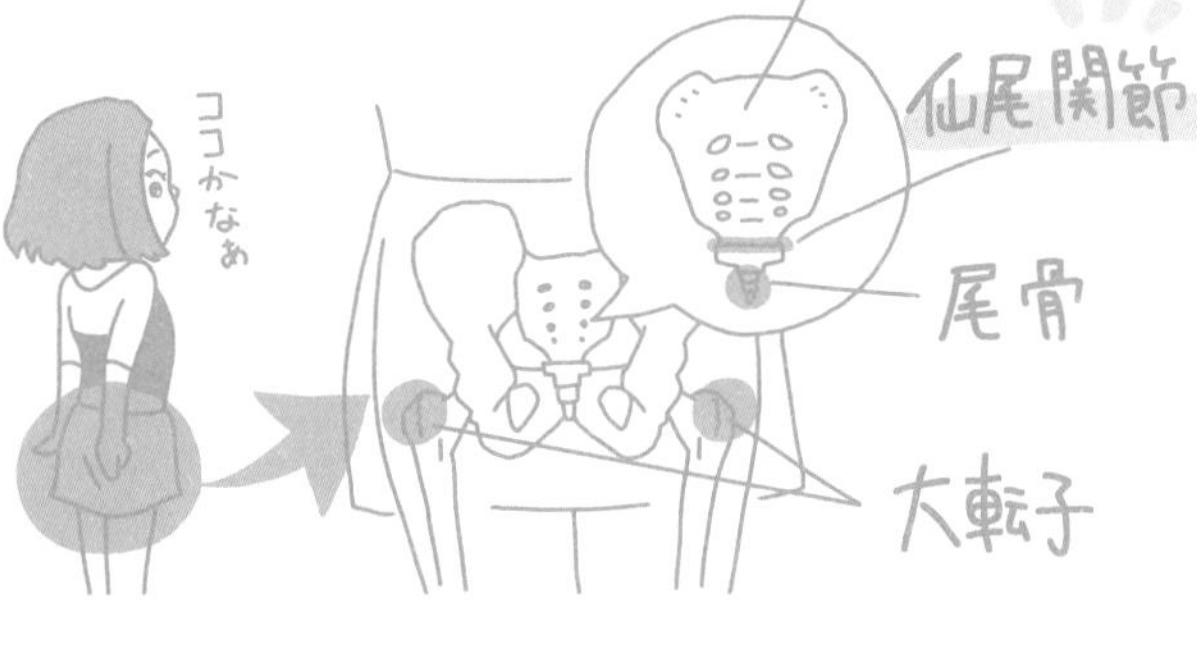

ターンアウトの鍵は「仙腸関節」！

扇谷 その違和感は、③「そもそも股関節から動かせばいいのか？」に行き着きます。とくに美咲さんは出っ尻タイプなので、骨盤が立ってくるときにちょっと違和感があるのかも知れませんね。

美咲 でもターンアウトは股関節からというのが定番では？

扇谷 そうなんですけど、ここでちょっと肩の動きのことを考えてみてください。肩関節からの動きだけでは肩は十分に動かせなかったですよね？　肩甲骨や鎖骨の動きが必要だったでしょう？

美咲 たしかに、そうですね。あ、そうか。鎖骨と肩甲骨をつなぐ「肩鎖関節」に相当するところが、下半身にもありましたね。たしか……「仙腸関節」ですか？

扇谷 そうです！　仙腸関節はガッチリ靭帯で固められているので、ほんの数ミリしか動かないと言われていますが、それでも動きが必要なところだから関節になっているワケです。仙腸関節の

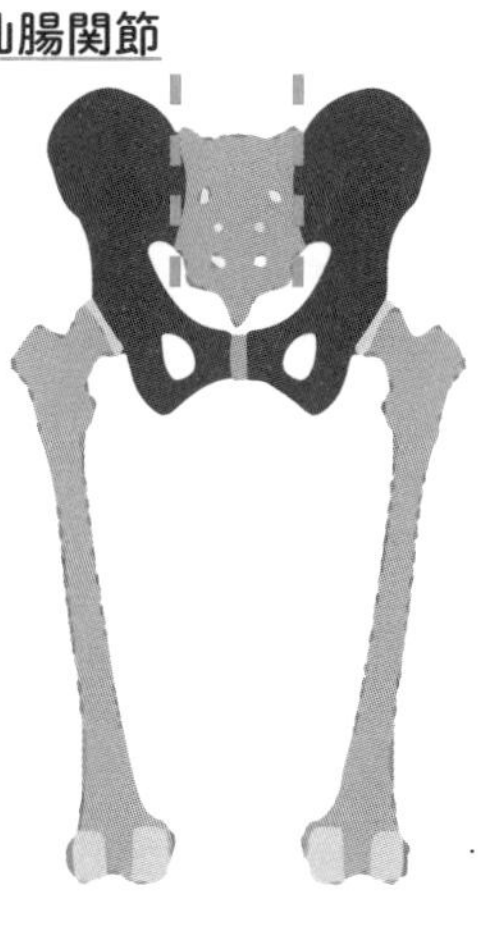

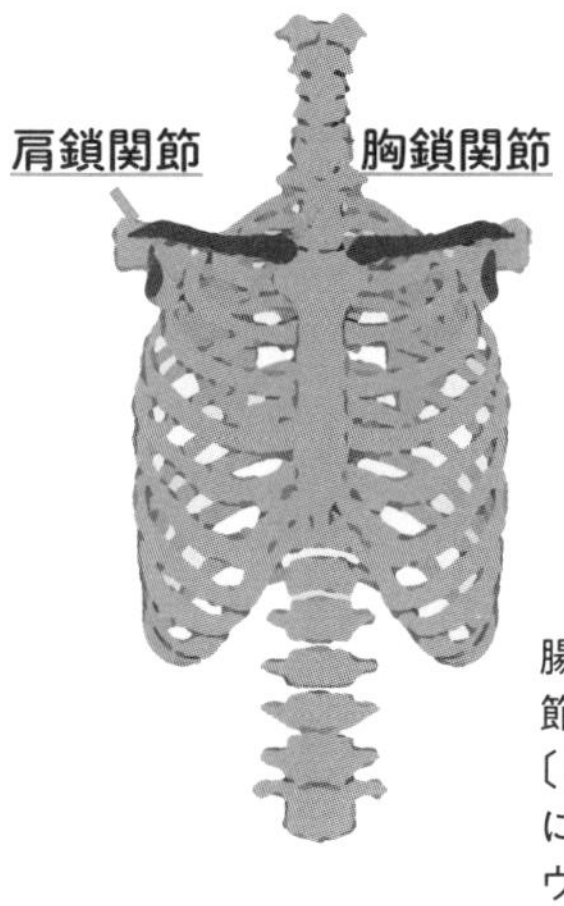

腸骨と仙骨の間にある〔仙腸関節〕と、鎖骨と胸骨の間にある〔胸鎖関節〕、鎖骨と肩甲骨の間にある〔肩鎖関節〕は、ターンアウトに重要な関節です。

動きを引き出すには「引き上げ」をした上で、脚を骨盤よりもっと上のミゾオチや首から動かすイメージを持つといいでしょう。

美咲　どうすれば仙腸関節は動くんですか？

扇谷　「引き上げ」のところでご紹介した**「キツネの手」**（85頁）を使った肩鎖関節を動かすワークがここでも使えるんです。先に肩鎖関節のワーク（85頁）をしておくとわかりやすいですよ。

美咲　（**「仙腸関節の動きを引き出す」**を試して）腰が軽くなってターンアウトしやすくなりました！　股関節がどこかすごくわかりやすくなりました。キツネの手、すごいですね！

扇谷　位置の把握って大事でしょう？　あと筋共鳴®コンディショニングの中では、手の形は身体の動きを引き出すカギになります。手や足の筋肉は全身の筋肉と共鳴しているので。ヨガのムドラー（手印）などと同じですね。

美咲　だからバレエのポール・ド・ブラも手の形が大事なんですね。ちょっと感覚が変わりすぎて、頭がパンクしそうですけど（笑）。

扇谷　脳の中の「身体の地図」を書き換える作業なので、脳はフル稼働中です。筋トレとは違う疲労感があると思いますので、休み休みでOKです。

美咲　はい。ありがとうございます〜。

〈手の指〉と〈仙腸関節〉の筋共鳴

仙腸関節の動きを引き出す

❶足を肩幅に開いて立ち、「キツネの手」(85頁) で、上腕を外回し、前腕を内回しで腕を前に伸ばします。
❷手首を親指側に傾け〔撓屈〕、
❸人差し指と小指をピンと伸ばしたまま小指側に傾けます。
❹骨盤をゆっくり上下に前回し・後ろ回しを3回ずつ行います。
❺今度は骨盤で水平に横8の字を描くイメージでゆっくり3回回します。逆回しもしましょう。
❻薬指を立てた「変形キツネの手」に変えて、上腕を内回し、前腕を外回しして腕を横に伸ばします。
❼手首を親指側に傾け〔撓屈〕、
❽人差し指と小指をピンと伸ばしたまま小指側に傾け、❹❺をします。

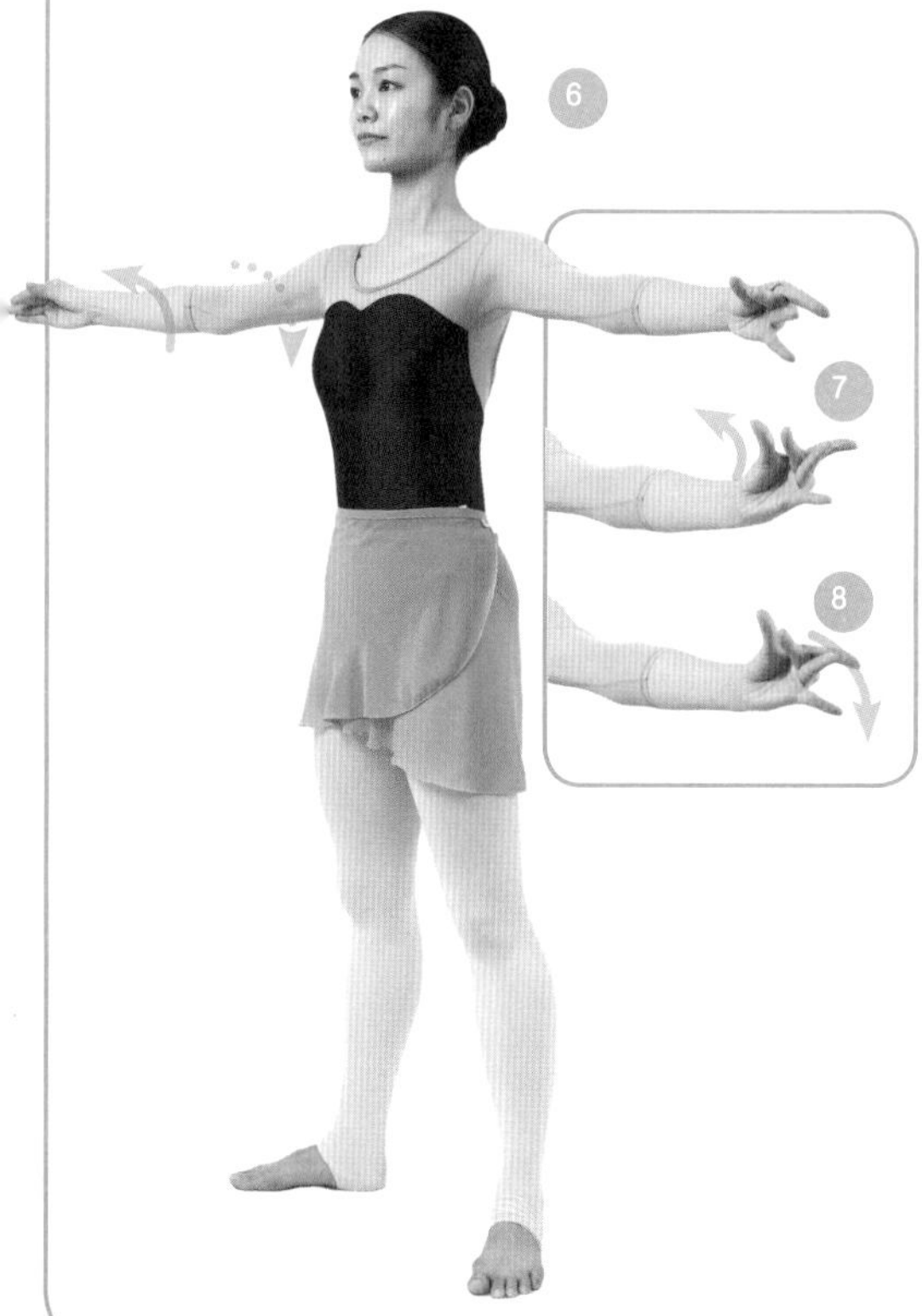

脚のねじれを直したい！　膝の動きを見直す

扇谷　さあ、いよいよ次は脚に「軸」を通していきましょう。股関節からターンアウトを正しく行うためには、「雑巾絞り」のようにねじってはいけないというお話を最初にしましたね？

美咲　えーと、外から脚全体を見ると外回しになっているけれど、太もも、脛、足首と部分ごとの骨同士は互い違いに回転しているというお話でしたね。つまりターンアウトでは、股関節で太ももの骨を外回しにしているから、膝関節で脛の骨は内回しになるという……。

扇谷　はい、それです。補足すると、膝下の外回し・内回しといっても、股関節の動きに比べたらずっと小さな動きなので、外からパッと見てもわからないレベルです。でも、プリエをすると膝がつま先より内側に入ったり（ニー・イン・トゥ・アウト）、骨盤が出っ尻やタックインになったりするので、膝関節に問題があることがわかります。

美咲　そうか。一見、ターンアウトできているように見えても、動き出すとわかるんですね。でも、膝下を内回しにするのは難しくないですか？

扇谷　脚の軸ができていると自然に内回しになりますよ。あと、膝下の回転の感覚をつかむには、椅子に座って膝を90度に曲げた状態で行うのがおすすめです。最初は両手で側面からふくらはぎに触れながら回すとわかりやすいと思います。

美咲　（試してみる）……つま先じゃなくて踵のリードでふくらはぎと一緒に回す感覚かな。

扇谷　そうですね。脛の骨（脛骨&腓骨）と踵の骨（踵骨）は一緒に動くので、踵の感覚に注目するのは良いと思います。ちなみに膝下を内回しして膝を伸ばすと太もも前面の〔大腿四頭筋〕の外側が、外回しして伸ばすと内側が使われます。これがやがて脚のラインの違いになって表れてくるんです。

美咲　脚のシルエットに影響するんですか！　じゃあ、脚の見た目を改善したかったら、ダイエットや筋トレだけじゃなくて、この骨の回旋の仕方も見直さないとダメですね。

扇谷　そこは大事な点ですね。とくにバレエの場合は大事です。

美咲　膝がしっかり回転するようになると、ターンアウトもしやすくなるんですか？

扇谷　はい、そうですね。それでは試してみましょう。

❶❷踵を意識して外回し・内回しをします。均等に回せるかチェックしましょう。

〈手〉と〈脚〉の筋共鳴

ターンアウトのための膝の再教育

背すじを伸ばし、舌を上顎につけて椅子に座ります。膝を90°に曲げます。

(準備運動)
❶手指をパー、足指をグーにします。
❷手指をグー、足指をパーにします。❶❷を5回繰り返したあと、眉間から息を吸うイメージで、深呼吸を3回しましょう。
❸片膝の膝下の骨（脛骨＆腓骨）を何度か内回し・外回ししてほぐします。

(膝の再教育)
❹膝下を内回ししてから、
❺膝を伸ばします。
❻そのまま太ももを股関節から外回しして、
❼内側に寄せたあと、元の姿勢に戻ります。❹〜❼を3回繰り返します。同じことを左右を入れ替えて行います。

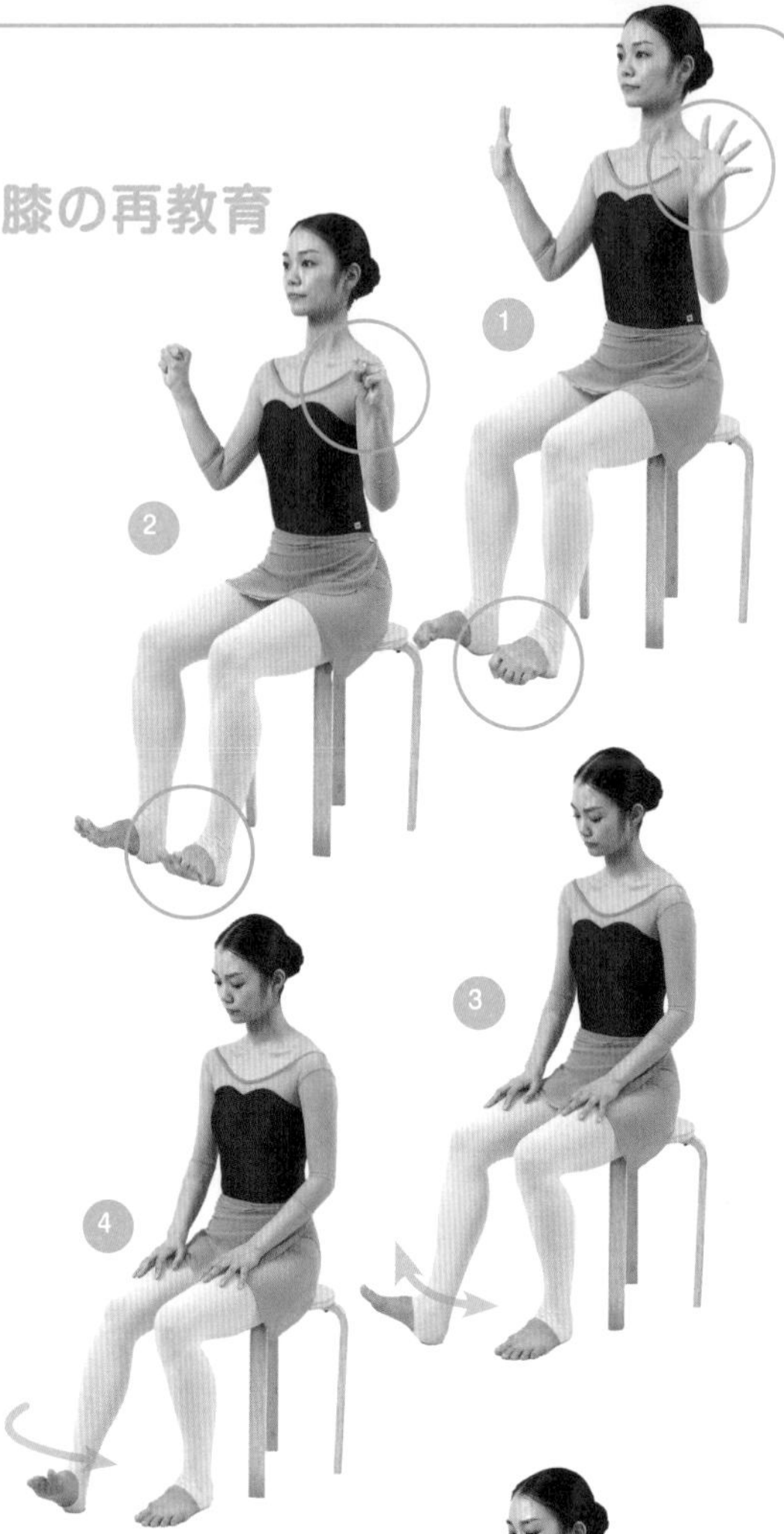

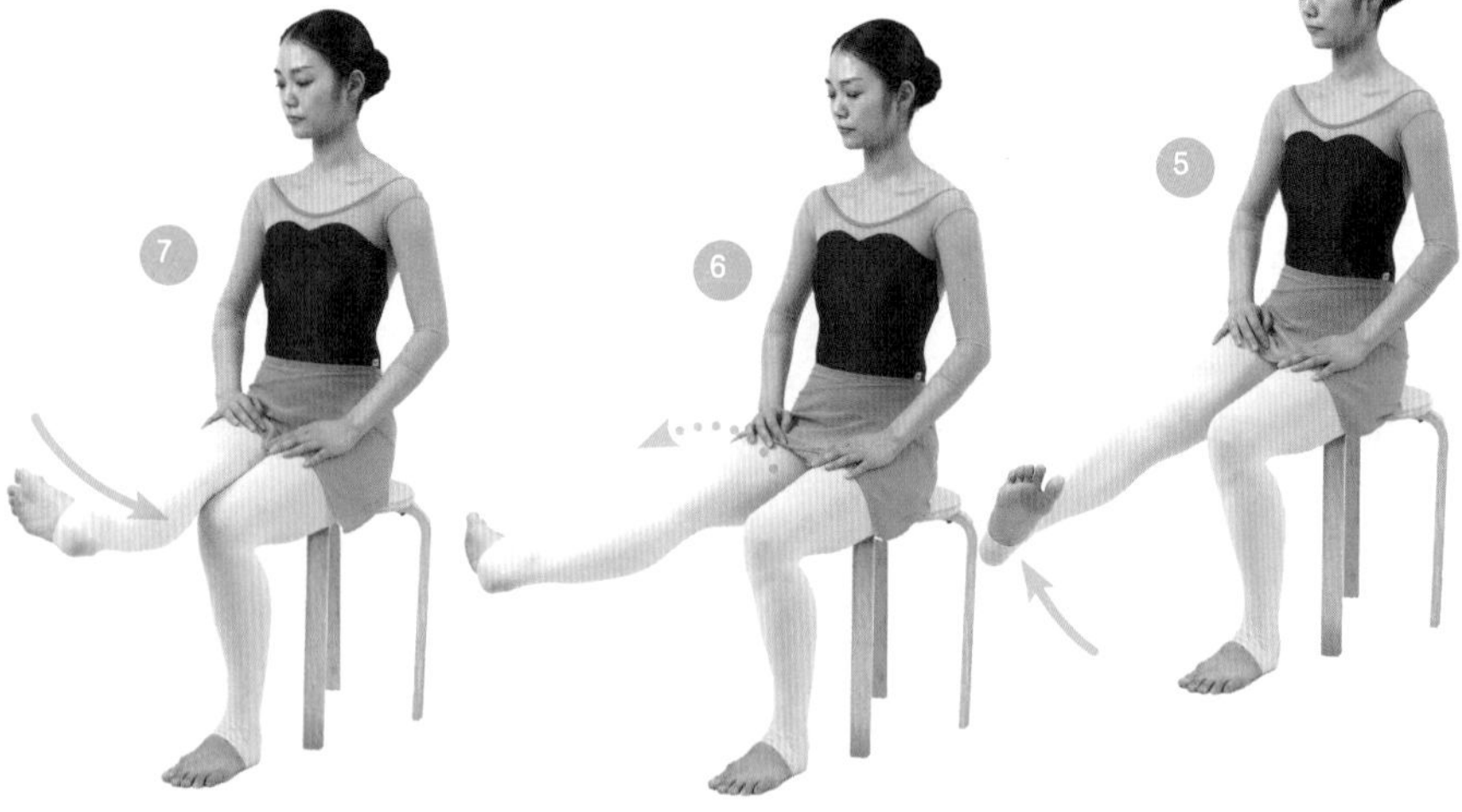

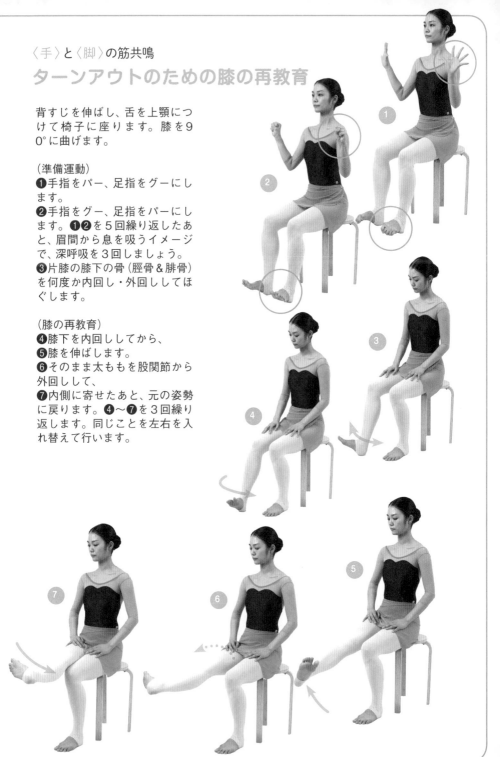

美咲　（「ターンアウトのための膝の再教育」を試して）うん。ターンアウトがしやすくなりました。プリエをするといつもと膝や足首の動きが違う感じがします。どこがどうとは言えないんですけど、力の入り方が変わって、なめらかな感じ？

扇谷　はい、うまくいきましたね（笑）。

美咲　このエクササイズの最初の手足のグーパーと深呼吸にはなにか意味があるんですか？

扇谷　主に〈大腿四頭筋〉や〈腓腹筋〉に働きかけるエクササイズなんですけど、それだけだと膝の安定性にとって不十分なので、ほかの膝関節を安定させる筋肉を目覚めさせるために行っています。それらの筋肉は、手足の骨間筋やお腹のインナーユニットと共鳴しているので。

美咲　へー。オマジナイみたいですね。

扇谷　そういえば、そうですね。簡単なので、膝関節のエクササイズに限らず、レッスンやストレッチなどの前にしておくと動きやすくなりますよ。

美咲　わかりました！

扇谷　では、同じ方法で、今度はターンインのときの膝の動きもしておきましょう。日常的にまっすぐ綺麗に歩くには、こちらの動きが重要なんですよ。

脚の軸を通す！

美咲　（「ターンインのための膝の再教育」を試して）あ、さらにターンアウトがしやすくなりました。

扇谷　ターンインの筋肉が活性化することでターンアウトが安定するんです。バレエは基本的にターンアウトですけど、コンディショニングをする上では「どちらにでも自由に行ける状態」が目指すところです。

美咲　コンテンポラリーとかを踊るんだったら、ターンアウトだけじゃ困りますものね。

扇谷　そうですね。そもそも内回し・外回しができて、軸が通っていることは、基本姿勢・動作の改善なので、バレエ以外の場面でも有効ですよ。

美咲　早く脚の軸を通したいです！（笑）

扇谷　パズル度高めなので頑張ってください！

美咲　はい！

ターンインのための膝の再教育

「ターンアウトのための膝の再教育」の❶〜❸を行ったあと、
❶❷膝下を外回ししてから、膝を伸ばし、
❸そのまま太ももを股関節から内回しして、
❹軽く外側に開き、元の姿勢に戻ります。
❶〜❹を3回繰り返します。同じことを左右を入れ替えて行います。

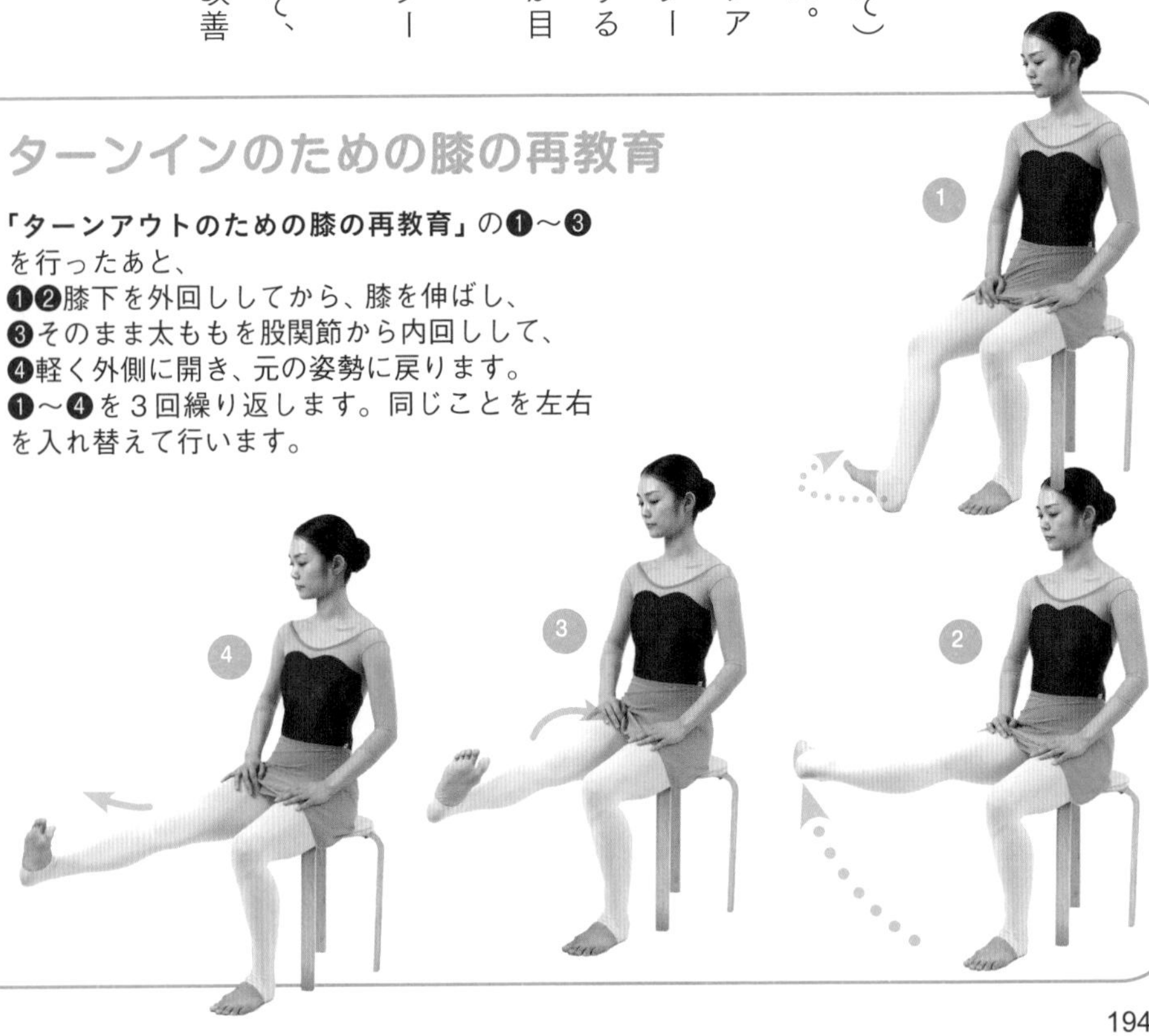

脚の軸を通す〔ターンイン〕

(A 股関節を内回し)
❶椅子に浅く座って、両脚をそろえて、膝を90°に曲げます。

(B 膝関節を外回し)
❶片脚の膝下を外に回します。
❷そのまま膝を伸ばし、太ももの前面・内側に力が入るのを確認して、
❸❹足首の曲げ〔背屈〕、伸ばし〔底屈〕を5回します。

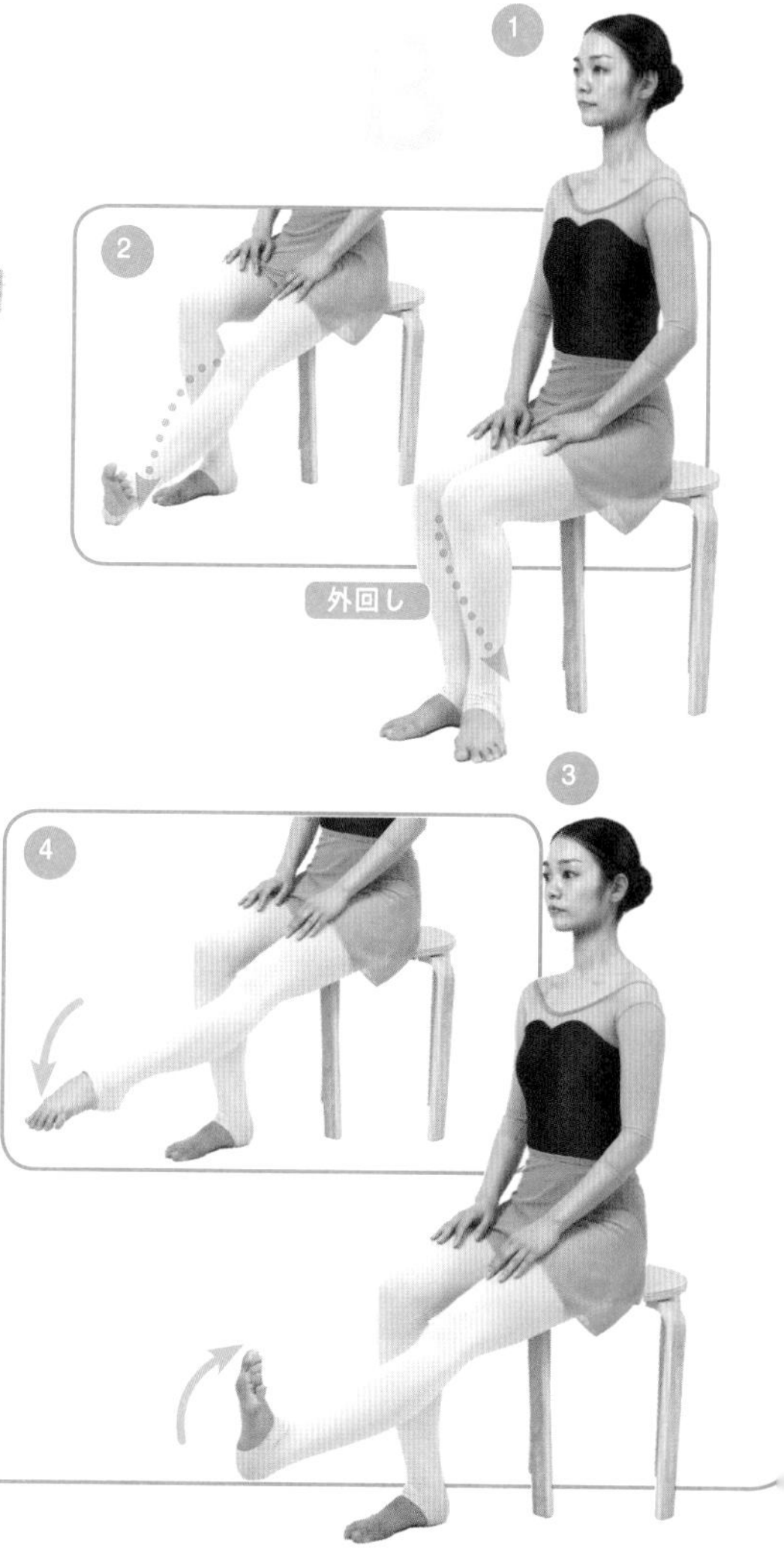

（前の頁からの続き）

（C 足首を内回し）
❶膝を伸ばしたまま脚を床に下ろし、足の親指を反らし、小指を曲げる動きで足先を内側に向けます。
❷そのまま踵をぐっと引き寄せて足首を伸ばします〔底屈〕。膝下の外回しがさらに誘導されます。
❸❹膝の曲げ伸ばしを5回します。

（D 前足部を外回し）
❶踵を引き寄せたまま、親指を曲げます。
❷足先を外側に向けて、足首を曲げ〔背屈〕して、小指を反らします。

（E 足指を内回し）
❶足先を内側に向け、親指を反らし、小指を曲げます。足首を伸ばします〔底屈〕。
❷親指を曲げ、小指を反らします。足首を曲げます〔背屈〕。
❸その後、指をリラックスさせてから、2〜3回足指でグー・チョキ・逆チョキ・パーをします。

（F 股関節から足指まで軸を通す）
❶足裏を床につけ、座面の上で骨盤を揺らすように前傾・後傾します。

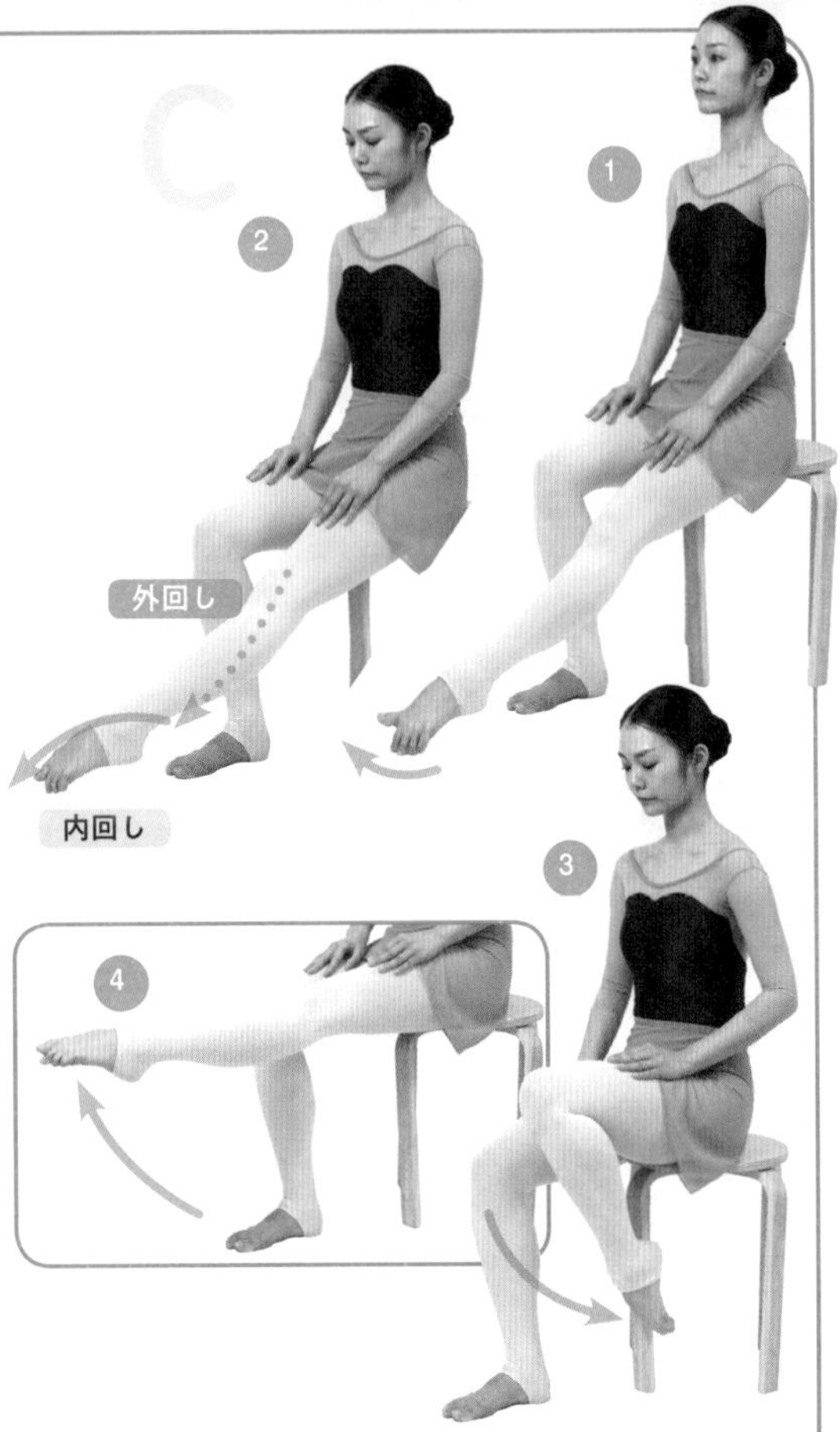

足の軸の完成！

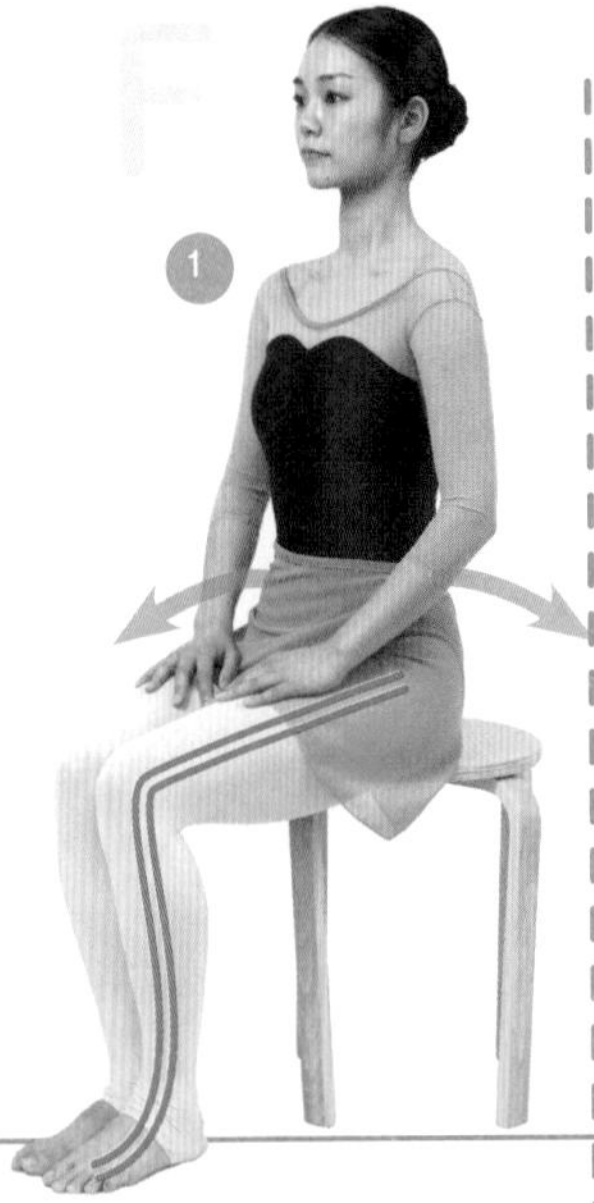

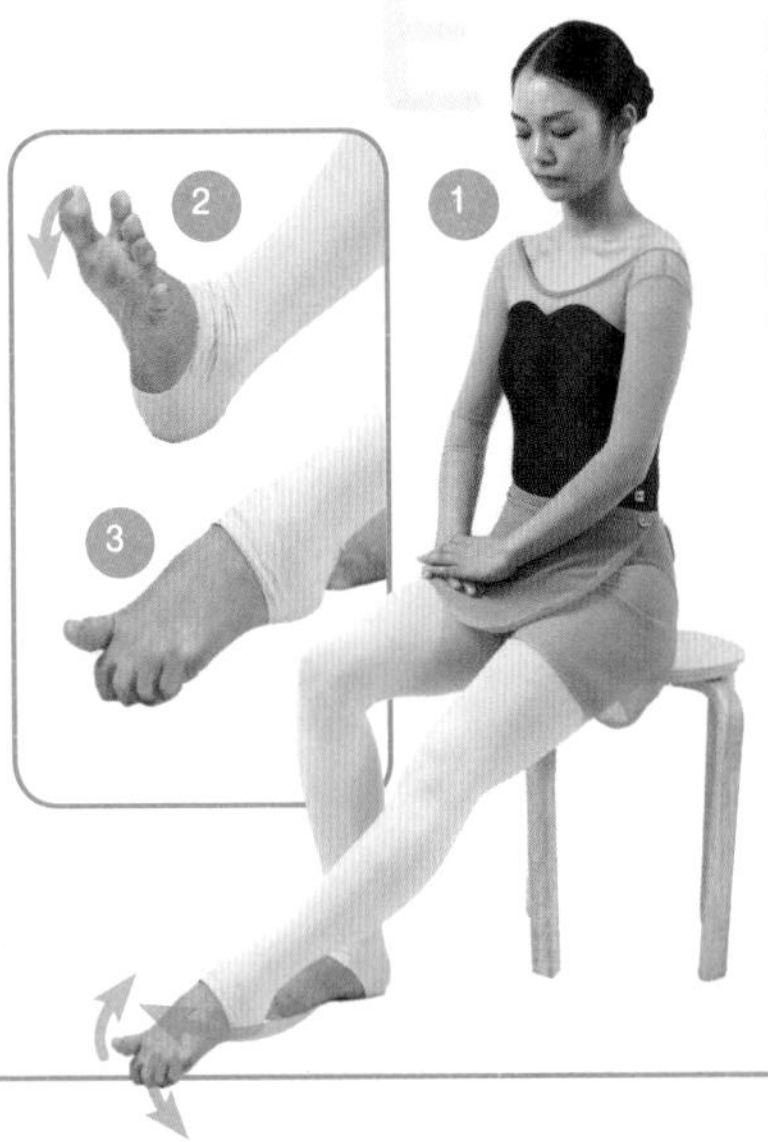

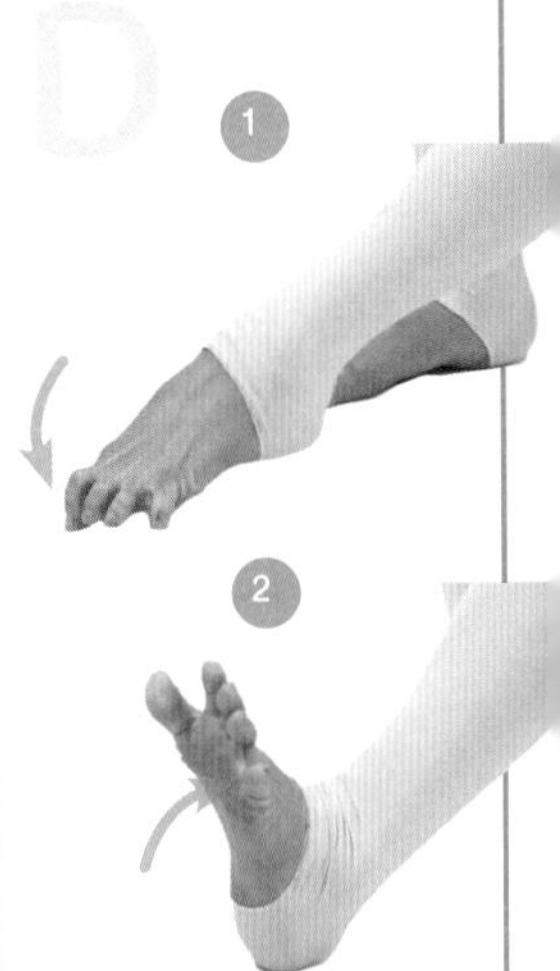

脚の軸を通す〔ターンアウト〕

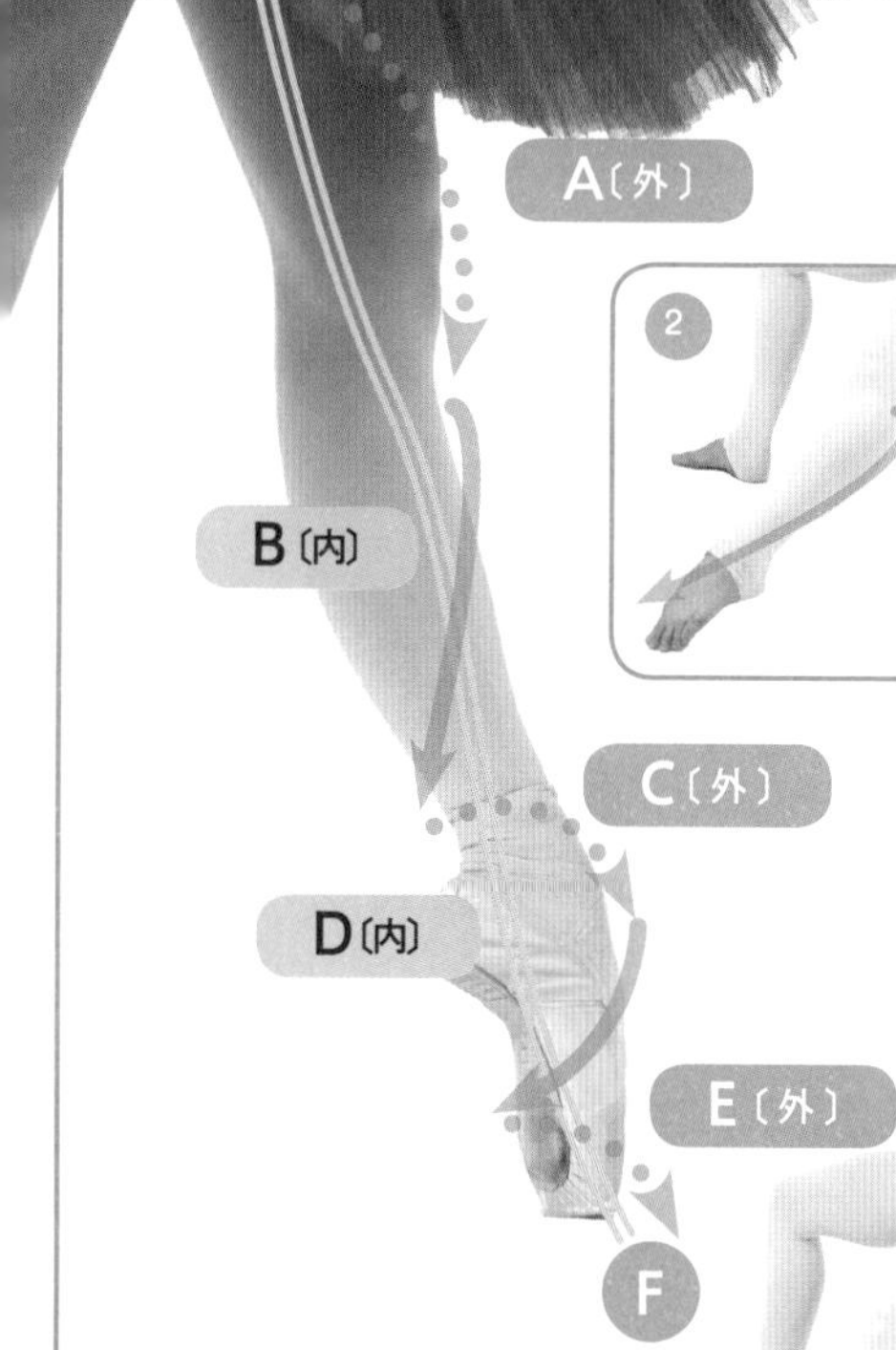

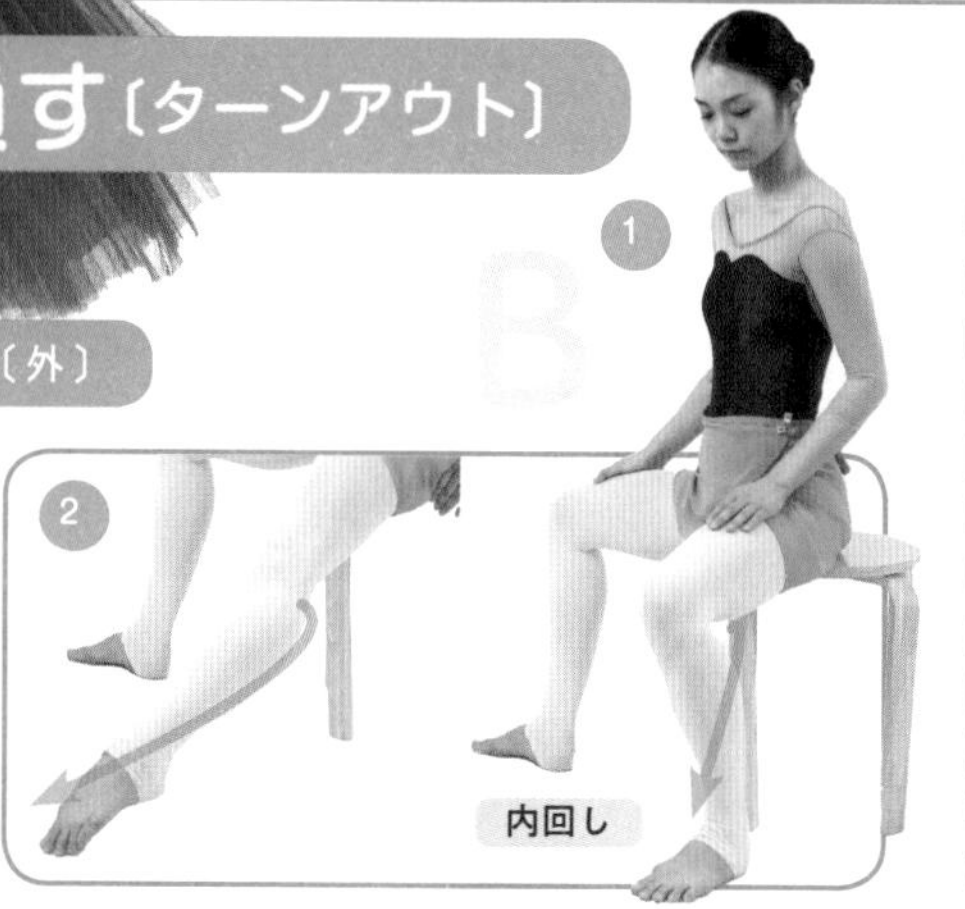

(A 股関節を外回し)
❶椅子に浅く座って、片脚をできるだけ横に開き、膝を90°に曲げます。

(B 膝関節を内回し)
❶片脚の膝下を内回しします。
❷そのまま膝を伸ばし、太ももの前面・外側に力が入るのを確認して、
❸❹足首の伸ばし〔底屈〕・曲げ〔背屈〕を5回します。

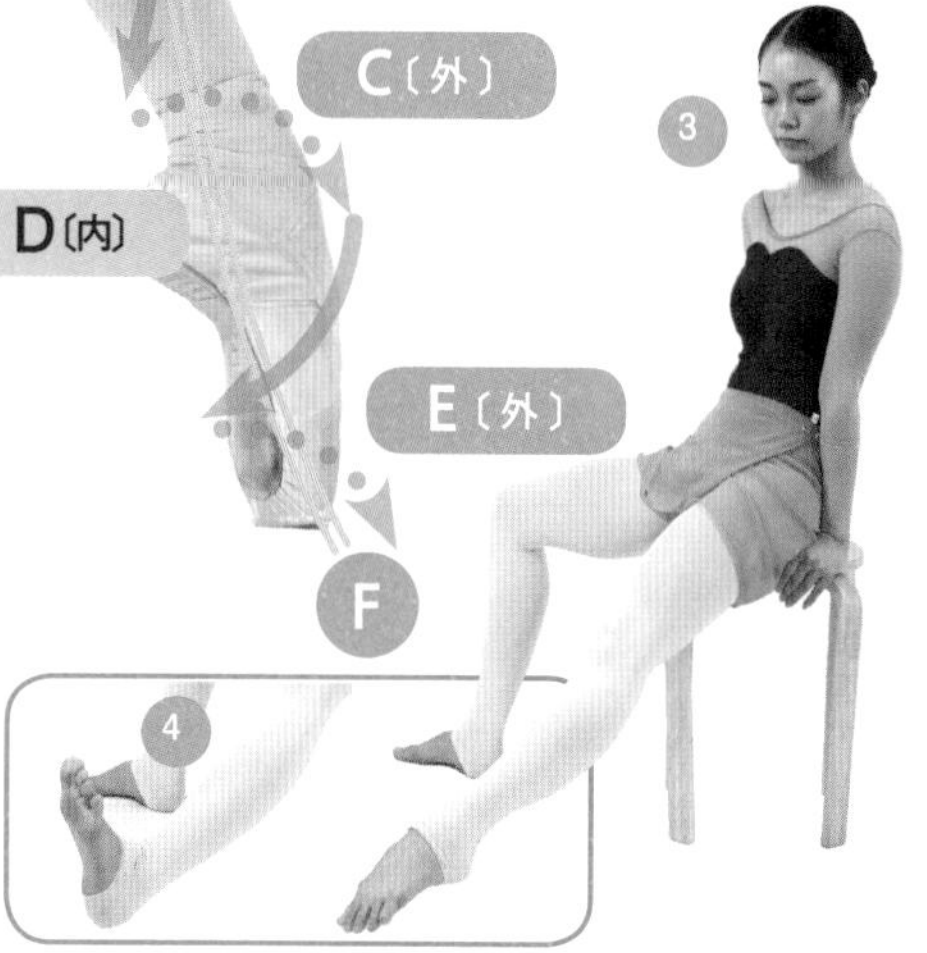

(C 足首を外回し)
❶膝を伸ばしたまま足を床に下ろし、足の親指を曲げて、小指を反らします。
❷親指のリードで足先を外側に向けます。
❸踵を突き出して足首を曲げて〔背屈〕、
❹❺そのまま膝を深く曲げます。膝下の内回しがさらに誘導されます。膝を5回曲げ伸ばしします。

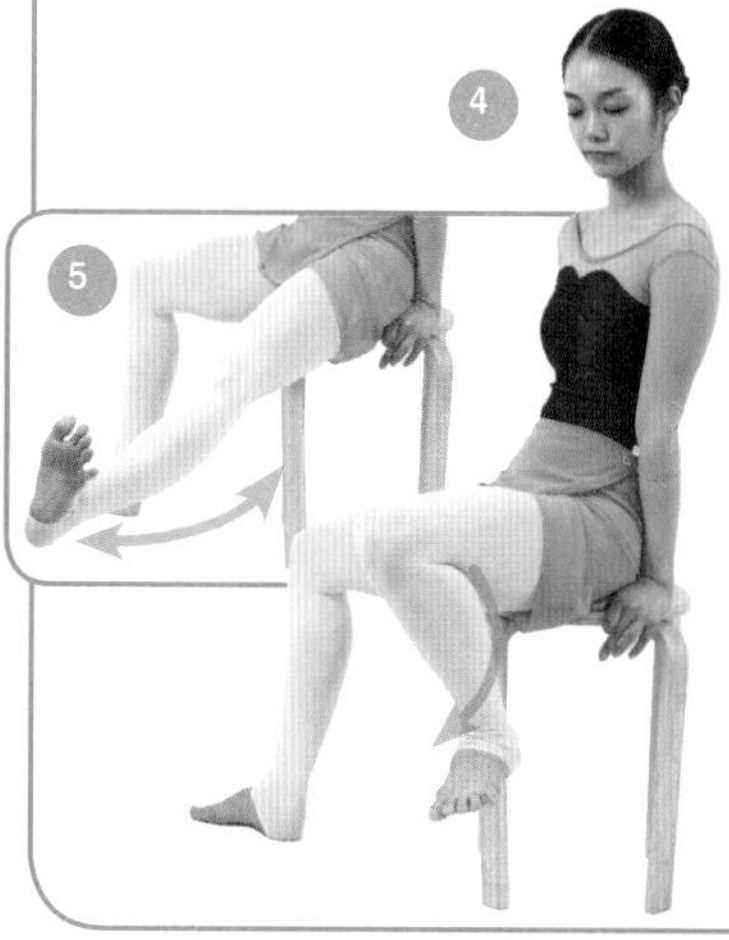

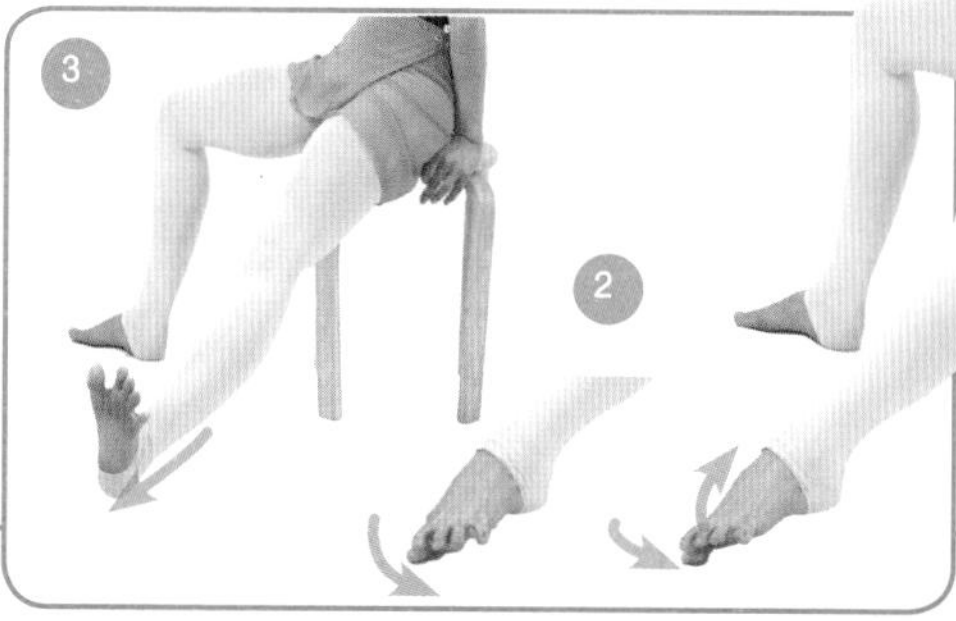

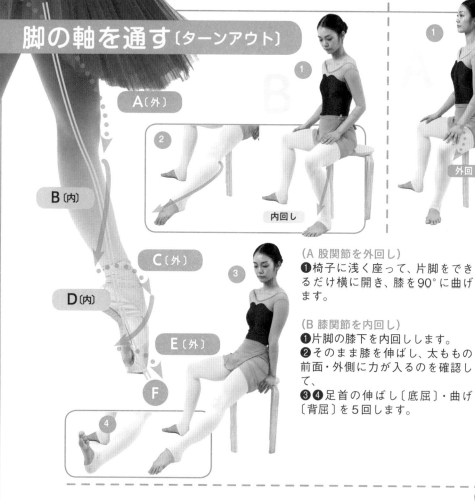

(D 前足部を内回し)
❶膝を伸ばし踵を突き出したまま、親指を反らし、
❷足先を内側に向け、
❸足首を伸ばして〔底屈〕、小指を曲げます。

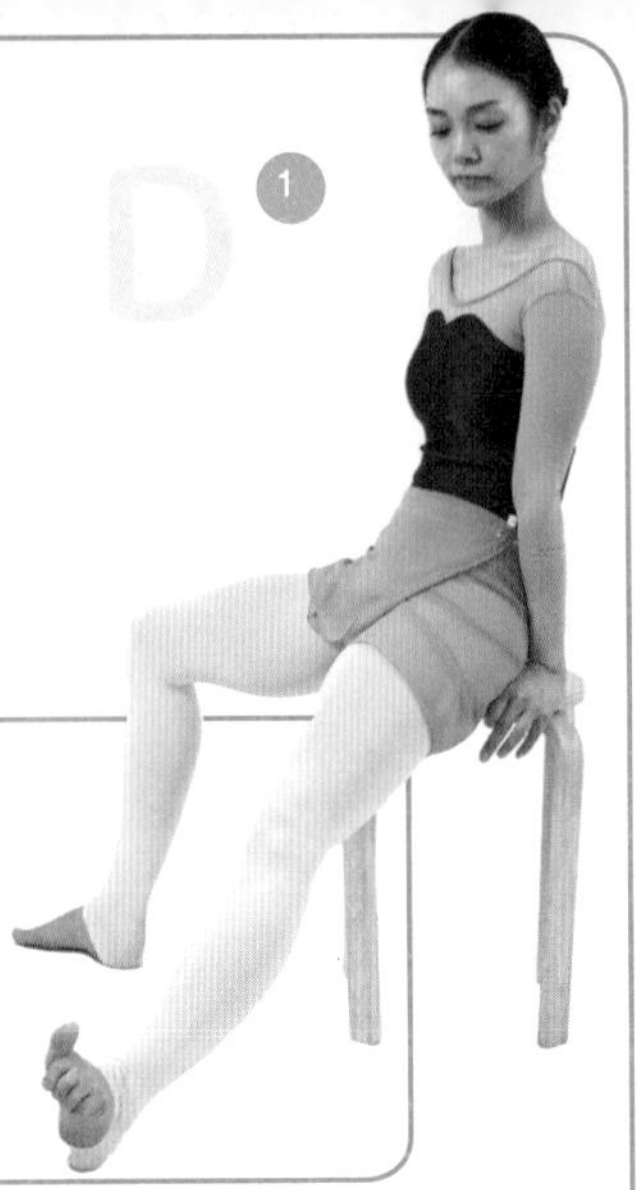

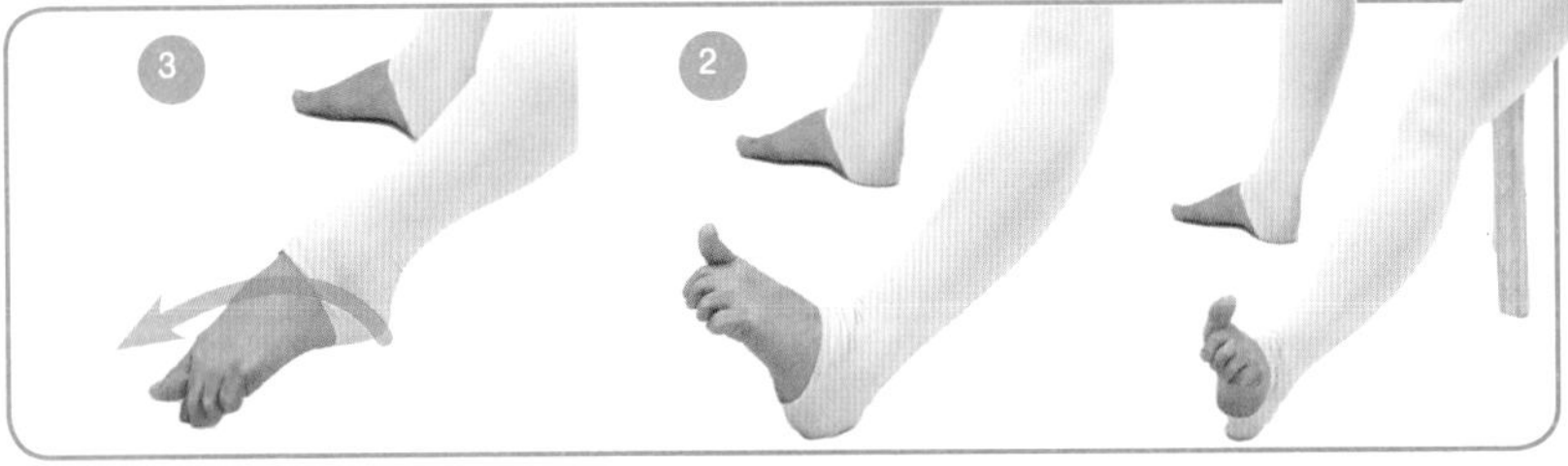

(E 足指を外回し)
❶足先を外側に向け、親指を曲げ、小指を反らします。足首を曲げます〔背屈〕。
❷親指を反らし、小指を曲げます。足首を伸ばします〔底屈〕。
❸その後、指をリラックスさせてから、2～3回グー・チョキ・逆チョキ・パーをします。

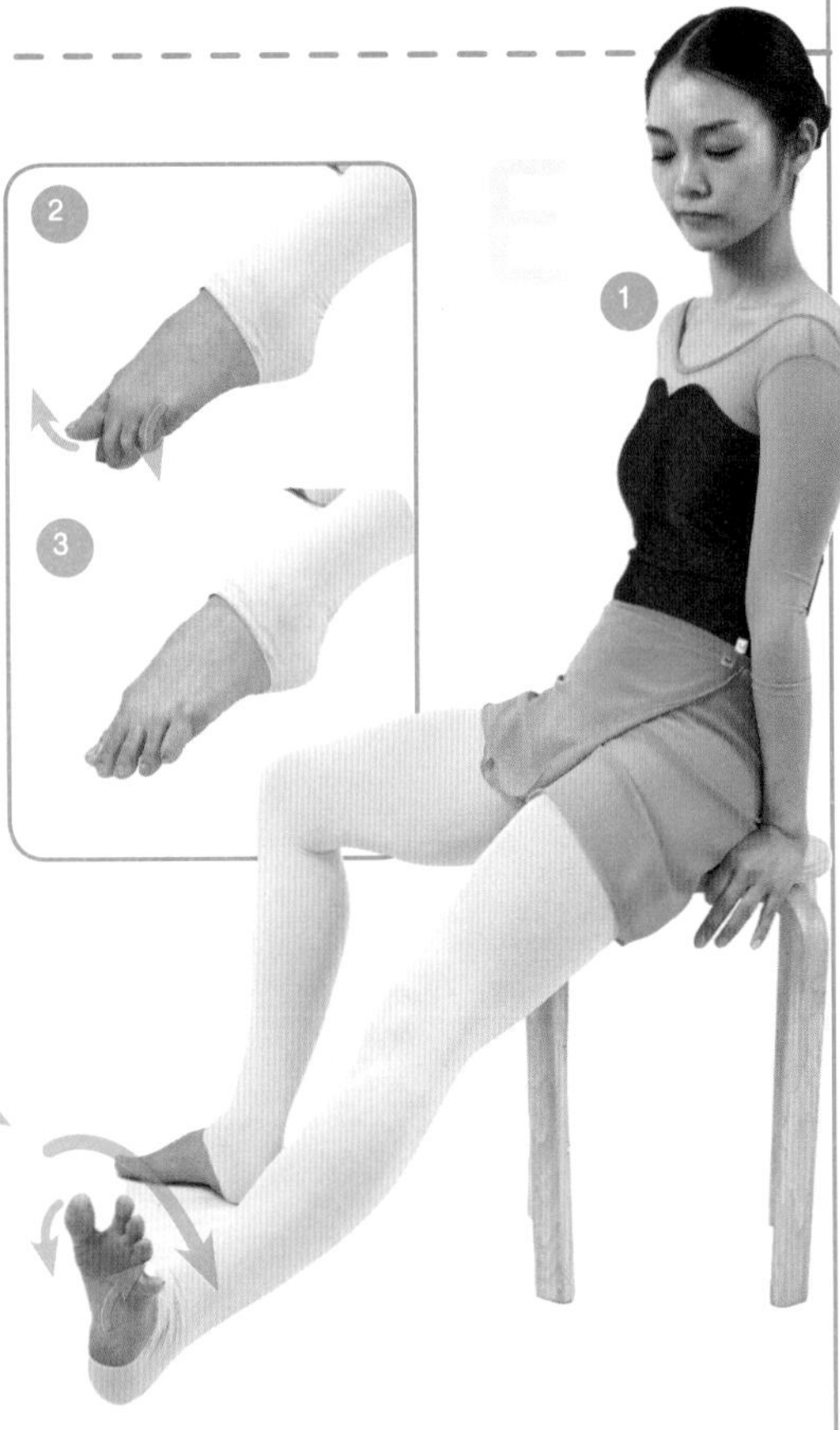

(F 股関節から足指まで軸を通す)
❶足裏を床につけ、座面の上で骨盤を前傾・後傾します。

足の軸の完成！

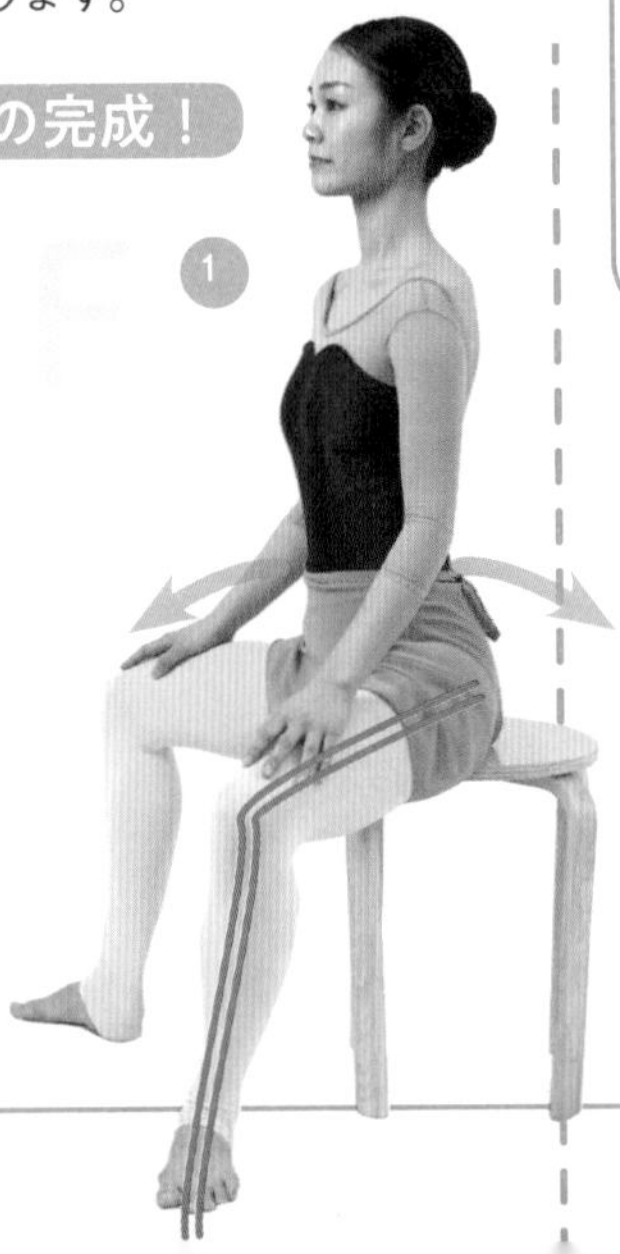

美咲　（「脚の軸を通す」を試して）うわ〜。（汗）　足の操作って難しい〜。攣りそうでした……。

扇谷　ふだん動かさない方向に指を動かすので、最初は難しいかも知れません。先に手から肩の軸を通しておくと動かしやすいですよ。

美咲　はい〜、こっちは要練習です。でもなんだか足の感覚がすごく変わった感じがします。足が軽くなったというか、ちゃんと足の裏が床につくようになったというか。不思議な感覚です。あ、お尻の力もなんだか抜けた感じですね。

扇谷　足が軽くなった感じがすれば成功です。ちょっとデヴェロッペしてみたらどうですか？

美咲　お？　足が上がる！　思った以上に軽く上がるようになりましたよ？

扇谷　良いですね！　骨と骨がちゃんとつながって安定したので、無駄な力が抜けたんですよ。その分、必要な筋力をスムーズに発揮できるから軽く感じるんです。

美咲　そんな仕組みなんですか。……あ、ターンアウトも開きやすいです！　あとプリエすると今までと違うところから開いている感じですね。

扇谷　腕の軸を通してから、アン・ナヴァンを組み合わせてやってみてください。

美咲　（試してみる）……両方が組み合わさると、また一段と……良いですね！

扇谷　動かしにくい指については、まずは足の指をほぐしてバラバラに動かせるようにしましょう。よく足指のグー・チョキ・パーができないとか、小指が開かないとか、足の指の動きがおろそかになっている人がいますが、丹念にほぐして動かす練習をしていけば、だんだん動かせるようになります。とりあえず1カ月、頑張りましょう。あと、バレエダンサーは足の指の筋肉をすごく使うので、タオルギャザリングやゴムバンドで筋力を鍛えるのもオススメです。ここでも手の指との筋共鳴®を使うといいですよ。足の指で動かしたい動きを手でも行うと、動かしやすくなります。

美咲　頑張ります！（笑）

ターンアウトの本命に挑戦！

扇谷　さて、いよいよターンアウトの質を上げるための大本命の筋肉にアプローチしましょう。

美咲　やったー（笑）。

扇谷　ここで登場するのは、「引き上げ」（89頁）でも登場した、お尻の大殿筋の奥にある筋肉群〔深層外旋六筋〕です。

美咲　それって……、骨盤底を引き上げる筋肉でしたっけ？

扇谷　よく覚えてましたね！　この筋肉にどうやって働いてもらうかで、ターンアウトの質が決まります。

美咲　確か6人グループのアイドルってお話でしたよね。

扇谷　そうです。股関節の外回しに働く小さな筋肉の集まりです。よくターンアウトで「お尻をギュッとしなさい」とか、反対に「ゆるめなさい」とか言われますよね。このときに大事なのは、［大殿筋］はリラックスさせて、深層外旋六筋はしっかり働かせるということです。

美咲　え！　そんな使い分けがあるんですか？

扇谷　この2つは役割が違うんですよ。深層外旋六筋は主に関節を安定させるために働きます。強い力は発揮できないけれど、疲れにくくて一定の姿勢を保持するのが得意な筋肉です。踊って動いている間もターンアウトを保持してくれます。一方、大殿筋は関節の安定化にも働きますが、同時に強い力を発揮できるので走ったり跳んだり、主に大きな動作をするときに活躍する筋肉です。その代わり、出番が来るまでは適度に休んでいます。

美咲　なるほど。じゃあ、大殿筋でギュッとターンアウトをしちゃうと、どうなるんですか？

扇谷　そうすると、大殿筋は筋肉のついている位置の関係で仙骨と尾骨を前・下方向に引っ張りこんでしまいます。その結果、骨盤が後傾してタックインになります。また、大きな動作をしたいときに、最初から強く緊張してしまっていると本来のパワーが出せません。

美咲　それは困りますね。

扇谷　ですから、基本的にターンアウトは深層外旋六筋を主体にして行う方がその姿勢を保ちやすく、疲れないのです。

美咲　大殿筋は手で触れられるので力を入れる感覚がわりとハッキリしているんですけど、深層外旋六筋は感じにくいですね？

扇谷　そんなときに便利なのが筋共鳴®ですよ。深層外旋六筋と共鳴関係の筋肉、この場合は手足の指や肩の筋肉からアプローチするわけです。

美咲　なるほど！

扇谷　その前にもう一点だけ注意事項です。じつは深層外旋六筋の中にも細かい役割分担があります。

美咲　あ、そういえば「内閉鎖筋がアイドルグループのセンターポジション」っておっしゃってましたね。

扇谷　そうです。ここでとくに大事なのは位置関係なんです。

美咲　位置関係？

扇谷 深層外旋筋の中でも〔梨状筋〕は仙骨から大転子に向かって伸びていて、しかも股関節より上にあります。ところがその他の5つの筋肉は坐骨から大転子についていて股関節より下にあります。この位置関係の違いによって、ターンアウトに梨状筋を使うと仙骨を引き下ろしてタックインを誘発します。

美咲 つまり梨状筋はターンアウトの邪魔になるわけですか。

扇谷 そうなんです。ただ梨状筋は脚を横に持ち上げる働きもしているので、ある程度は働いてもらう必要があるんです。だけど働きすぎはNGなんです。よくお尻の奥がこった感じになって叩いてほぐしたりしませんか？　あれ、ほとんどは梨状筋のこりです。

美咲 あ〜、あるある。お尻の奥がキュッてなってほぐしたくなるんですよ。

扇谷 梨状筋は座った姿勢が続くとコリやすいんですよ。リクライニングシートやお尻の沈むソファでも緊張して硬くなります。

美咲 ソファもダメなんですか？　わたしよくソファにこんな感じに

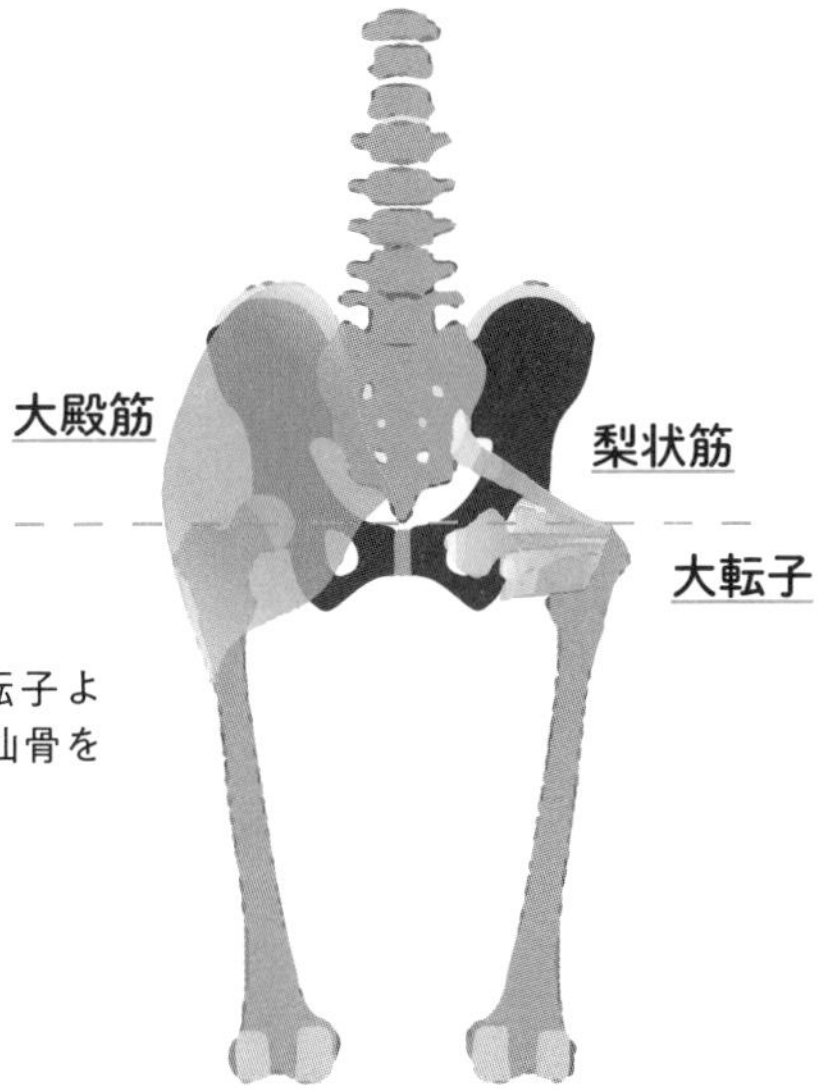

大殿筋と梨状筋は大転子より上に位置するため、仙骨を引き下ろします。

座ってドラマとか観るんで……。休日の楽しみなんです。

扇谷 残念ながら、ドラマが終わる頃には梨状筋は機能不全になっているでしょうね。

美咲 がーん！

扇谷 まあまあ。では、筋共鳴®を使った梨状筋のほぐし方を紹介しますので試してみてください。

美咲 よろしくお願いします！

扇谷 まずはターンアウトのために必要な、梨状筋以外の深層外旋六筋にアプローチする**「深層外旋六筋の活性化①②」**から紹介しますね。使うのは手の指を開く〔背側骨間筋（手）〕です。この筋肉は足の〔背側骨間筋（足）〕や、肩の深層筋のローテーターカフとも共鳴しています。ローテーターカフは見比べると深層外旋六筋とよく似ています。

美咲 本当ですね。同じ役割だから、同じようなデザインになるんですか？

扇谷 人体を設計するときに、神様は同じデザインをあちこちに使いまわしているのかもしれませんね（笑）。

長時間ダラッとソファーに座っていると、梨状筋が凝ってしまいます。

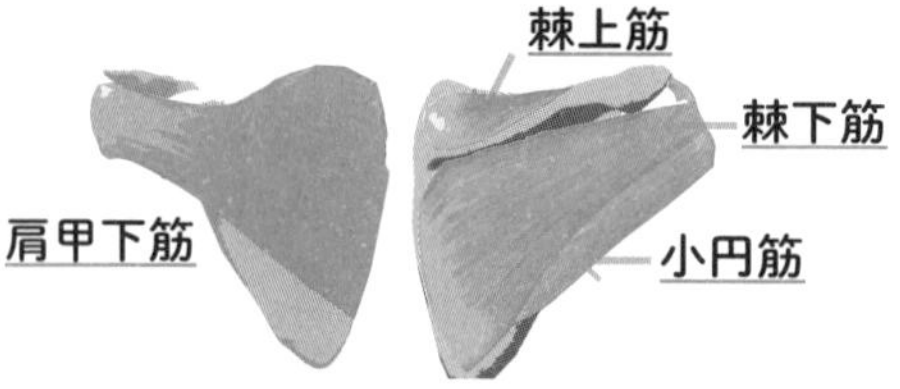

ローテーターカフは肩甲骨と上腕骨をつなぐ筋肉の総称です。

〈手の指〉と〈股関節〉の筋共鳴

深層外旋六筋の活性化①

❶直立して左手を伸ばし、中指を付け根から曲げます。
❷人差し指と薬指を付け根から反らします。
❸親指と小指を付け根から曲げます。
❹左足の指を３～５回、グー・パーして、脚を戻します。
❺❻左手首を親指側に傾けて〔撓屈〕、その形を保って腕を下ろします。
❼肩から腕を外回しします。
❽前腕を内回しします。
❾❿左脚の股関節から内回し、外回しを３～５回繰り返します。
左右を入れ替えて、❶～❿をします。
最後に、３回深呼吸をして終了。

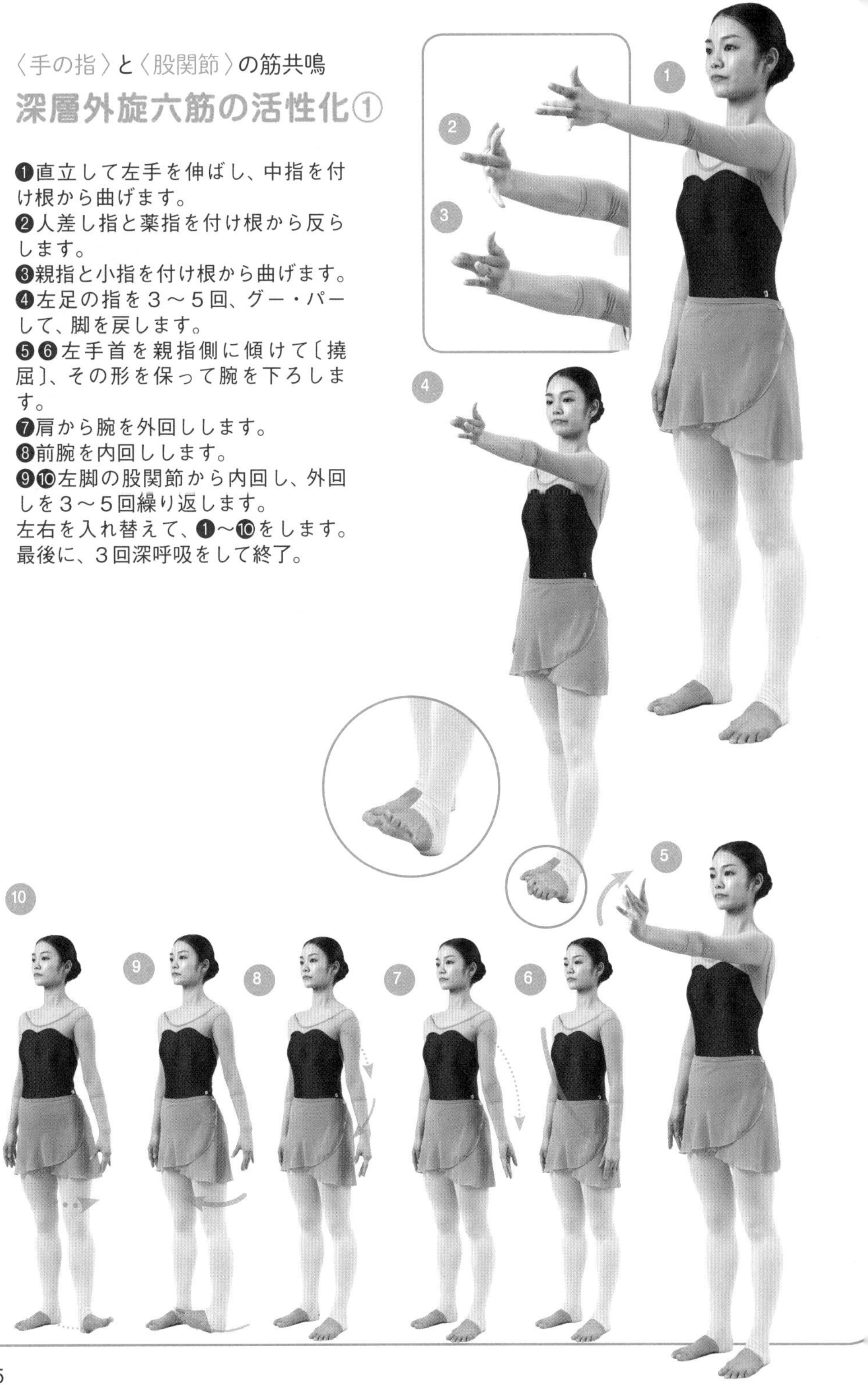

〈手の指〉と〈股関節〉の筋共鳴

深層外旋六筋の活性化②

❶❷直立して左手を伸ばし、中指を付け根から反らし、人差し指と薬指を付け根から曲げます。
❸親指と小指を付け根から反らします。
❹左足の指を3～5回、グー・パーして、脚を戻します。
❺❻左手首を小指側に傾けて〔尺屈〕、その形を保って腕を下ろします。
❼肩から腕を内回しし、
❽前腕を外回しします。
❾❿左脚の股関節から内回し、外回しを3～5回繰り返します。
左右を入れ替えて、❶～❿をします。最後に、3回深呼吸をして終了。

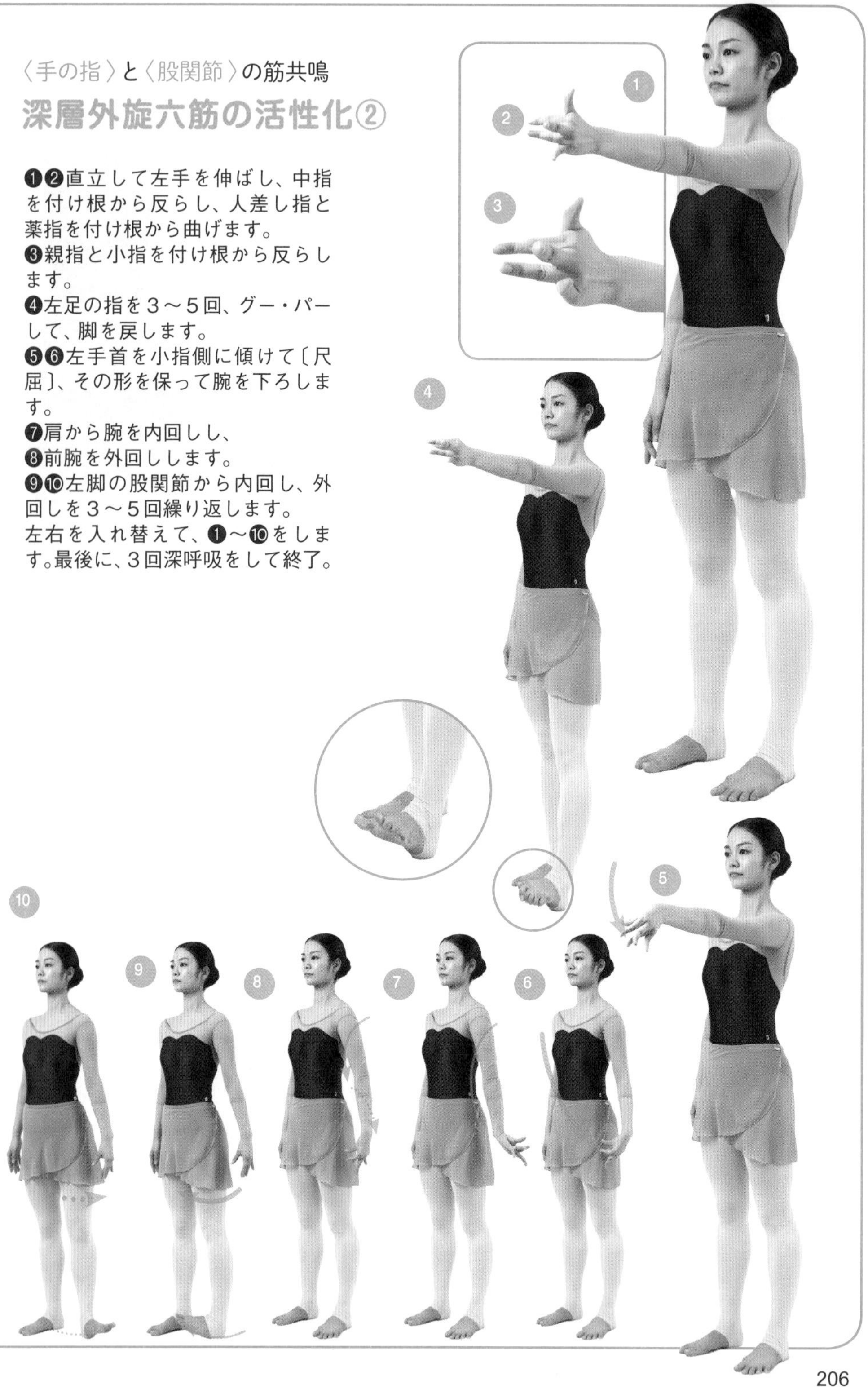

梨状筋をリリースする

美咲　（「深層外旋六筋の活性化①②」を試して）あ、太ももを回している間に、ジワジワとお尻の奥がほぐれたり、引き締まったりしてきましたよ？

扇谷　それが〈梨状筋〉以外の深層外旋筋の感覚です。肩を回してみると、肩の動きも軽くなっているでしょう？

美咲　ホント！　回しやすいです！　面白い！

扇谷　ターンアウトはどうですか？

美咲　（試してみる）　うん。かなりスムーズに回るようになりました。骨盤も立てやすいです（笑）。

扇谷　あと、筋共鳴®を使った梨状筋のリリースもご紹介しておきます。梨状筋は手の親指をパーに開くときの筋肉〈長母指外転筋〉と、肩甲骨を持ち上げて首をすくめるときに使う筋肉〈肩甲挙筋〉と共鳴しています。これらを操作することで、スムーズに梨状筋をリリースできます。

〈手の親指〉と〈股関節〉の筋共鳴

梨状筋のリリース

❶足を床にしっかりつけ、両手の親指の先を中指の付け根につけた状態で椅子に浅く座ります。
❷手首を小指側に曲げ〔尺屈〕、❸両手首を人差し指のリードで内回しします。
❹両腕を横に水平に伸ばします。上腕は外回し、前腕は内回し。手のひらが正面を向きます。
❺両方の坐骨を座面につけたまま、両腕を水平のまま左に腕を伸ばしていきます。
❻顔を左に向け、左腕を上げてバンザイ。その姿勢で、眉間から息をするイメージで大きく深呼吸を3回します。息を吐くときは2回（7：3）に分けて吐き切ります。
❼左腕を下ろし中央に戻ってから、今度は右で❻を繰り返します。
❽立ち上がって、片足ずつ股関節から内回し、外回しを3～5回繰り返します。

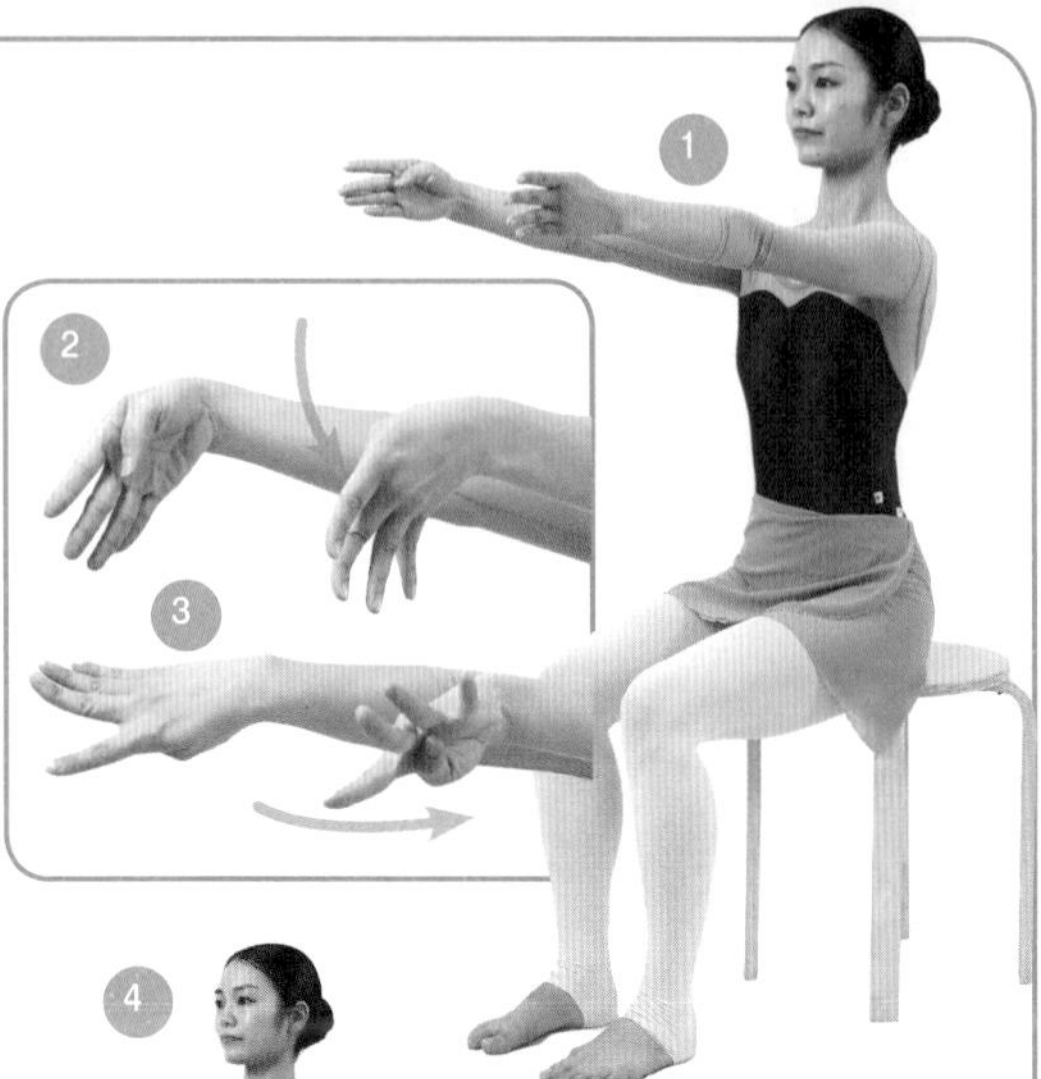

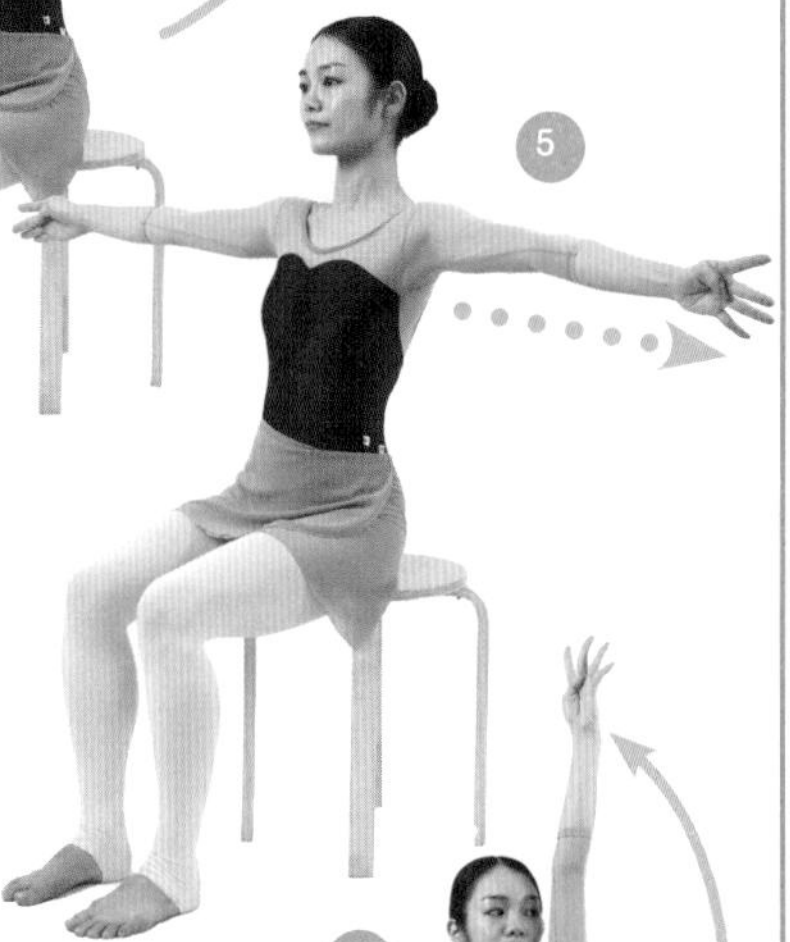

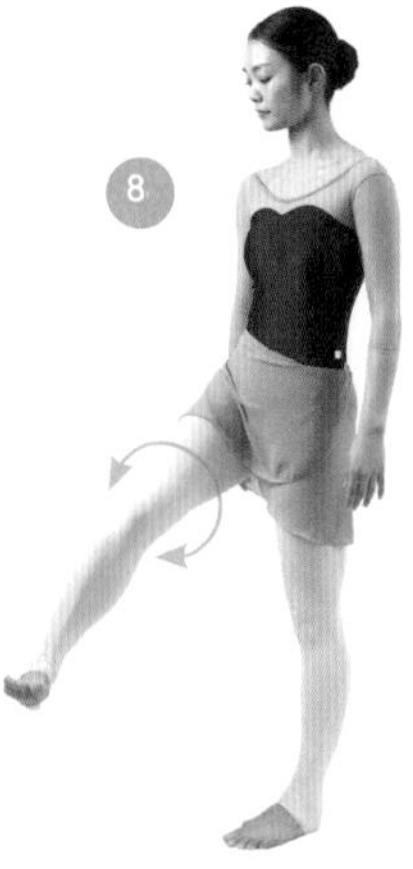

美咲　（「梨状筋のリリース」を試して）肩甲骨の内側が下がったみたい。お尻の上の方のハリというか、いつもこるところがゆるんだ感じです。これが梨状筋がゆるんだ状態なんですね。

扇谷　梨状筋のハリがとれると、5番のポジションで立ちやすくなりますよ。

美咲　（試してみる）あ、ホントだ！（笑）

扇谷　梨状筋が緊張していると脚を外側に開こうとしてしまうので、脚を内側に入れたい5番ポジションとケンカしてしまうんですね。

美咲　なるほど。あ、さらにターンアウトがスムーズになりました！

扇谷　ここまでの成果が出てきましたね！

梨状筋がゆるむと、5番ポジションが立ちやすくなります。

内転筋からターンアウトに磨きをかける！

扇谷　さらにターンアウトに磨きをかけましょう！

美咲　楽しみです！　でもなにをするんですか？

扇谷　脚を内側に集める働きをする〔内転筋群〕を調整しましょう。内転筋は名前の通り股関節の内旋と内転で活躍します。内旋に強く働くので、緊張して固くなっているとターンアウトを邪魔してしまいます。一方で、踊っている間、深層外旋六筋と協力して股関節がしっかりハマった状態を保つ役割もあるので、おろそかにはできません。

美咲　硬すぎてもゆるすぎても困るワケですね。

扇谷　はい。それから、内転筋の重要な働きは、立つ力を中心に集めて足から頭までの「中心軸」をつくることです。これがないと、ピルエットなどの回転系の動きはうまくいきません。

美咲　「内ももを使って！」ってよく言われますけど、それって内転筋のことですよね。

扇谷　そうですね。ただ一口に内転筋といっても、〔恥骨筋〕〔短内転筋〕〔長内転筋〕〔大内転筋〕〔薄筋〕〔分かれていて、それぞれに筋共鳴®の相手の筋肉があります。あと、骨盤の側面の〔中殿筋（前部）〕〔小殿筋〕〔大腿筋膜張筋〕は内転筋とは逆に、脚を身体の中心から横に離していく動き＝外転を行う筋肉ですが、同時に内旋の働きもあります。こちらも硬くなっていると、ターンアウトを邪魔します。こちらの筋肉はターンアウトで膝下を外回ししていると硬くなるので、雑巾絞りターンアウトの人は要注意ですね。

美咲 それぞれが違う筋肉と共鳴……。一度に筋肉の名前が……。(汗)

扇谷 いま一度に覚えようとしなくても、コンディショニングしながら筋肉と仲良くなっていけば、自然に覚えられますよ。大丈夫です。それぞれのいる場所と個性を知っていくうちに、見分けがつくようになります。

美咲 なるほど。クラス替えで、新しい友人の名前を覚えるみたいなものですね。

扇谷 あー、そうかも？ みんなと仲良くなってください(笑)。

美咲 はーい(笑)。

内転筋	股関節の動き	筋共鳴の相手	指の動き
恥骨筋	内転・内旋・屈曲	短母趾屈筋	足の親指の付け根の屈曲
長内転筋	内転・内旋・屈曲	手の小指対立筋	手の小指の対立（親指と輪をつくる動き）
短内転筋	内転・内旋・屈曲	手の短小指屈筋	手の小指の付け根の屈曲
大内転筋	内転・内旋・伸展（後方）	足の短小趾屈筋	足の小指の付け根の屈曲
薄筋	内転・内旋（膝関節の内旋／屈曲）	足の小趾対立筋	前足部の外側アーチを補助

外転筋をリラックスさせる

扇谷　それでは、〔内転筋〕を活性化させるエクササイズの前に、美咲さんの内転筋の働きを邪魔している〔外転筋群〕をリラックスさせておきましょう。

美咲　あれれ？　すぐに内転筋じゃないんですか？

扇谷　最初に外転筋群をリラックスさせてからの方がスムーズに内転筋の動きの感覚がつかめると思います。ターンアウトができない人は外転筋がオーバーワークで内転筋がサボっていることが多いので、先に外転筋を休ませてあげたいんです。コンディショニングに慣れてきたら、省略して大丈夫ですよ。

美咲　わかりました。

扇谷　〔中殿筋〕や〔小殿筋〕は、すでにご紹介した〔大殿筋〕と合わせて、〔長趾伸筋〕と共鳴しているので、足の指をしっかりストレッチするとゆるんできます。長趾伸筋は脛の前側についているので、そこに効くように伸ばしましょう。

美咲　直接、ストレッチしてはダメなんですか？

扇谷　もちろん、それでも良いです。ただ慣れないうちは、伸ばしやすい共鳴相手の筋肉からアプローチしたほうがスムーズにできますよ。

外転筋のストレッチ

直立して立ち、
❶片足の足首を伸ばしてポイントします。
❷つま先を深く曲げて、指の背面（爪）を床に押し付けます。
❸足の甲から脛の前側にかけて伸びるようにストレッチします。
❹眉間から息をするつもりでお腹→胸・背中→肩、と順番にふくらませて３～５回、深呼吸をします。息を吐くときは２回（７：３）に分けて吐き切ります。
❺角度を変えて、５本の指全部が伸びるように行います。

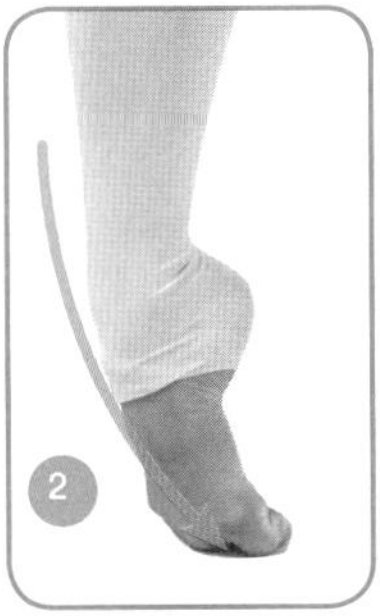

美咲　〈「外転筋のストレッチ」を試して〉あ、ターンアウトがしやすくなりました！　腰から太ももの横側にかけてのつっかえが減った感じ？　ここがいつも疲れて重いようなダルいような感じになるんですけど、足の指と〈外転筋〉が緊張していたんですね。

扇谷　うん。うまくいきましたね。外転筋は片足を持ち上げたときに軸足側で骨盤を支えるので、しっかり鍛える必要があります。その分硬くなりやすいところですね。ここが硬くなると、〈梨状筋〉と同様に5番のポジションを邪魔します。5番が苦手な場合はよくストレッチしてあげたいですね。

美咲　わかりました。

恥骨筋・内転筋をゆるめて骨盤を水平に

扇谷　それではいよいよ〈内転筋〉です。まず〈恥骨筋〉から活性化しましょう。恥骨筋は恥骨から大腿骨の内側に伸びる小さな筋肉です。内転とともに、内旋や屈曲にも働きます。大きな筋肉ではないのですが、この筋肉が硬いと骨盤が前傾して出っ尻になります。

美咲　出っ尻の原因ですか！　それはまずい。

扇谷　さらにこの筋肉は、手の親指の〈短母指屈筋〉と足の親指の〈短母趾屈筋〉と共鳴して

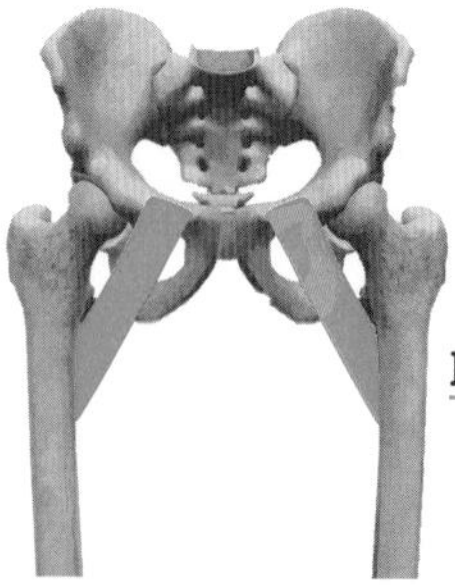

恥骨筋

います。それ以外にも、猫背や肩の巻き込みの原因になる鎖骨の付け根の〈鎖骨下筋〉や肩の〈小胸筋〉とも共鳴しているので、肩周りの問題があると、恥骨筋も硬くなってターンアウトを妨げます。

美咲　猫背と出っ尻ですか、ますます頑張らなければ！（**「恥骨筋をゆるめる」**を試す）

……。

扇谷　いかがですか？

美咲　うん。足の付け根の内側がしっかりした感じがします。ターンアウトしたときに、内ももを前に回していく感覚がちょっとわかったかも。とくに2番のグフンプリエの感覚が変わりました。プリエをすると股関節が広がるというか、内ももが伸びるというか。

恥骨筋をゆるめる

床に脚を伸ばして座り、
❶片手の親指を曲げ、
❷曲げた指と同じ側の足の親指を付け根から反らせます。
❸❹股関節から脚の外回し・内回しを3～5回。反対側でも❶～❹を行います。
❺立って、ターンアウトで股関節の感覚を確かめます。

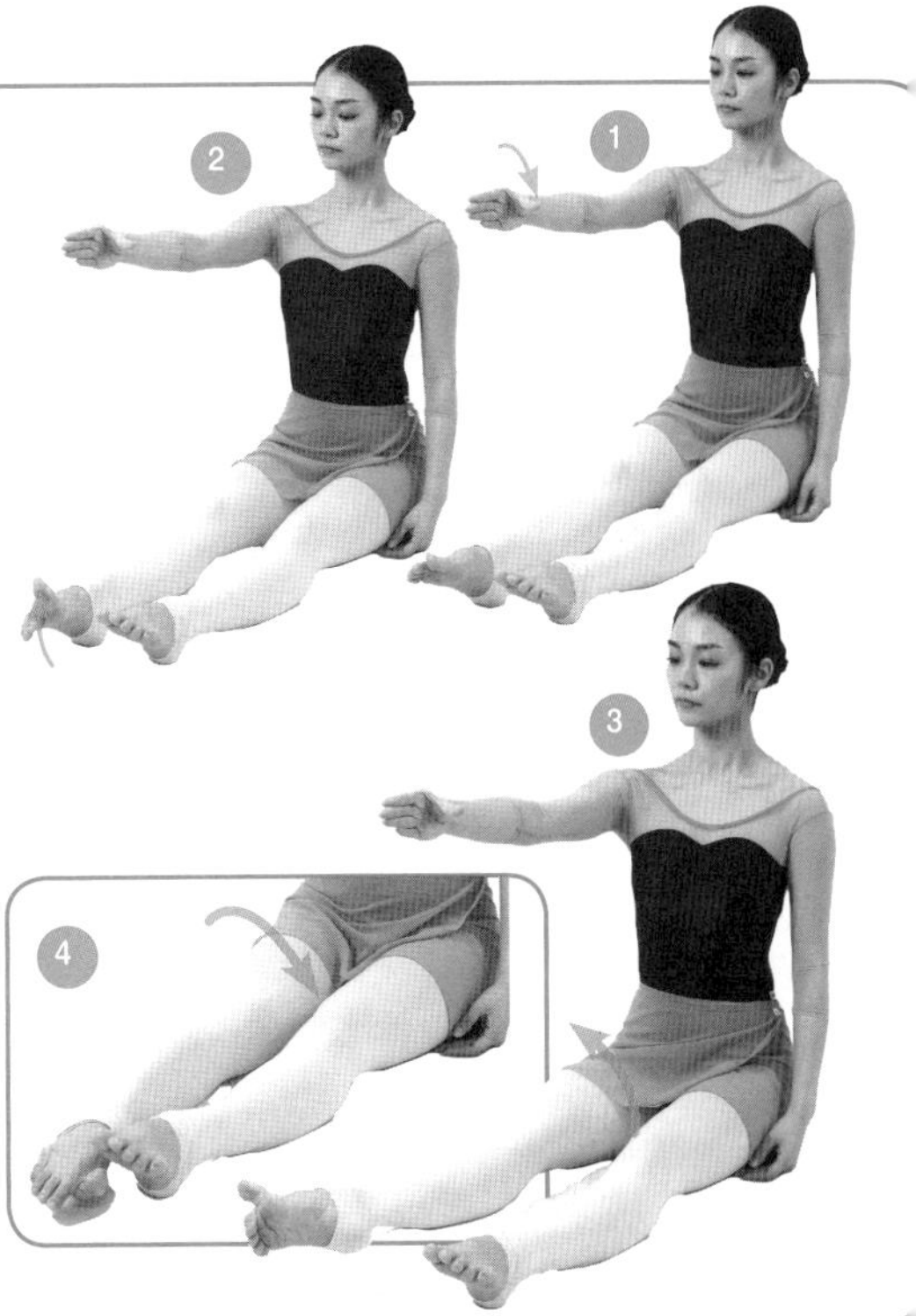

内転筋は小指が命！

扇谷　それでは残りの４つの内転筋の筋共鳴®をご紹介しますね。①〔長内転筋〕は手の〔小指対立筋〕、②〔短内転筋〕は手の〔短小指屈筋〕、③〔大内転筋〕は足の〔短小趾屈筋〕、④〔薄筋〕は足の〔小趾対立筋〕と共鳴しています。どれも手足の小指を動かす筋肉です。

美咲　小指には、こんな細かい筋肉があるんですね。

扇谷　本当に小さい筋肉なのに、バレエを踊る上ではそれぞれとっても大切なんです。たとえばタンデュの動きのはじめに小指が床を押すことで、一番大きな大内転筋や、膝関節を安定させる薄筋のスイッチが入る仕組みなんです。また、片脚立ちやルルヴェのときに足の外側のアーチを保つことで、身体を安定させる役割もあります。

美咲　微妙すぎて力が入っているのかどうかわからないですけど……。

扇谷　そうですね。逆に内転筋のトレーニングをしっかり行うことで、小指を動かす微妙な感覚がわかるようになるとも言えます。いずれにしても、**小指が動かせない人は内転筋も不十分にしか使えない**ということは覚えておいてください。ここは効果を実感してほしいところなので、まとめていきますよ！

美咲　はい！

内転筋と小指の筋共鳴

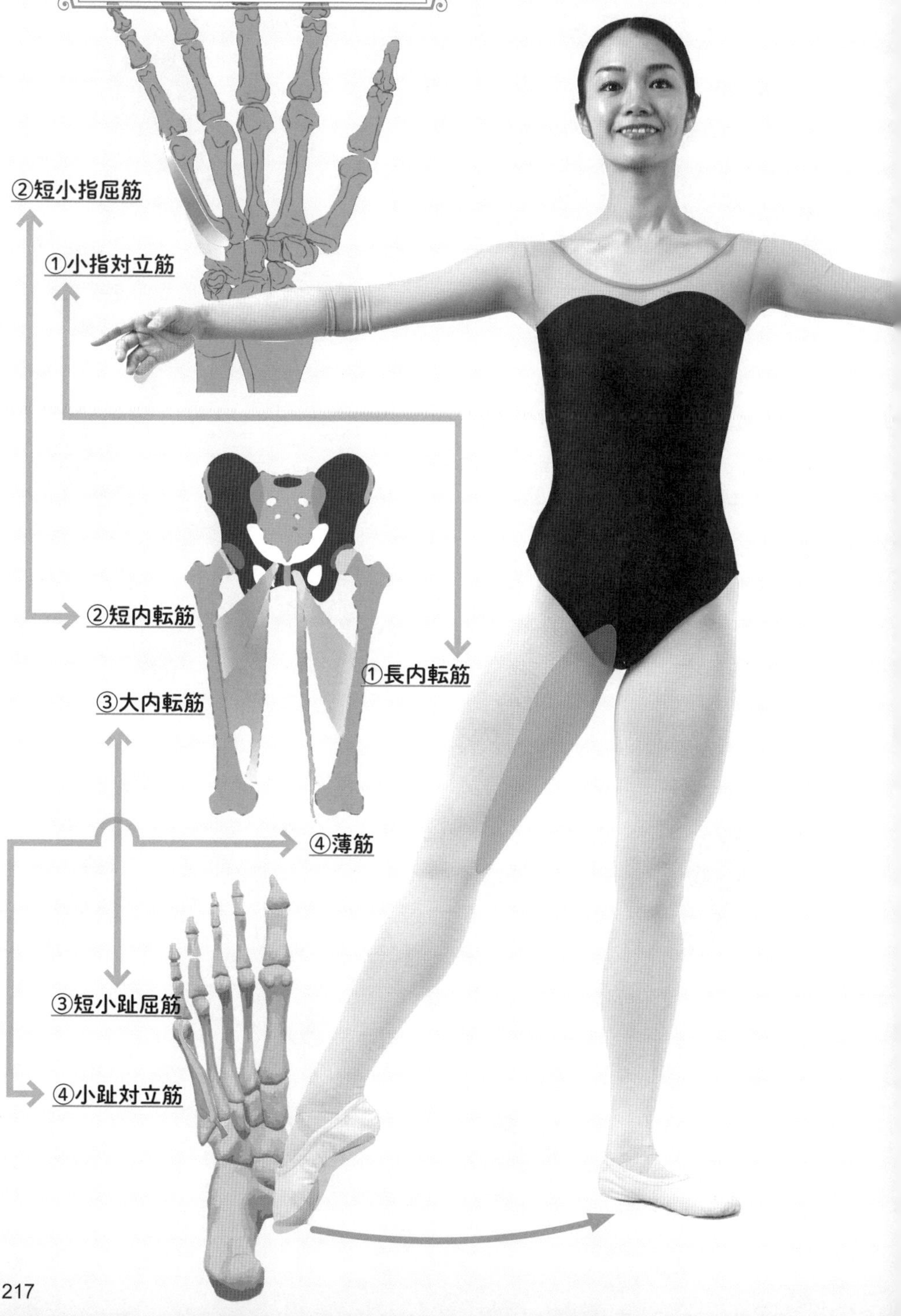

〈手の小指〉と〈股関節〉の筋共鳴

ターンアウトに磨きをかける①

(短小指屈筋→短内転筋)
床に脚を伸ばして座り、
❶片腕を前に伸ばします。上腕は力こぶを上に向け、指をしっかり伸ばして手のひらは床に垂直にします。
❷上腕を動かさずに、前腕を内回しして手のひらを下に向けます。
❸小指を伸ばしたまま、付け根から直角に曲げ、
❹手首を内側(親指側)に傾けます〔撓屈〕。
❺❻腕と手はそのままで、腕と同じ側の脚を股関節から5～10回内回し・外回しします。
❼❽膝を90°に曲げ踵を引き寄せたら、再び伸ばします。3～5回行います。
❾立って、ターンイン／ターンアウトをして、股関節の感覚を確かめます。
もう片方の脚も❶～❽を行います。

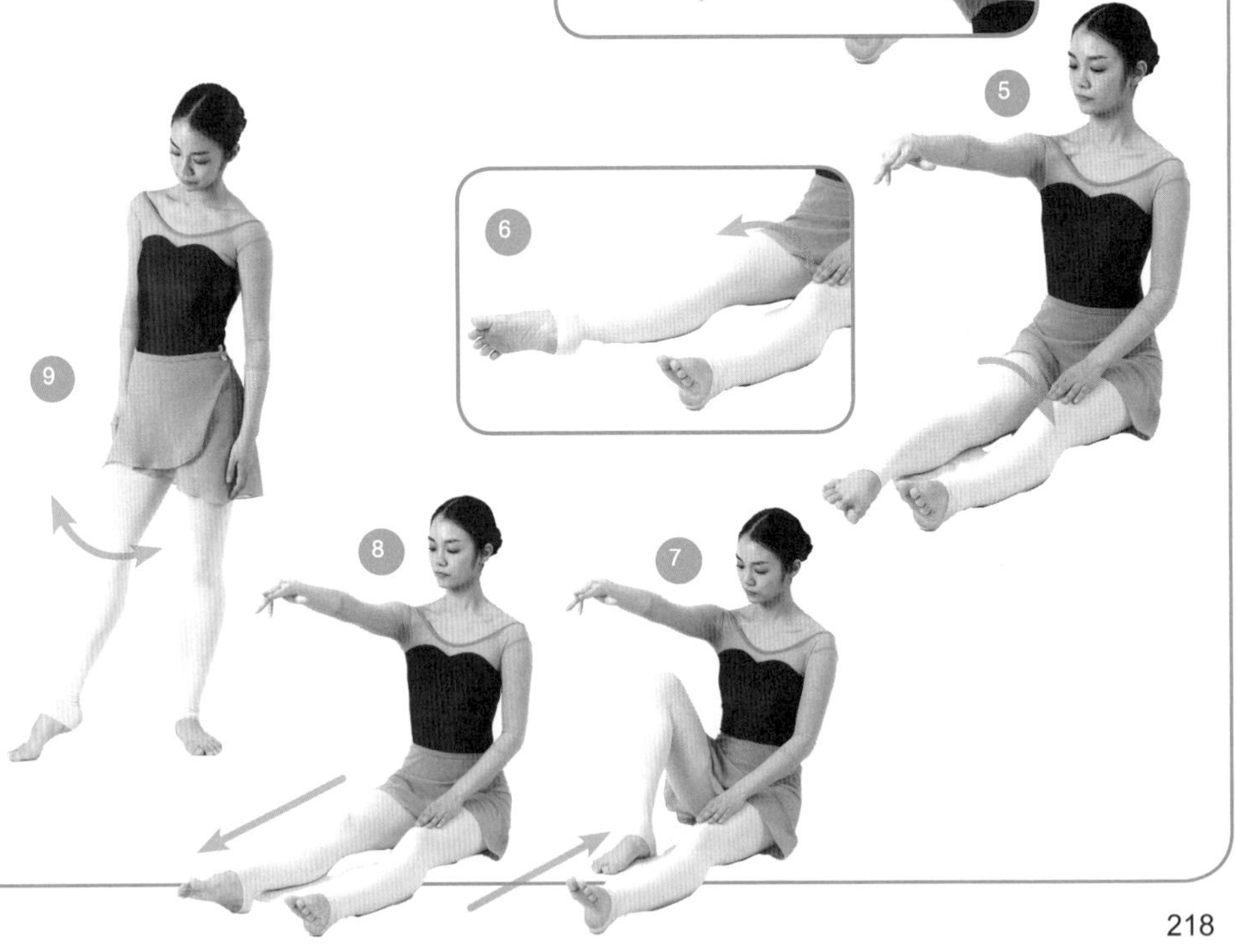

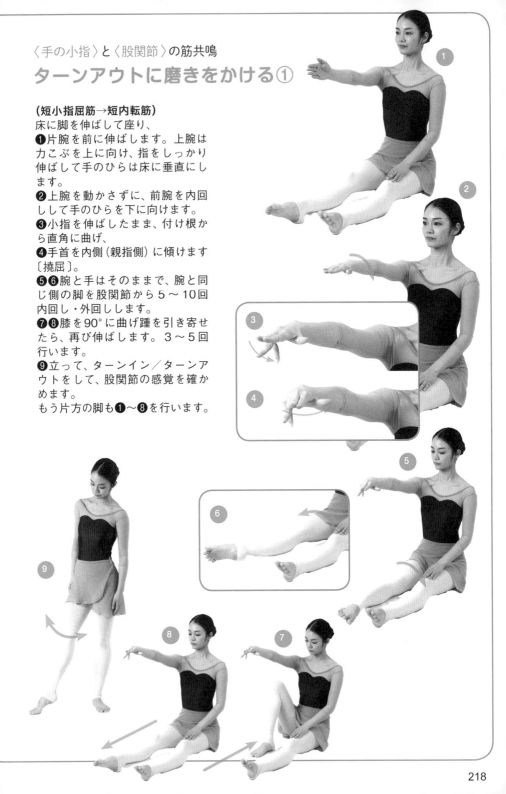

〈手の小指〉と〈股関節〉の筋共鳴

ターンアウトに磨きをかける②

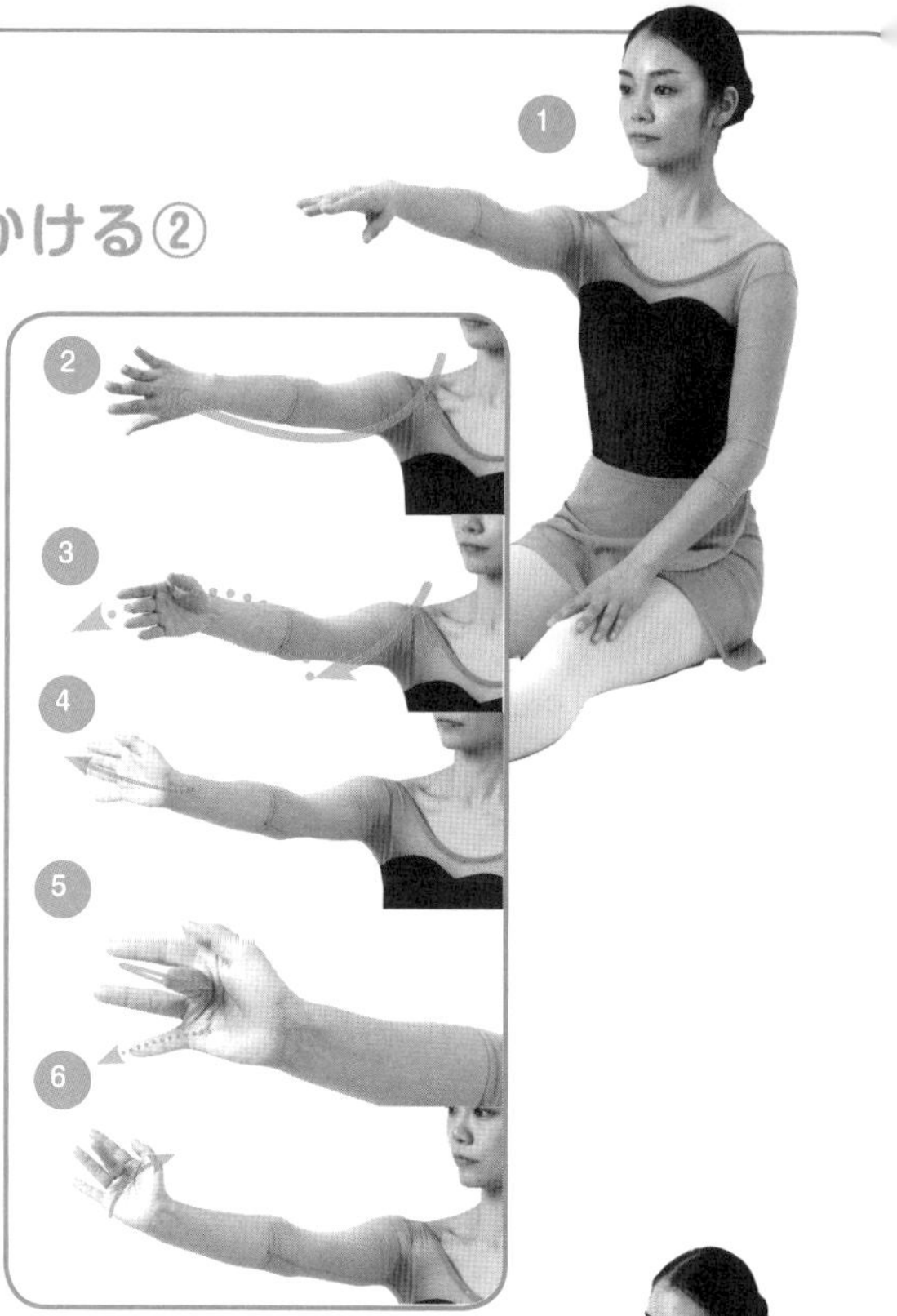

(小指対立筋と長内転筋)

❶床に脚を伸ばして座り、片腕を前に伸ばします。
❷上腕から腕を内回しし、
❸前腕を外回しして、手のひらを床に垂直にします。
❹手首を反らします。
❺中指を付け根から曲げ、小指を反らします。
❻手首を親指側に傾けます〔撓屈〕。
❼❽腕と手はそのまま、腕と同じ側の脚を股関節から５～10回、しっかり内回し・外回しします。
❾❿膝を90°に曲げ踵を引き寄せたら、再び伸ばします。３～５回行います。
⓫⓬立って、ターンイン／ターンアウトをして、股関節の感覚を確かめます。
もう片方の脚も❶～⓬を行います。

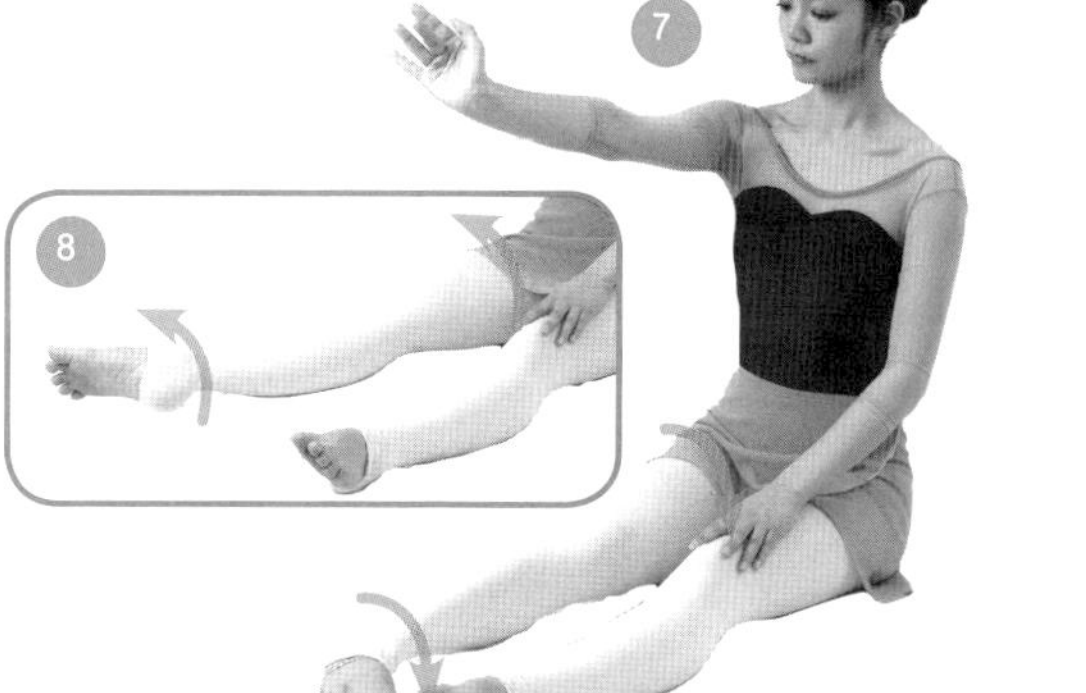

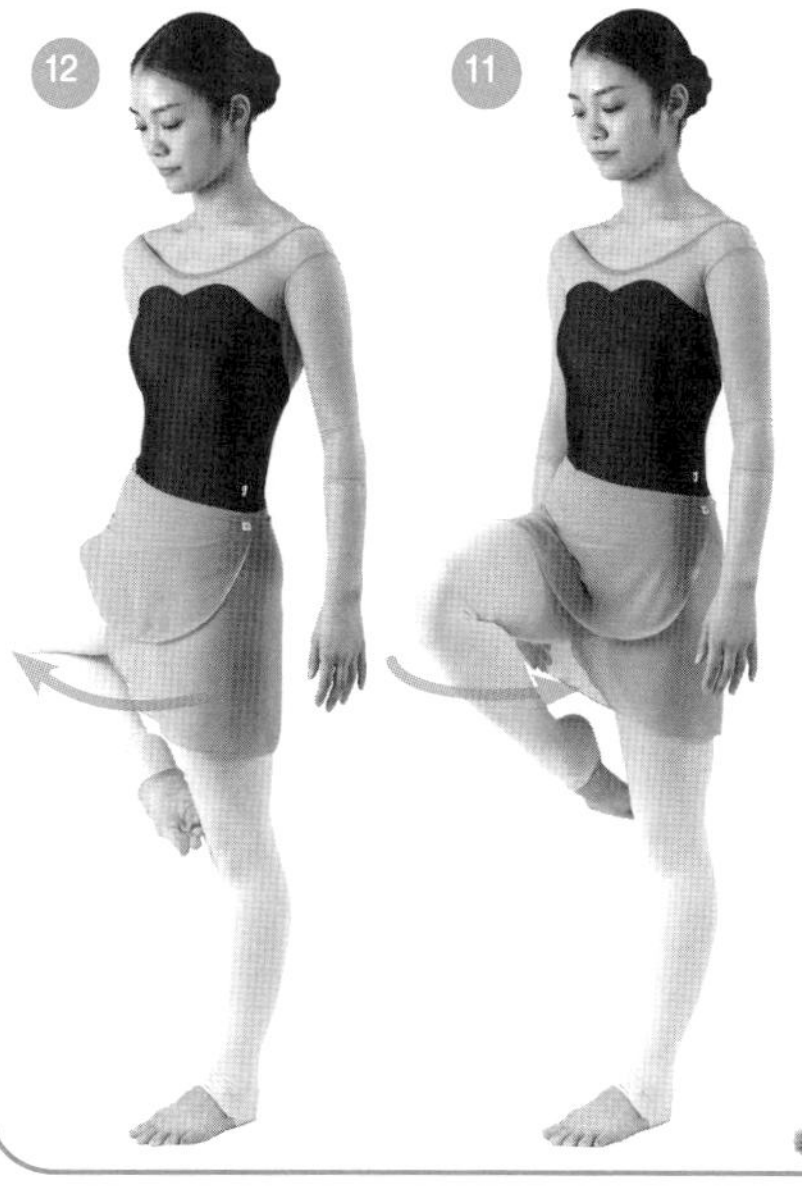

〈足の小指〉と〈股関節〉の筋共鳴

ターンアウトに磨きをかける③

(短小趾屈筋→大内転筋)
床に脚を伸ばして座ります。
❶片方の足の小指を付け根から曲げます。
❷足首を反らしてから、
❸つま先を外側に傾けます。このとき太ももが動かないように注意します。
❹小指と足首の状態を保って、脚全体を股関節からしっかり内回し・外回しして5～10往復。
❺❻小指と足首の状態を保って、膝を90°に曲げ踵を引き寄せ、再びしっかり伸ばします。3～5回繰り返します。
❼立って、ターンイン・ターンアウトをして、股関節の感覚を確かめます。
もう片方の脚も❶～❼を行います。

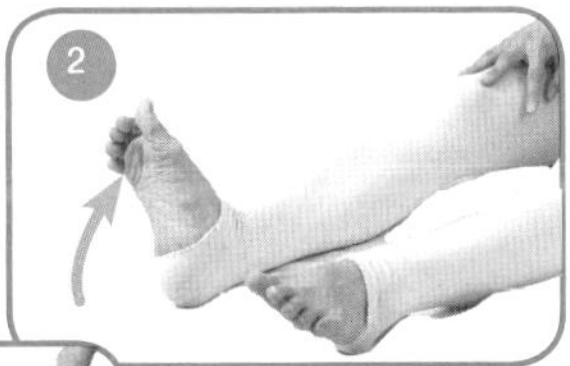

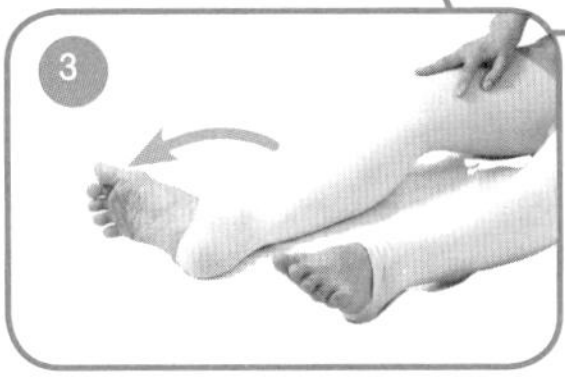

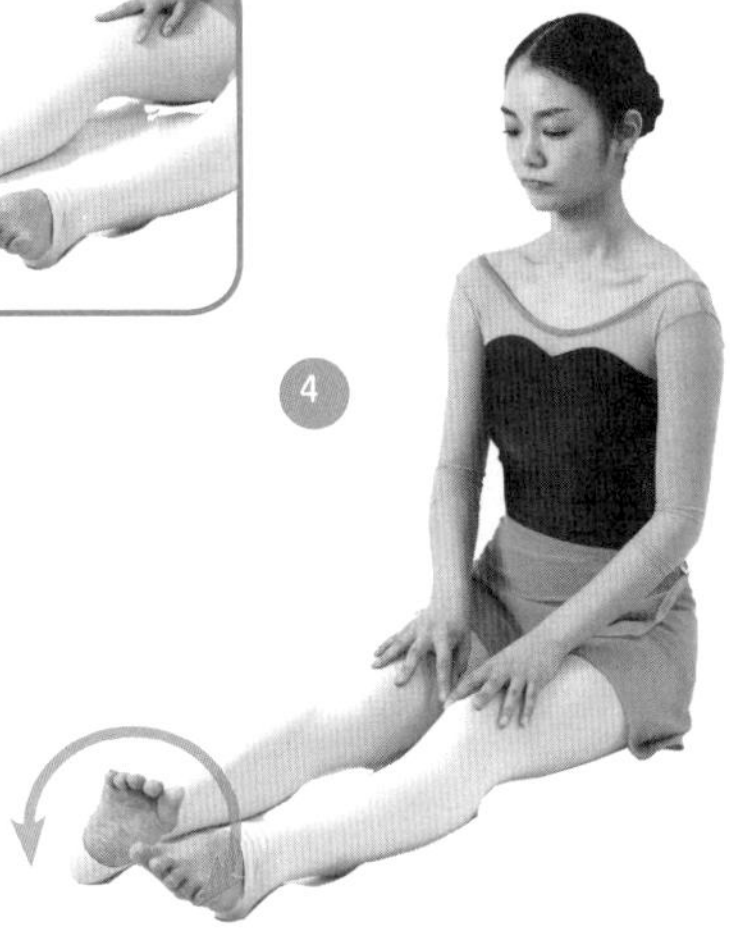

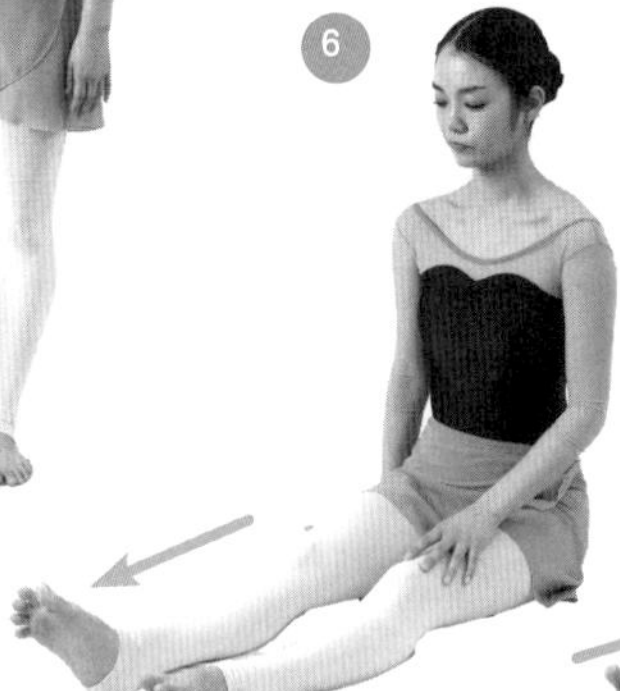

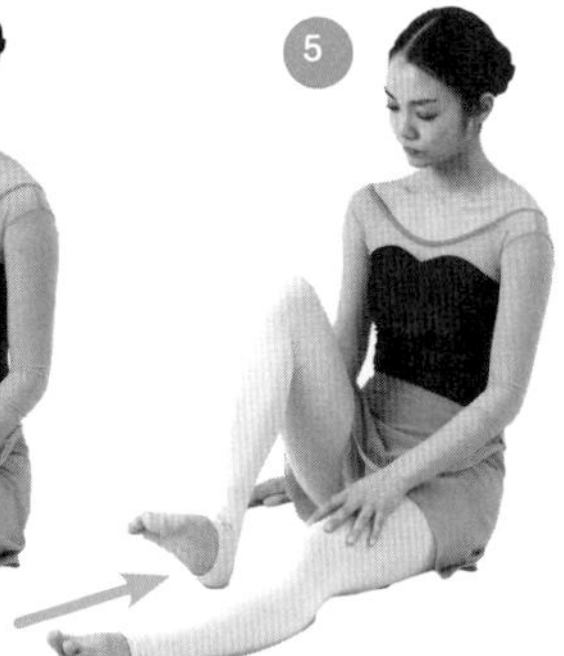

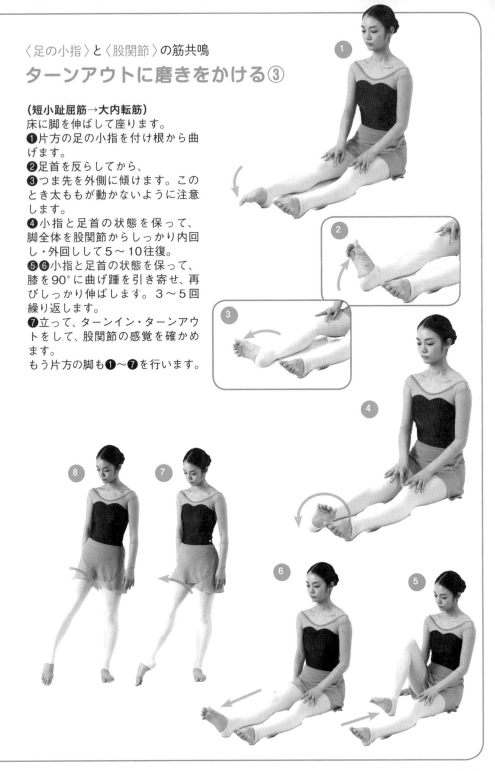

〈足の小指〉と〈股関節〉の筋共鳴

ターンアウトに磨きをかける④

(足の小趾対立筋→薄筋)

❶床に脚を伸ばして座ります。

❷片方の足の小指を付け根から反らし(他の指が一緒に動いてもOK)、さらに足首を曲げます〔背屈〕。

❸つま先を外側に傾けます(外がえし)。このとき太ももが動かないように注意します。

❹小指を反らし、外がえしのまま、足首を伸ばします〔底屈〕。

❺❻小指と足首の状態を保って、脚全体を股関節からしっかり内回し/外回しします。5〜10往復します。

❼小指と足首の状態を保ったまま、膝を90°に曲げて踵を引き寄せ、

❽再びしっかり伸ばします。5回。

❾❿立って、ターンイン・ターンアウトをして股関節の感覚を確かめましょう。

反対側の脚でも❶〜❿を行います。

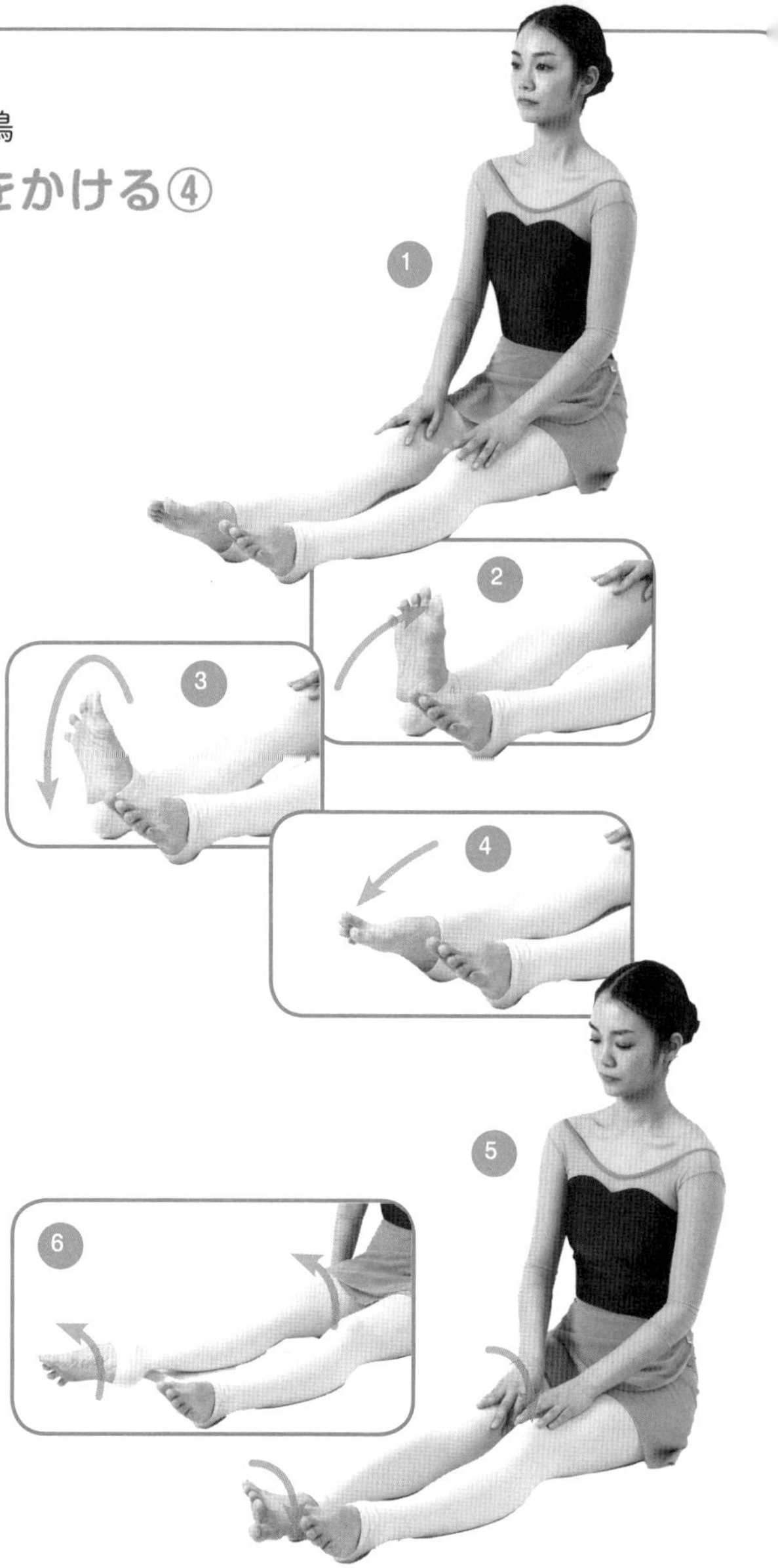

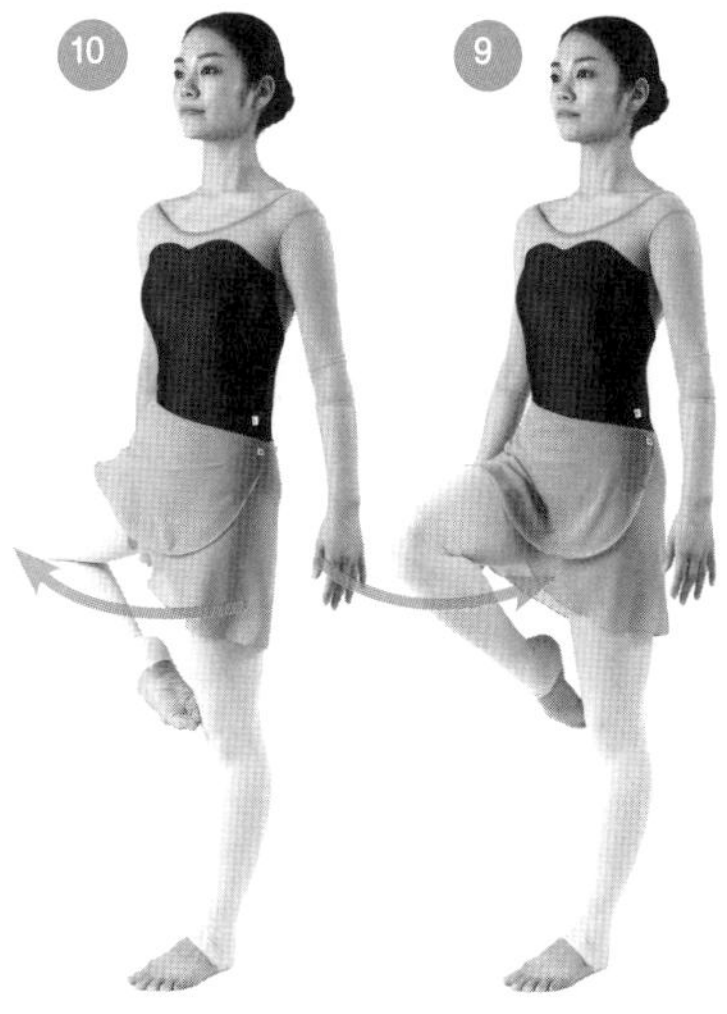

手足の小指から内転筋をゆるめる

美咲　（「ターンアウトに磨きをかける①〜④」を試して）……終わりました。難しかった！

扇谷　お疲れさまです（笑）。感想はいかがですか？

美咲　こうしてみると内ももの力の入り方にも、どの内転筋を使っているかによってちょっとずつ違いがあるんですね。

扇谷　はい。よく紹介されている内転筋のトレーニングは、動作が大きいのでそのままだと自分の得意な内転筋だけ使いがちです。小指の意識を変えることで、万遍なく鍛えることができますよ。そうして、小指を動かすのが苦手な人は丁寧に内転筋との共鳴をつなげていくと良いです。さて、ターンアウトはどうでしょう？

美咲　うん、スムーズさに加えて内ももにしっかり力が入るようになった感じで、安定感が出ました！

扇谷　良かった！　念のために手と足から内転筋をゆるめるエクササイズも紹介しておきますね。大事なのは適度に働くことなので。

美咲　了解です！

扇谷　これらのストレッチと合わせて、ポール・ド・ブラのところでご紹介した、親指と小指

〈手の小指〉と〈股関節〉の筋共鳴

手の小指から内転筋をゆるめる

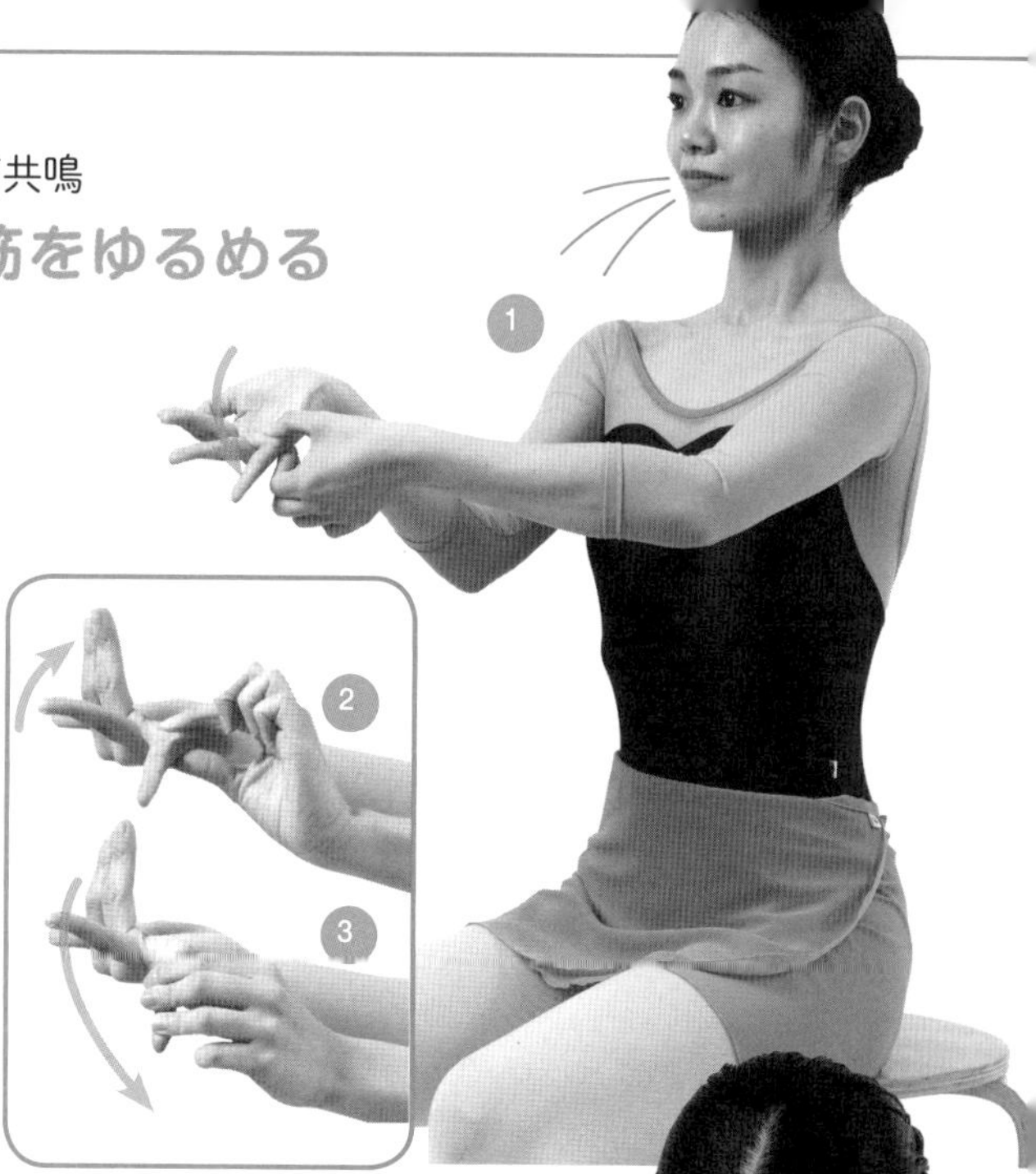

❶片方の手で反対の手の小指の付け根を持ち、反らせます。そのまま、眉間から息を吸うイメージで、お腹→胸・背中→肩とふくらませて3～5回深呼吸をします。息を吐くときは2回（7：3）に分けてしっかり吐き切ります。
❷人差し指と中指を付け根で曲げます。
❸片方の手で小指全体を持ち、手首とともに反らせます。❶と同様に深呼吸をします。
手を入れ替えて同じことをします。

〈足の小指〉と〈股関節〉の筋共鳴

足の小指から内転筋をゆるめる

❶手で足の小指の付け根を持ち、反らせます。そのまま眉間から息を吸うつもりでお腹→胸・背中→肩とふくらませて3～5回深呼吸をします。息を吐くときは2回（7：3）に分けてしっかり吐き切ります。
❷片手で足の小指の付け根を持ち、
❸もう一方の手で中指の中手骨の甲側をしっかり押さえます。
❹小指とともに足首を反らせます。❶と同様に深呼吸をします。
足を入れ替えて同じことをします。

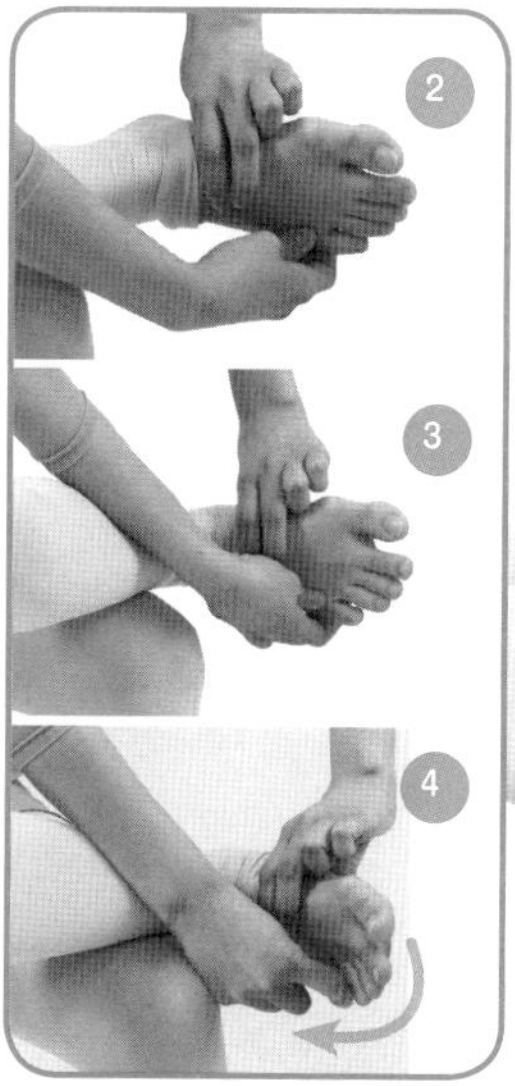

の付け根をほどくエクササイズ（１３８・１３９頁）もすると良いです。

美咲　はーい。……あれ？　今気づいたんですけど、わたしなんだかアゴが開きやすくなった気がします。

扇谷　ああ、それは手の〔小指対立筋〕が顎関節を開くための〔外側翼突筋〕と共鳴しているからですね。

美咲　え⁉　えーとそれじゃあ、内転筋は小指の動きとつながっている上に、アゴの動きともつながっているんですか？

扇谷　筋共鳴®で見ていくと、そうなりますね。つまり踊っているときのアゴのリラックス度によって、内転筋が影響を受けるんですね。なぜそんな仕組みになっているのか？　それを考えるのも面白いですよね。

美咲　神様の考えることはわかりませんね（笑）。

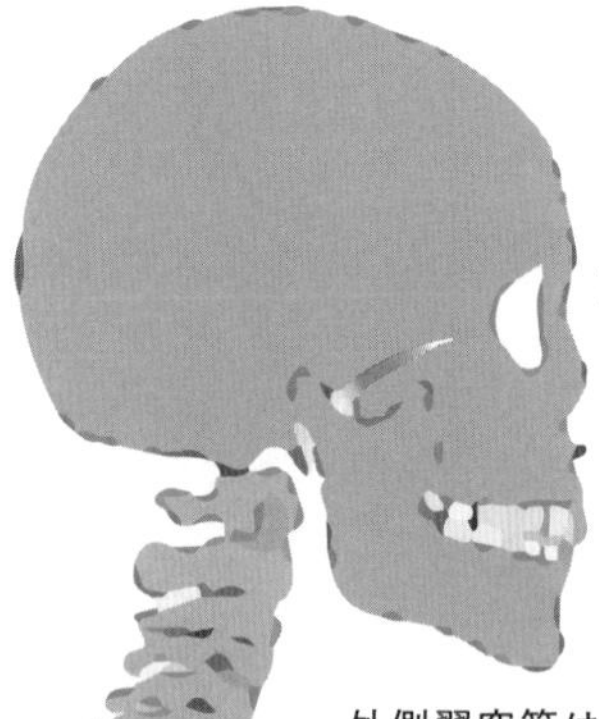

外側翼突筋は口を開けるための筋肉です。咀嚼のために顎を前に出したり、横にずらしたりする動きにも使われます。

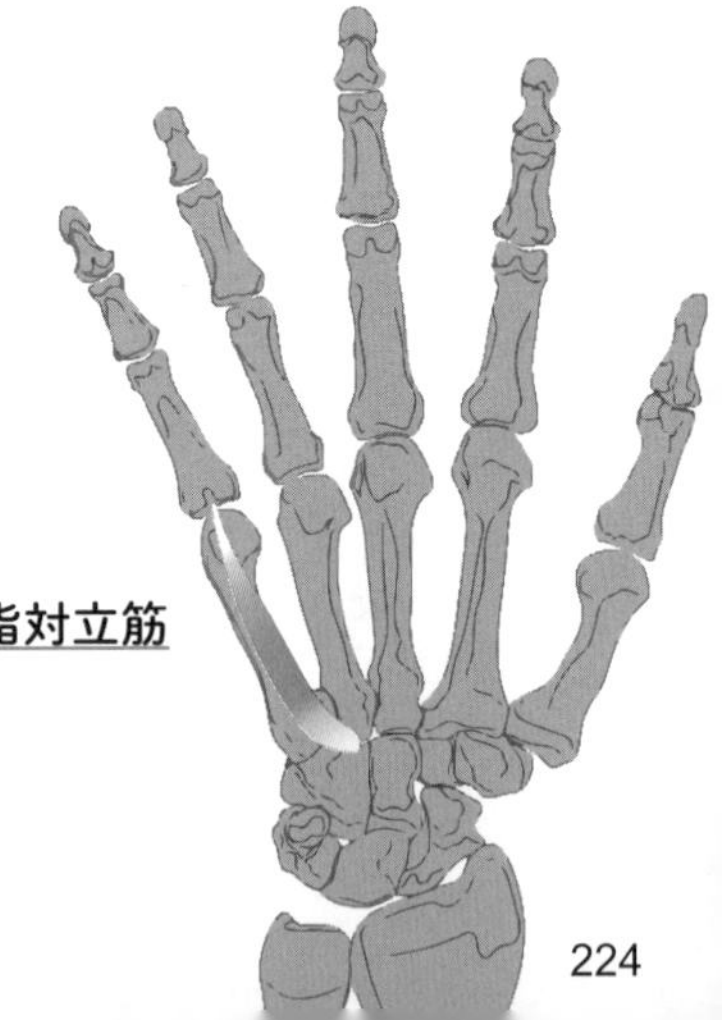

美咲 扇谷さん、内転筋と小指のエクササイズ、良い感じですよ！ 内ももが引き締まってきたというか、ちょっと脚のラインがよくなりました！（脚を見せる）

扇谷 おお～！（パチパチ） 本当だ。頑張りましたね！

美咲 小指の感覚も良くなってきたみたいです。内転筋が働くと、ターンアウトもスムーズになるし、身体の軸がとりやすくなりますね！

扇谷 良かったです！

美咲 あ、それで、脚のバランスが変わったせいなのか、ときどき膝の内側に違和感があるんです。

扇谷 どんなときですか？

美咲 プリエしたときとか、脚を上げようとしたときとか？

扇谷 どれどれ……膝の内側の「鵞足《がそく》」のところにテンションがかかっているみたいですね（次頁参照）。鵞足というのは、この脛の骨の上端の内側のところです。ちょっと前にタンデュしてみてください。

美咲 はい。（タンデュする）

扇谷 あー、タンデュのときにお腹の力が抜けて〔縫工筋《ほうこうきん》〕がうまく働いていないみたいですね。

小指でしっかり床を押せると、内転筋が働くとともに脚が引き締まります。

美咲　縫工筋？

扇谷　この腰骨〔上前腸骨棘〕から、太ももの前側を斜めに横切って膝の内側の鵞足のところにつながっている筋肉ですよ。人体で一番長い筋肉と言われています。

美咲　変わった名前ですね？

扇谷　むかしの裁縫の職人（縫工）があぐらで座っていたそうです。その姿勢をとるのに使われる筋肉ってことで縫工筋と呼ばれるらしいです。

美咲　ふーん。あぐらですか～。ターンアウトとはどんな関係があるんですか？

扇谷　この筋肉はターンアウトのときに張りを保ちながらしっかり伸ばされる必要があります。「縫工筋を下に引っ張って」と表現されることがありますね。縫工筋の筋共鳴®のお相手は前腕の筋肉〔腕橈骨筋〕です。

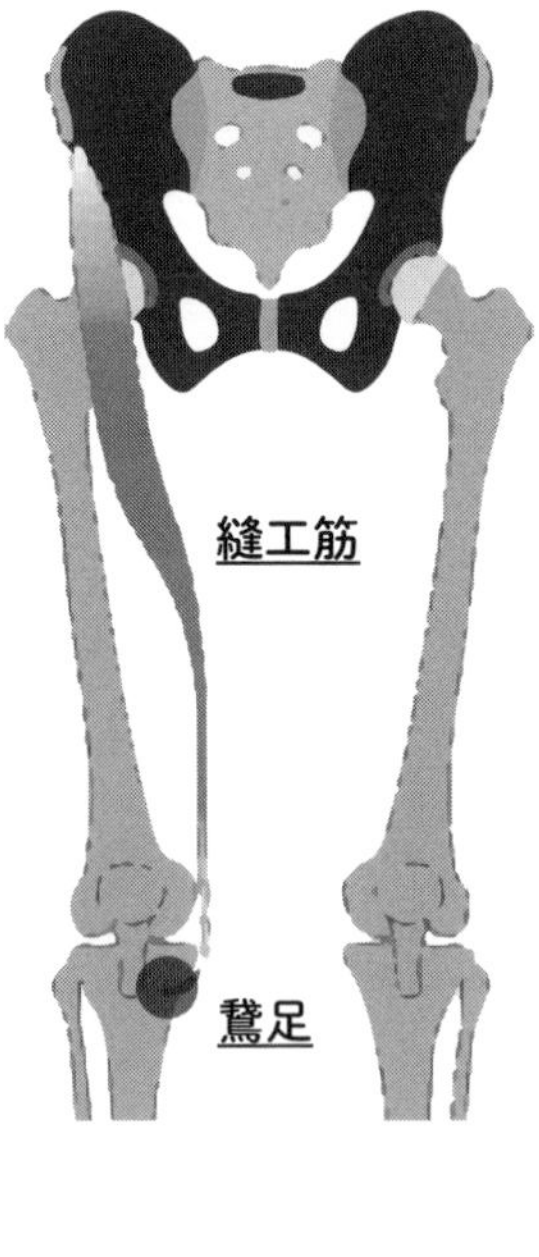

人体で一番長い筋肉と言われる縫工筋。鵞足（がそく）は、縫工筋や半腱様筋、薄筋の膝側の付け根にあたります。

美咲　どんな筋肉なんですか？

扇谷　腕橈骨筋は手首と肘をつないでいて、「ビールジョッキを持ち上げる筋肉」なんて呼ばれています。ビールジョッキを持つつもりで握りこぶしをつくって親指を立てて、軽く掲げてみてください。前腕の肘に近いところで筋肉が固くなっているのがわかりますか？　これが腕橈骨筋です。

美咲　ジョッキは中ですか、大ですか？

扇谷　どっちでも良いです（笑）。

美咲　（試してみる）　あ、これですね。

扇谷　そのままプリエをすると膝の感覚が違うでしょう？脚を前に出す動きは軽くなるはずです。

美咲　（試してみる）　うん、たしかに。縫工筋が縮んでいると膝が内側に入ってしまう感じですね。

扇谷　そうなんです。なので、伸びやかに使いたいですね。

美咲　はい！

腕橈骨筋は、ビールジョッキを持ち上げるときに働いています。

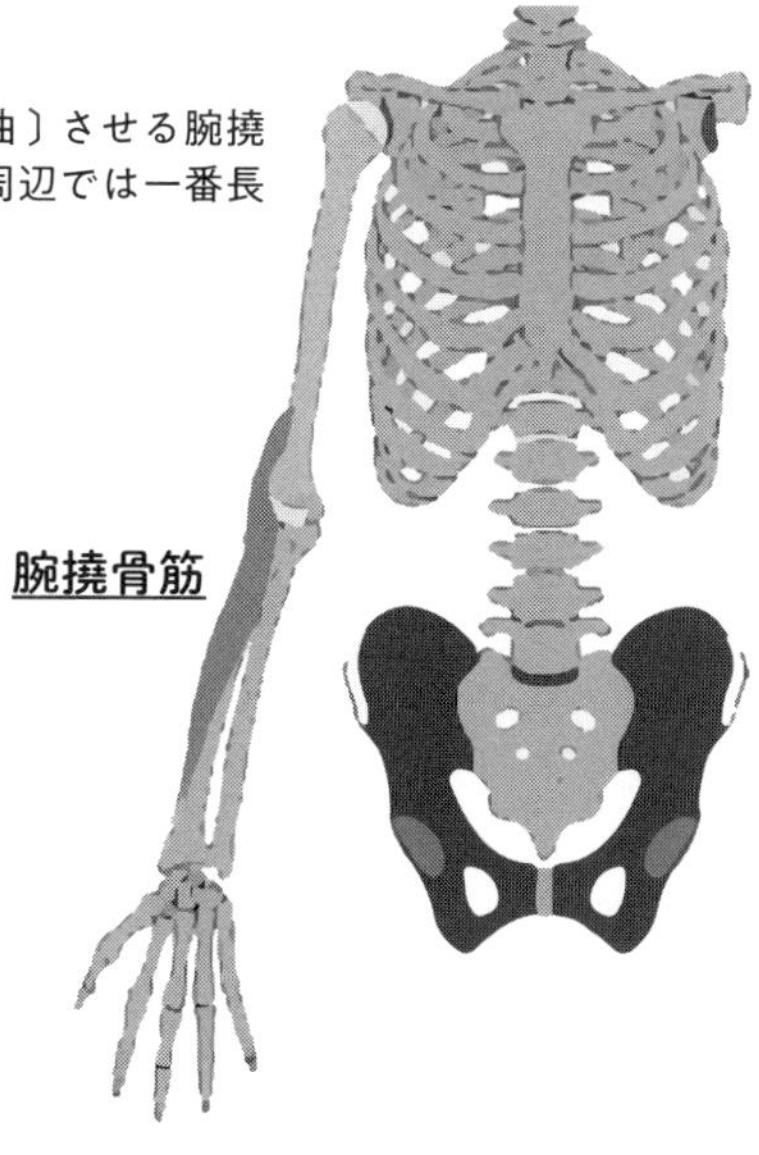

肘を曲げる〔屈曲〕させる腕橈骨筋は、肘関節周辺では一番長い筋肉です。

〈肘〉と〈膝〉との筋共鳴

腕から脚を伸びやかにする

❶足を腰幅にしてまっすぐ立ちます。
❷両腕を肩が持ち上がらない程度に、後ろにしっかり引きます。
❸上腕を外回し、前腕を内回しします。
❹親指の指先を中指の付け根につけて、手首を小指側に傾け〔尺屈〕、
❺❻そのまま屈伸を3～5回します。
❼立って、ターンイン・ターンアウト、プリエ、ルルヴェなどで股関節の感覚を確かめます。

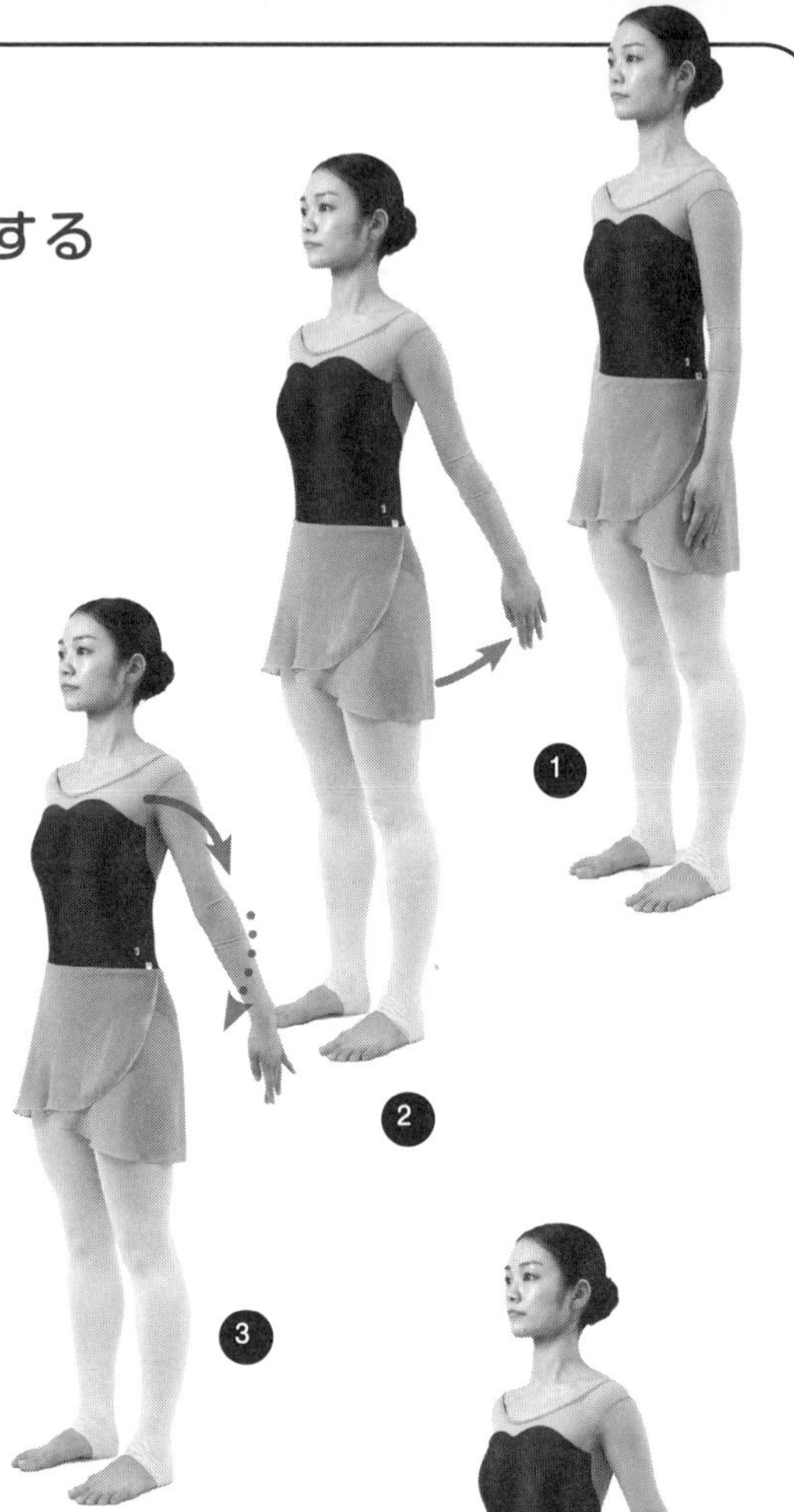

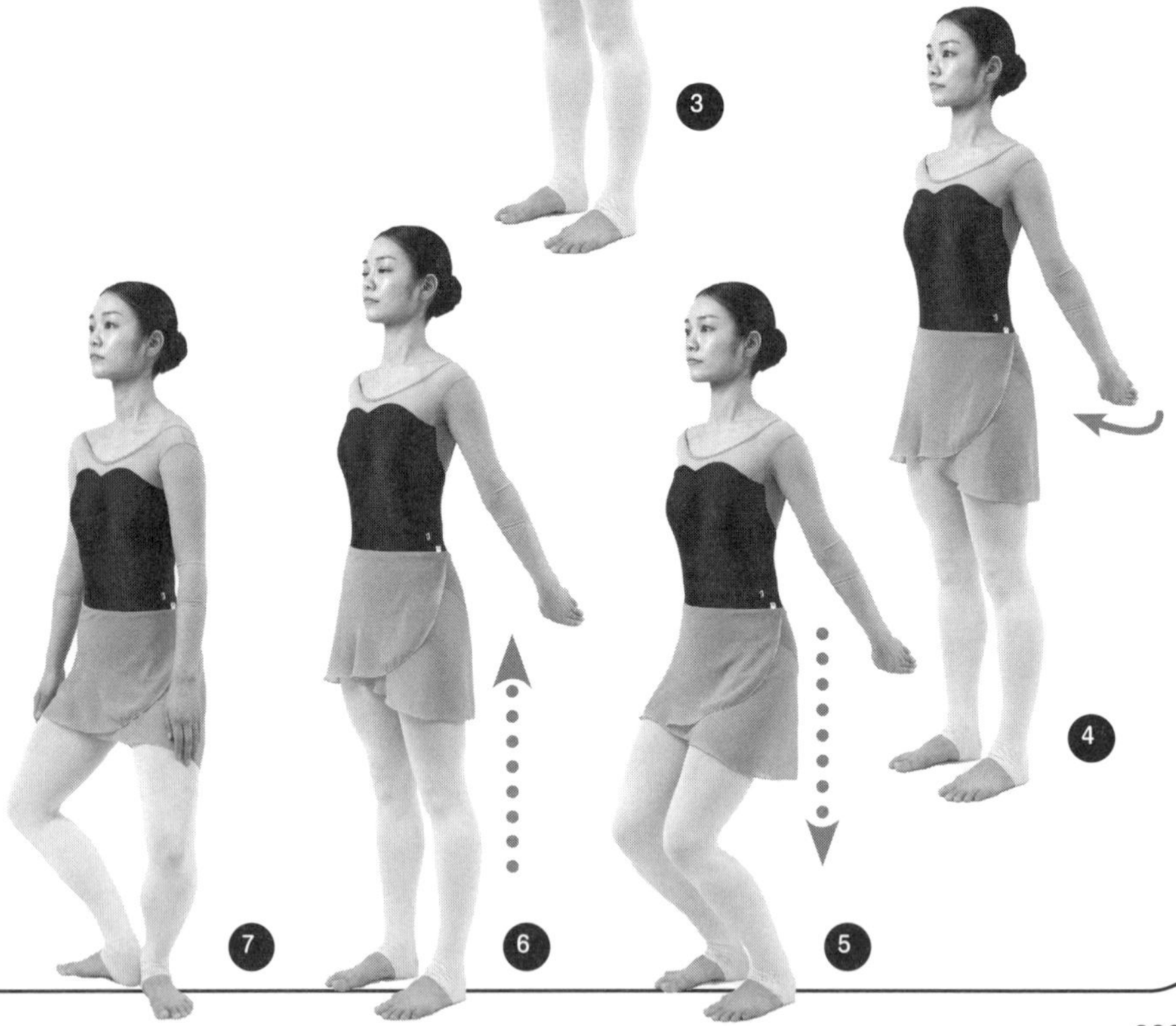

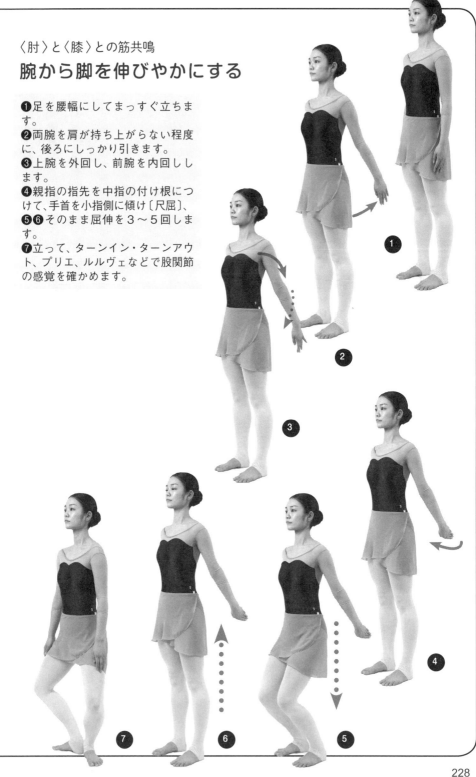

扇谷　どんな感じですか？

美咲　（「腕から脚を伸びやかにする」を試して）腰の位置が高くなったような感じかな？　ターンアウトがしやすくなりますね！　わー、タンデュもしやすいです。

扇谷　〈縫工筋〉が伸びると骨盤を立てやすくなります。鵞足のところは、この縫工筋と、すでにご紹介した〈薄筋〉、それからももの裏側の内側のハムストリング〈半腱様筋〉の3つの筋肉が合流しています。内ももの意識に加えて、その部分を意識することでこれら3つの筋肉をうまく使えるようになります。

美咲　ビールをたくさん飲んだあとは、縫工筋を伸ばしておかないといけませんね！（笑）

ハムストリングを目覚めさせよう！

扇谷　いよいよ最後です！　太ももの裏側のハムストリングについてご説明しますね。

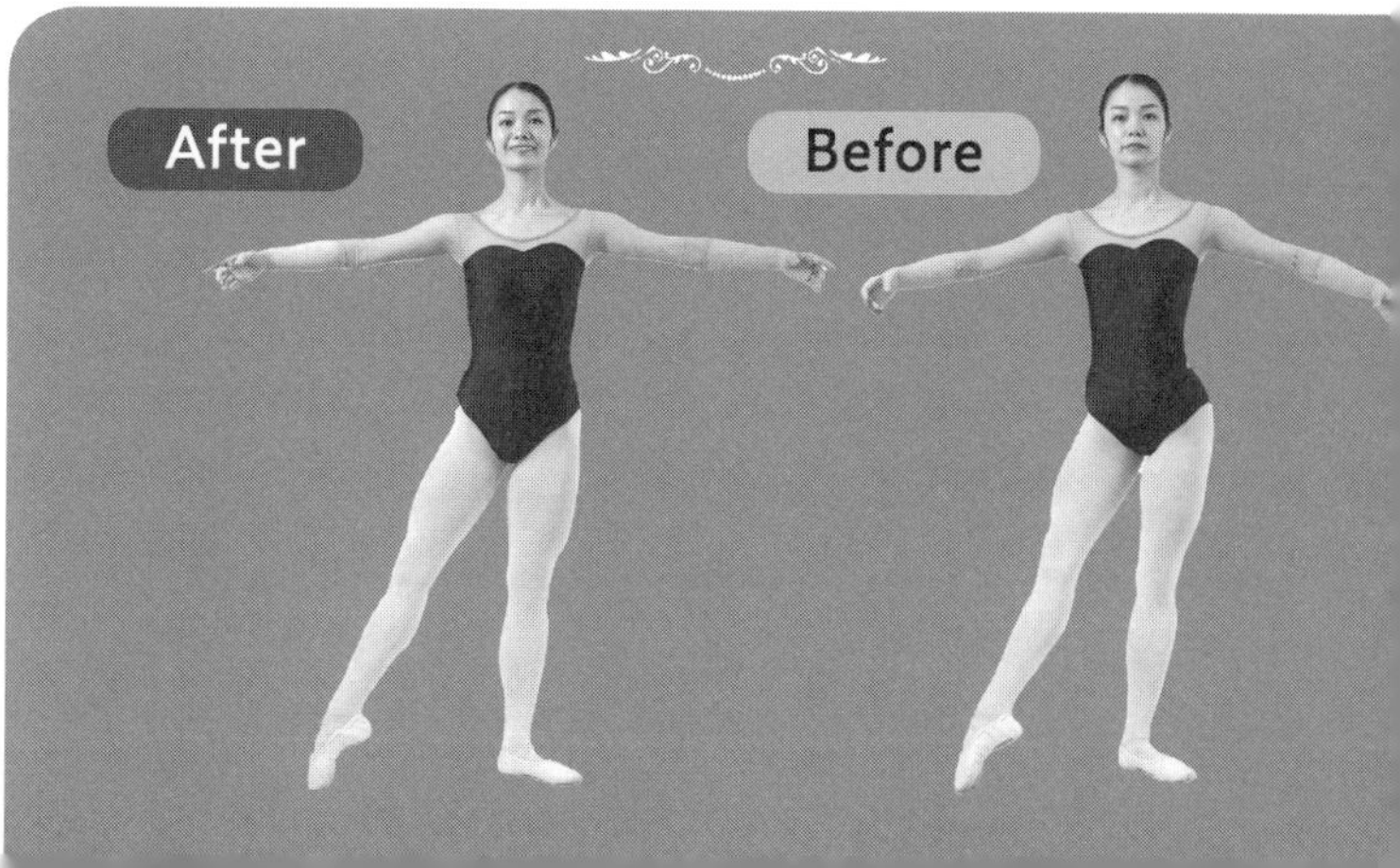

美咲　とうとうですね！　最後はハムストリングですか。わたし、じつはハムストリングには自信があるんです。ほら、前屈も手がピッタリ床につきます。

扇谷　たしかに柔らかいですね。でも、それが美咲さんの腰痛の原因でもあるんですよ？

美咲　え!?　どういうことですか？

扇谷　美咲さん、ジャンプも苦手でしょう？

美咲　はい。どうしてわかるんですか？

扇谷　美咲さんは骨盤前傾タイプですよね。骨盤が前傾しているということは、ハムストリングが伸ばされすぎているということです。伸ばされすぎの筋肉は瞬時に収縮することができないので、ジャンプのような瞬発力を発揮する必要のある場面で力を出せないんです。

美咲　そうなんですか？

扇谷　そうなんです。あと、「引き上げ」のときに、胸郭を拡

太ももの裏にあるハムストリングは、3つの筋肉〔半腱様筋・半膜様筋・大腿二頭筋〕の総称です。

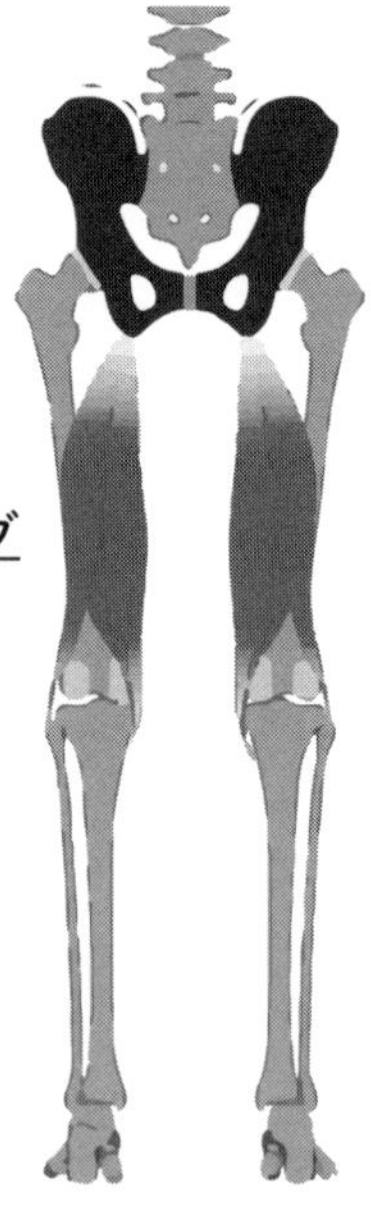

ハムストリングが伸ばされすぎて力を失っていると、ジャンプに必要な瞬発力が生まれません。

げたり、ウエストを絞ったりする筋肉（外肋間筋・内肋間筋・外腹斜筋・内腹斜筋）がハムストリングと共鳴しているとご紹介しましたよね（53頁）。ハムストリングが伸びすぎていると、それらの筋肉も力を発揮しにくくなり体幹が安定しません。グラン・ジュテなどのジャンプで床を踏み切った力が体幹のブレになって逃げてしまうんです。

美咲　あれれ？　でも、バレエダンサーの定番ストレッチは開脚と前後スプリットですよ？どちらもハムストリングが柔らかくないとできませんよね？

扇谷　たしかに筋膜や靭帯などを柔らかくするためにストレッチは大切なのですが、しっかり筋力も出せるように伸ばしていく必要があります。これが間違っていると……。

美咲　わたしみたいになるわけですね（苦笑）。

扇谷　そうです（笑）。美咲さんは、ハムストリングの間違ったストレッチを続けたことで腹圧がしっかり保てず、背骨のS字カーブが崩れて骨盤前傾の姿勢が定着してしまったんですね。それが腰痛の原因にもなるんですよ。

美咲　なるほど……。

扇谷　そこで大事になるのが、ストレッチのときの呼吸と「引き上げ」です。ではストレッチの準備におすすめの呼吸法をご紹介しますね。

美咲　わかりました！

扇谷　どんな感じですか?

美咲　(「ストレッチの準備の呼吸法」を試して)うん、この方が、お腹の力が抜けずにストレッチできます。ちゃんと力が入ったまま、さっきより深く前屈できましたし、ジャンプも軽く高くできます。

扇谷　バレエをする上での柔軟性をつくるには、ちゃんと胸郭を拡げて腹圧を高め、背骨のS字カーブを保ってストレッチすることが大切ですよ。

美咲　気をつけます(笑)。

扇谷　では、まずはコンディショニングでハムストリングをしっかり伸びやかに働かせましょう。ハムストリングは腕の力こぶをつくる筋肉(上腕二頭筋)と強く共鳴しているので、ここからアプローチしてみましょう。

美咲　はい!

ストレッチの準備の呼吸法

足を腰幅に開いて、まっすぐ立ちます。舌は上顎につけます。
❶眉間からお腹→胸・背中→のど・肩とふくらませるつもりで息を吸い、
❷息を2回(7:3)に分けて吐ききって息を止めます。
❸息を止めたまま、お腹をへこませている力をゆっくりゆるめ、お腹をしっかりふくらませます。
❶〜❸を3回繰り返します。

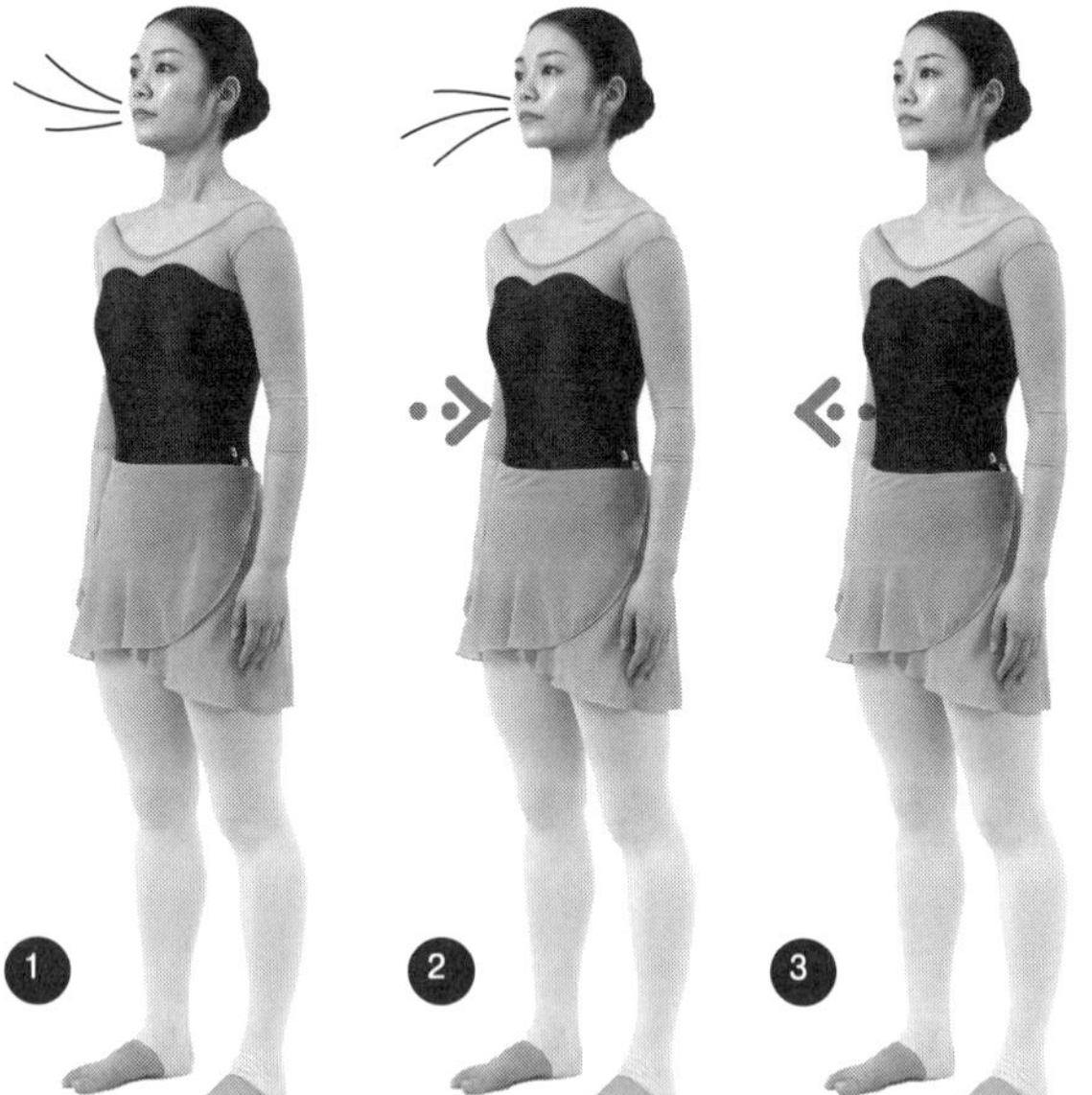

〈手の指・腕〉と〈ハムストリング〉の筋共鳴

ハムストリングを活性化する

❶足を腰幅に開いてまっすぐ立ち、右手をぐっと握ります。親指はリラックスさせます。
❷右肘を曲げ、上腕を持ち上げて、手首を内回しして、力こぶをつくります。
❸拳を握ったまま、右手首を反らし、手首を内回しします。手の甲が手前に向きます。
❹右足の指を5～10回曲げ伸ばしします。
❺腕はそのままで、5～10回屈伸やパラレルのプリエをします。
❻姿勢を戻して、歩いたり、ジャンプしたりして左右を比較します。
左右を入れ替えて、❶～❻を行います。

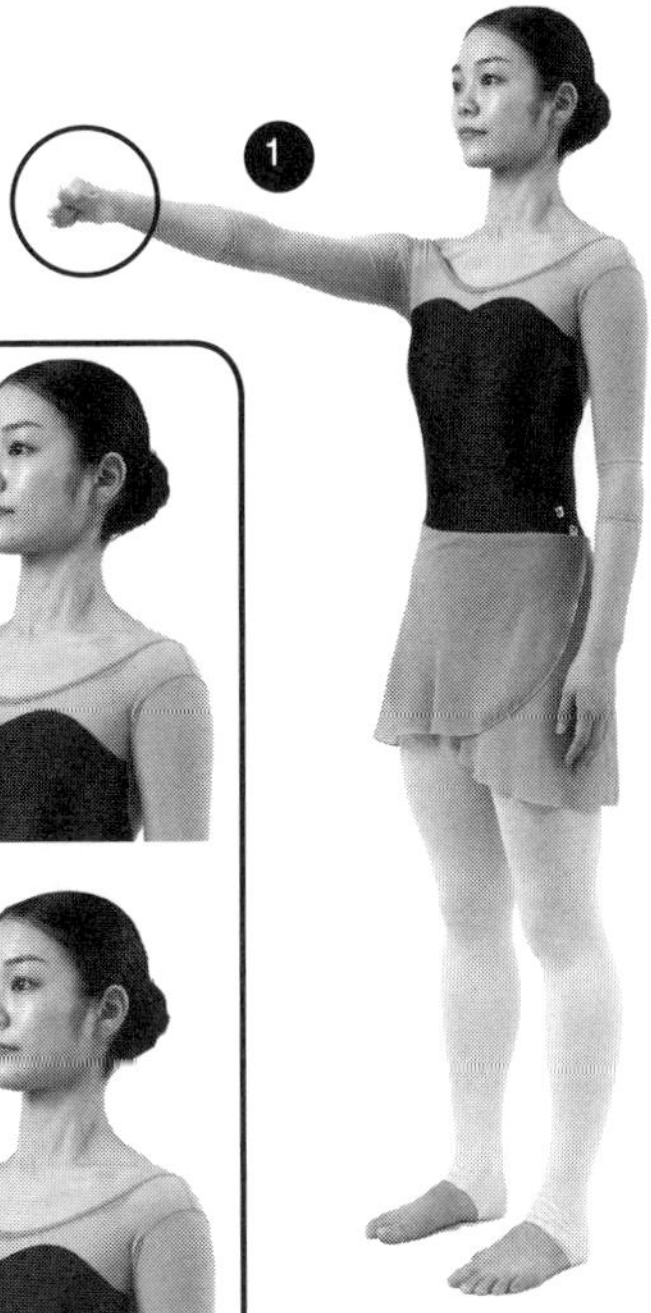

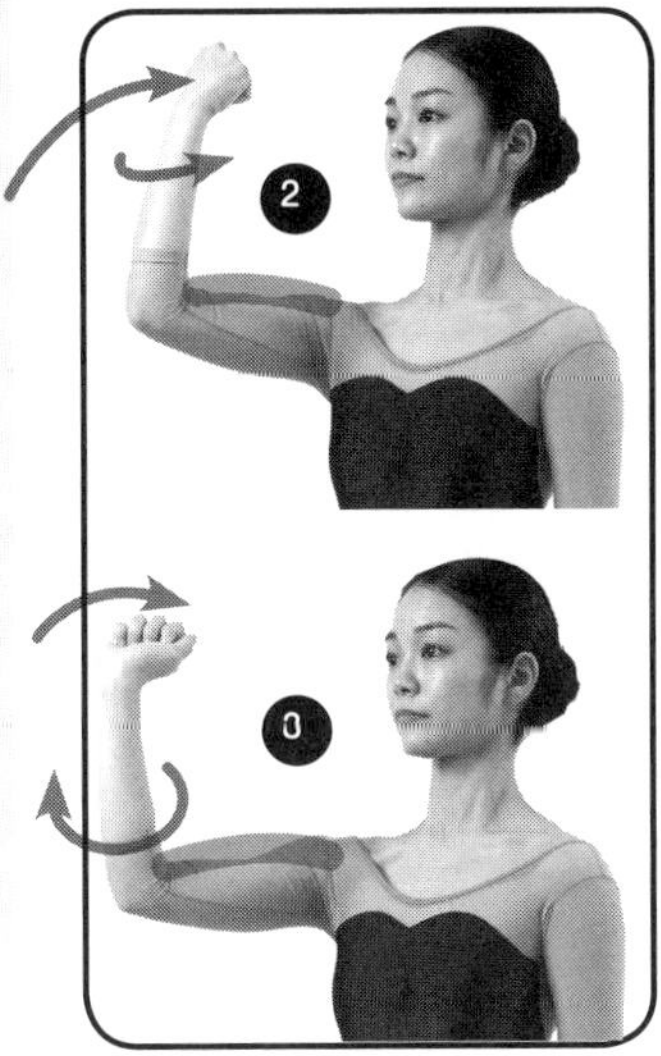

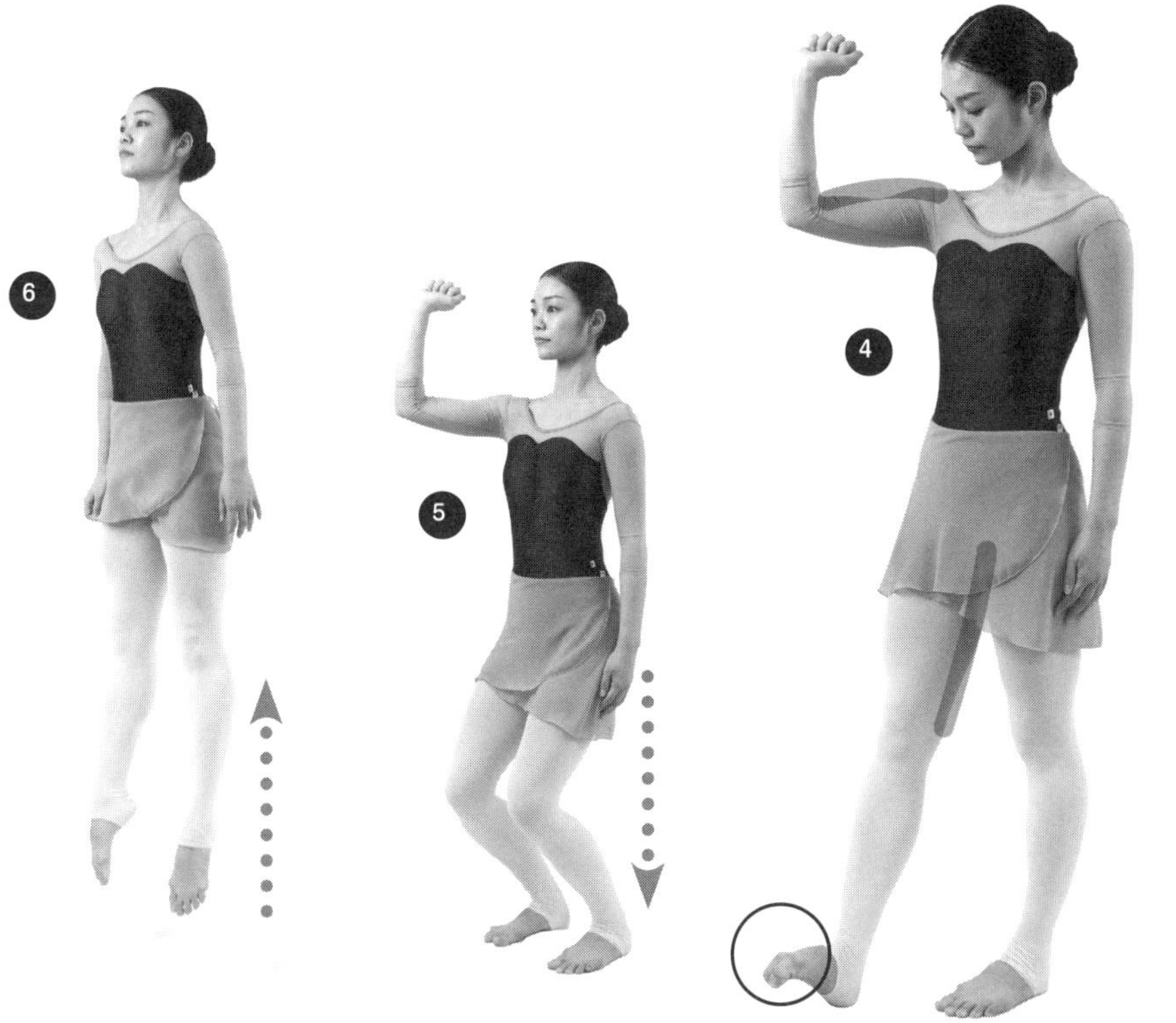

共鳴のつながりを知ろう

美咲　（「ハムストリングを活性化する」を試して）たしかに太ももの裏に力が入ります。そうすると骨盤が立つしポアントが安定して力強く歩けている感じ。

扇谷　うん。良い感じですね。前屈した感じはどうですか？

美咲　力が入っているのに、ちゃんと伸びる感じがします。安定しますね〜。面白い！

扇谷　面白いですよね（笑）。これは美咲さんのように、ハムストリングの力が抜けがちな人向けです。ハムストリングが硬い人は、このレッスンの最初にご紹介した「ハムストリングをゆるめる！」も試してみてください（14頁）。

美咲　改めて試してみるとこれは引っ張って伸ばすというより、ハムストリングが自然にリラックスして伸びる感じですね。腕も楽になるし、体幹も伸びやかになりました。全部共鳴でつながっているんですね〜。

扇谷　共鳴のつながりを知っていれば、自分でもいろいろ工夫できると思いますよ。ぜひ試してみてくださいね（笑）。ちなみに、手足の人差し指と中指は内側のハムストリング（半腱様筋、半膜様筋）と、薬指と小指は外側のハムストリング（大腿二頭筋）と共鳴しているので、指を1本ずつストレッチしたりエクササイズをしてみるのも効果的です。よかったら、ご自分で探究してみてください。

美咲 マニアックな情報ですね〜（汗）。でも、太ももの内側が硬く感じたり、外側が硬く感じたり、そのときどきで違いますものね。せっかくなので探究してみます。

扇谷 はい、ぜひ。それでは、今ターンアウトはどんな感じですか？

美咲 （ターンアウトしてみる）はい、うん！　かなりスムーズに開けるようになりました。角度も自己ベスト更新です！　このまま続ければもっと開くようになる気がします。

扇谷 良かったです！　今回はターンアウトを中心に据えてご紹介していますが、筋共鳴®コンディショニングをご自分でしていくときは、次の順番を考えてもらうとスムーズに整えられるでしょう。

（1）呼吸：体幹の安定と引き上げをつくる
（2）骨と関節：腕と脚の軸を通す
（3）筋肉：硬くなっている筋肉を目覚めさせる・ゆるみすぎの筋肉を目覚めさせる

美咲 今回レッスンを受けて、いろいろ自分でできることが増えたので、これから楽しみです！　頑張ります！

エピローグ

美咲 こんにちは！　発表会、無事に終わりました！

扇谷 お疲れ様でした！　成果はいかがでしたか？

美咲 ターンアウトができるようになったので、すごく良かったです！　バーのときだけではなくて、踊っているときにもターンアウトが保てるようになったのが大きいですね！　あの後、軸を通したり腹圧を意識したりして、筋共鳴®コンディショニングを続けながらレッスンを受けていたんですけど、どんどん踊りが変わってきて先生に褒められました！　本番も気持ちよく踊れたし大満足です！　ありがとうございました！

扇谷 それは、おめでとうございます。良かったですね！（笑）

美咲 でも、新しい課題もたくさん出てきまして。今気になってるのはですね、変なんですけど、真剣になるほど、うまく動けない気がするんですよ〜。先生には「もっとリラックスして」って言われるんですけど、緊張しているのともちょっと違う気がしてて……。

扇谷 ふむふむ。踊っているときって、今みたいに真面目な顔して踊っているんですか？

美咲 どうだろう？　演目にもよりますけど、先生には「もっと笑顔で」って言われることがあります。でも、理由もなく笑えないっていうか。

扇谷　そうですか。でも、踊っているときに笑顔になるのは、筋共鳴®的にも意味があるんですよ。

美咲　え!?　ここでも筋共鳴®ですか？

扇谷　笑顔のとき、口角を引き上げる表情筋は大腰筋と共鳴しているんです。

美咲　は？　なにそれ？

扇谷　あ、それ。その口をポカンと開いた顔で、もも上げをしてみてください。

美咲　ほーれふは（こうですか）？……（もも上げをする）。

扇谷　じゃあ、次は口角を引き上げて、にっこりしてみてください。耳まで口が裂けていくイメージで。それで、もも上げしてみて。

美咲　はい（にっこり）。……わっ!?　膝が高く上がるっ！

扇谷　バレリーナが笑顔で踊っているのは、ウラがあるんですよ～。

美咲　なんというか。本当に全身がつながっているんですね～（笑）！

扇谷　それ、良い笑顔ですね（笑）。では、今日はまず表情筋の使い方から……。

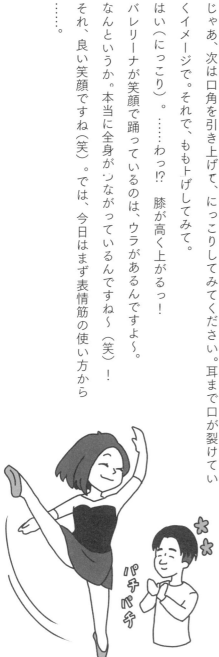

おわりに

本書をお読みいただき、ありがとうございました。

わたしはこれまでロルフィング®の個人セッションやバレエスタジオでのワークショップを通じて、バレエ教師・ダンサー、愛好家の方々に解剖学に基づく身体の動かし方をご紹介してきました。この数年はラ・クラシック全国プレバレエコンクールにてアドバイザーと審査員をしています。

そうした経験の中で、なかなかバレエが上達しないという方や、腰痛や膝痛などの不調を訴えるダンサーは、例外なく正しいターンアウトができていないということに気づきました。

そこで、本書では「筋共鳴®」というまったく新しい姿勢・動作分析の視点から、ターンアウトを改善するための考え方とエクササイズをご紹介しています。ぜひターンアウト改善に再挑戦していただければ幸いです。本書が、読者の皆様がバレエを楽しみ、人生を豊かにしていくためのお役に立つことを願っています。

執筆にあたっては多くの方々にご協力をいただきました。この場を

『症例動画から学ぶ臨床姿勢分析』（著：吉田一也　HUMAN PRESS）
『カパンジー機能解剖学』（著：カパンジー／訳：塩田悦仁　医歯薬出版）
『MMTナビ』（著：青木主税／根本悟子／大久保敦子　ラウンドフラット）
『プロが教える筋肉のしくみ・はたらきパーフェクト事典』（著：荒川裕志　ナツメ社）
『プロメテウス解剖学アトラス』（訳：坂井建雄　医学書院）
『よくわかる足部・足関節の動きとしくみ』（著：櫻井亮輔　秀和システム）
『アウェアネス介助論（上・下）』（著：澤口裕二　Signe）
『The Dancer As Athlete』（Human Kinetics）

借りて厚くお礼を申し上げます。

ラ・クラシック全国バレエコンクール代表の伊藤藍衣さんにはバレエ教師の視点から多くの貴重なアドバイスをいただきました。

劇団四季バレエ講師・ハナバレエ主宰の戸田真美さん、舞踏家の坂本博美さんのお二人と重ねた長年のバレエ研究がこの本の土台になっています。

深夜に及ぶ過酷な撮影になったにもかかわらず、笑顔でモデルを務めてくださったスターダンサーズ・バレエ団の馬場彩さん、写真の稲村理哉さんには本当にお世話になりました。また、編集者の下村敦夫さんの根気とご指導がなければこの本は生まれなかったでしょう。

ロルファーの藤本靖さんには執筆の最初のきっかけをいただくとともに、その変わらぬ信頼と励ましに支えられました。

最後に、ロルファーになって以来、わたしの活動をつねにサポートしてくれる妻と両親に、最大限の感謝を捧げます。

扇谷孝太郎

【本書の主な参考文献】
『よくわかるバレエ用語集』(新書館)
『インサイド・バレエテクニック』(著：ヴァレリー・グリーグ／訳：上野房子　大修館書店)
『ヤングダンサー指導のためのバレエのサイエンス』(著：ジョーン・ローソン／訳：森下はるみ　大修館書店)
『ヤングダンサー指導のためのバレエの基本レッスン』(著：ジョーン・ローソン／訳：森下はるみ　大修館書店)
『バレエコンクール 審査員は何を視るか?』(著：安達哲治　エッセンシャル出版社)
『図説ダンスの解剖・運動学大事典』(著：カレン・クリッピンガー／訳：森下はるみ・井上貴央ほか　西村書店)
『ダンサーズヘルスケアブック』(著：小川正三　大修館書店)
『ワガノワのバレエ・レッスン』(著：アグリッピナ・ワガノワ／訳：村山久美子　新書館)
『姿勢チェックから始めるコンディショニング改善エクササイズ』(著：弘田雄士　ブックハウス・エイチディ)

筋共鳴《きんきょうめい》コンディショニングではじめる

バレエ ターンアウト再《さい》レッスン

●定価はカバーに表示してあります

2023年5月15日　初版発行

著　者　扇谷《おおぎや》 孝太郎《こうたろう》
発行者　川内 長成
発行所　株式会社日貿出版社
東京都文京区本郷5-2-2　〒113-0033
電話　(03) 5805-3303（代表）
FAX (03) 5805-3307
振替　00180-3-18495

モデル　馬場 彩
バレエ監修　伊藤藍衣
写真　稲村理哉
衣装協力　unoa
イラストレーション　村上ともよ
カバーデザイン　野瀬友子
印刷　株式会社シナノ パブリッシング プレス

ISBN978-4-8170-7056-2　http://www.nichibou.co.jp/